平和憲法と人権・民主主義

憲法研究所・上田勝美 編

法律文化社

憲法研究所創設五十年記念

故　田畑　忍先生に捧げます

執筆者一同

目次

I　平和憲法の歴史と現状

Ⅱ　人権をめぐる諸問題

Ⅲ　民主主義をめぐる諸問題

Ⅳ　恒久平和に向けて

I　平和憲法の歴史と現状

日本国憲法施行六五年と憲法運動

上田勝美

一　問題の所在

日本国憲法が施行されて六五年になる。一八八九年二月一一日制定の旧明治憲法（大日本帝国憲法）は五七年の歴史であったから、現憲法は実施期間で旧憲法をすでに追い抜いて日本の最高法規としての歩みを続けている。その意味では、現憲法は、全体としては国民の間に定着してきている、といえる。しかし周知のごとく現日本国憲法は制定から今日まで決して平坦な道を歩んできたわけではない。

現憲法の戦後史が「平坦な道」でなかったことの意味をここでは二点挙げておく。第一点は、現平和憲法にまったく矛盾し対立する軍事安保の路線が一九五二年から現在まで敷かれ、年々強化されている。第二点は、戦後の歴代内閣（自民党と民主党）が平和憲法を敵視・形骸化してきていることである。本稿で、「憲法運動」を論じる場合、以上の、歴代内閣が憲法を軽視してきたばかりでなく、現憲法の改変すなわち「明文改憲」へ照準を合わせてきた「軌道」との関係が深く関わっていることを閑却してはならない。その意味で、少なくとも戦後の憲法運動の核心は、政権与党の改憲の動向と密接不可分の関係にある、といえるであろう。

二　第二次世界大戦後の「憲法運動」と憲法運動の形態

1　憲法運動の定義

本稿は、戦後憲法史とその過程で惹起された「憲法運動」の動向と論理を追求するものである。そこで、あらかじめ「憲法運動」に関する私の考え方、つまり憲法運動の「定義」的な意義を明らかにしておく必要がある。(1)

まず「憲法運動」にいう「憲法」とは、主として現に施行されている実定憲法である日本国憲法をさしているとみてよい。とするならば、日本における「憲法運動」とは、日本国憲法を軸に展開している憲法政治に対して、その憲法を「支持」し「生かす」立場からの「憲法運動」があるであろう。これに対して、現憲法を「支持しない」「この憲法の変更」を主眼とする「憲法運動」もありうる。これらの「憲法運動」を展開する立場は、憲法(典)を軸にして考えるならば、憲法を支持する立場の担い手たちはおしなべて「合憲法意識」の持ち主であり、「憲法軽視」「憲法改定」に奔走する立場の憲法意識は「反憲法意識」の所有者である。

ただ、「反憲法意識」の所有者には、これまた二種類の「憲法意識」の所有者が含まれている。この二種類とは、一つは、現憲法を「歴史の発展」に逆行させる立場、すなわち、現憲法を「改悪」するすべての立場が入るであろう。(2)これに対して、もう一つの立場は、「歴史の発展」に照準されたものが考えられる。そして「憲法運動」の分類としては、「合憲法意識」に立脚して「憲法運動」を展開するジャンルに、「反憲法意識」の所持者ながら、「歴史の発展」に即して文字どおりの「憲法改正」を視座におく立場は、「合憲法意識」に立って行う憲法を生かす「憲法運動」と共同して憲法運動を展開することが可能であり、むしろ、その意味での「統一戦線的憲法運動」の展開も可能となり、この場合は「憲法運動」の質を上げ、力量を増やすことになるであろう。

ここに歴史の発展法則に即して「現憲法の改正」箇所を提示すると、[3]私の考えでは、①象徴天皇制条項を全面的に変更して、国民主権の章を創設すること、②恒久平和主義憲法の九条の規定をさらに徹底して絶対平和主義の憲法に仕上げること、である。なぜなら、現憲法九条は、一切の軍備を廃止し、自衛戦争も放棄した全面的な戦争放棄の憲法規定と私は考えているが、現在の九条一項の有権解釈は、違憲の「自衛隊」を容認する政治的解釈がまかりとおっているからである。さらに、現憲法上では「死刑」は合憲とされているが、憲法一三条・三一条から「死刑」合憲の解釈ができないように「憲法」を改正することなどである。

現憲法の下で、新しい人権（知る権利、プライバシイーの権利、環境権など）として、法律、判例などですでに市民権を得ている権利は、憲法（典）の人権条項に挿入・新設すべきである。また、比較憲法的および歴史の発展の視座から人権条項に新設するものがあれば改正条項として挿入すべきである。

2 憲法運動の対象

私は、わが国に見られる「憲法運動」とは、「日本国憲法を軸にして展開される」運動と位置づけ、憲法運動は「政治運動」の一種であると定義した。しかし、戦後、現実に行われてきた「憲法運動」には、ネーミングとしては、多様な憲法運動が見受けられる。例えば、平和運動、社会運動、憲法闘争、自衛隊を裁く裁判闘争、[4]核廃絶を目指す憲法運動、軍事安保反対闘争、教育権を確立する憲法運動、免罪事件を出さない運動とか、死刑制度廃止運動、小選挙区制反対闘争など実に様々な憲法運動もしくは憲法闘争が見受けられる。

以上に述べた憲法闘争は、すべて「憲法運動」の概念に含まれる運動であるが、憲法を軸に、以上の個別の憲法運動を整理すると次のごとくになるであろう。憲法運動の第一のジャンルは、日本国憲法の基本原理としての①国民主権、②基本的人権尊重主義、③恒久平和主義のいずれかの憲法原理に焦点を合わせた憲法運動がありうるし、また憲法原理にトータルに着目した「憲法運動」もわが国では特に必要である。この第一のジャンルの憲法運動として考えられる最大の課題は、日本の立憲主義、なかんずく「立憲平和主義」確立の領域がある、ということである。そして「人権と平和の日本国憲法」が危機に立つとき、そのときが「憲法運動」としては最も厳しいときで、換言すれば、憲法明文改悪の危機が迫っているときである、といえよう。

憲法運動の第二のジャンルとしては、個々の人権条項に関する憲法運動であり、個別の人権条項を特化した個別的憲法運動としても組織され、運動が目的的に推進されやすい。憲法九条との関係で、憲法運動を展開する場合にも、ネーミングは、平和に特化して、①安保破棄闘争、②沖縄の米軍基地国外撤去闘争などの「平和運動」として推進することが、問題の所在をより鮮明にする意味で優れている。しかし米軍基地問題は優れて「憲法九条」の問題という意味で、憲法運動以外の問題ではないのである。したがって憲法問題を憲法運動として展開する場合に、その運動を一般的な「憲法運動」とするか、もしくは憲法運動の目的を「特化」して、特化型の「憲法運動」として組織し、展開するかは、その憲法運動にいかに現実性と正当性を持たせるものにできるか否かにかかっている。

三　憲法運動を行う主体・組織

私は、すでに、憲法運動を定義して、日本における憲法運動とは「現憲法を軸に展開している憲法政治に関する運動」と定義したが、もう一度「憲法運動」の何たるかを考えると、フランス人権宣言一六条所定の「権利の保障が確保されず、権力の分立が規定されないすべての社会は、憲法を持つものではない」という近代的憲法の存在理由から考えると、憲法運動というのは、「人権」、もしくは「人間の生きる権利（生命権）」を中心に、「様々な人間の権利」「現在では基本的人権」等に関わる人間の政治的営みを確保し、発展させる運動を広く「憲法運動」ということもできるであろう。

さらに、憲法運動のあり方を決めるキーワードが「人権」であるとしても、この憲法運動を推進していく組織、団体は、時代によってバラエティーに富む。例えば、政党、全国的な憲法擁護組織、その下部組織としての地方の組織、全国的な労働組合の組織、その地方組織としての労働組合、憲法問題を扱う地方の無数に存在する「憲法を守る組織」である。

ただ政党が「憲法運動の主体」であると考えられるには、時代的背景にも依存する。旧憲法時代、特に大正時代の「憲政擁護」の憲法運動時代には、政党が憲法運動の中心的役割を果たした。特に第一次憲政擁護運動（一九一二年一二月）、第二次憲政擁護運動（一九二四年）と呼ばれる憲法運動があるが、この二つの憲政擁護運動の最大の特色は、要するに政党政治の確立にあった。例えば、第一次の憲政擁護運動は、①閥族政治の打破、②政党主義の発揮、③憲政の擁護である[5]。

したがって憲法運動といっても天皇制絶対主義体制のなかでは、別言すれば、旧明治憲法体制のなかでの憲法運動の主体は、臣民ではなく、政党レベルのものであったといえよう[6]。

四　戦後の全国レベルの「憲法運動」の実態

1　憲法運動の担い手

政党は、現行憲法体制下でも「憲法運動の主体または担い手」と考えられるであろうか。答えは、イエスである。ただ、戦前の「憲法運動」が主として「政党」レベルのものであったのに対して、戦後のそれは、憲法運動の主体が、一般的には、政党プラス全国的に展開する多様な「憲法擁護組織」となった。だけではなく、日本の憲法運動の特色として、いわゆる学者・文化人・専門家、全国的規模の労働組合の指導者らが日本における憲法運動の「方向付け」を与えたことが特記されなければならない、と思う(7)。

2　占領体制と日本国憲法の公布・実施

日本の支配層が「軍備肯定」の憲法に改定しようとしているのを「後押し」しているのが米国であることは、現在では誰の目にも明らかである。敗戦当初「平和憲法」を歓迎したGHQが、戦後、数年を経ずして、軍備肯定の立場、すなわち改憲派の立場に変わったことは、アメリカの反共政策、世界戦略主義に基づくものといわなければならない。一九五〇年六月二五日、朝鮮戦争が勃発するや、翌月の七月八日には、マッカーサー命令により、警察予備隊七万五千人が創設された。これ以後、日本の支配層は再軍備路線を強力に推し進めることになった。だけではなく、マッカーサーは、五一年一月一日、年頭声明で「講和と日本再武装」を強調したのである。

この年のアメリカの対日政策、つまり「講和と日本再武装」計画は、迅速に行われ、具体化されていく。すなわち同年九月八日には、対日講和条約が調印され、さらに、同日、軍事同盟である日米安全保障条約も締結された。日本の再武装は、かくして①警察予備隊、②保安隊、および③防衛庁設置、自衛隊の発足（一九五四年七月一日）と急速に組織の名称の変更と装備の強化等がなされ、現在では、自衛隊は実質的に、世界で有数の軍隊に育っている。

しかし自衛隊は、九条に照らせば、明らかに違憲の組織（軍隊）である。政治的解釈でごまかして今日に至っているが、「最小限度の防衛力は合憲」とする有権解釈では軍事安保を推進する立場からは、「限界」があり、そのために日本の政府・支配層が「改憲の旗」をなりふり構わず振り続けているのである。

したがって、本稿の主題である歴史の発展に依拠する「憲法運動」は、「九条改悪」を「主張し続けている改憲派」に対決して、自由と平和の日本国憲法を支持し、擁護する側の政治運動でもある、といえよう。

日本の支配層は、改憲論のなかでしばしば「押しつけ憲法論」を出してくるが、現にアメリカに「押しつけられ、従属している軍事安保」に対しては、「押しつけ軍事安保反対」とはまったくいわないのである。この点を、樋口陽一も鋭く指摘している(8)。つまり樋口は、日本支配層の論理の一貫性を欠いた対米従属姿勢を痛烈に批判しているのである。

以上、要するに、日本の支配層は、平和憲法を敵視し、違憲の自衛隊、軍事安保を政治的に最大限利用して、これをテコとして九条の改悪そのものを最大の政治課題にしているのである。しかも日米安保軍事同盟が強化されればされるほど、九条との関係では、法的、政治的矛盾が拡大する。この政治矛盾の解決策として、日本の支配政党は、日本国憲法の最大の基本原理である「絶対平和主義」を明文改憲で一挙に葬ろうとしているといわなければならない。

3 明文改憲動向に対決する全国的な憲法運動（一九五〇〜六〇年代）

講和条約締結後、支配層による改憲に向けての環境づくりが活発になる。支配層による改憲の動きは、しかし外見的には、「解釈改憲」を繰り返している。それは、憲法九六条が定める「改憲のハードル」それは改憲の発議の条件が「衆参両議院の総議員の三分の二以上の発議」でと定められていることから日本国憲法の改憲の発議の条件がきわめて高いからである。

したがって改憲は、常に「明文改憲」をゴールに置きながら、憲法条文の「解釈改憲」を繰り返しながら、急がば回れ式で、憲法調査会などを作り、改憲が必要という世論作りに邁進する。例えば、戦後の内閣で長期政権を誇った吉田内閣時代は、平和憲法を形骸化しつつも、明文改憲を掲げることは無かった。これに対して鳩山（一郎）内閣時代は、戦後初めて、明文改憲を旗印にするようになった。

他方、野党の社会党は左右両派社会党が統一し（一九五五年一〇月一三日）、自民党と対決する構図ができる。なお、これに先立ち、総評が中心となり憲法擁護の全国組織として五四年一月一五日に憲法擁護国民連合（護憲連合）を発足させた。この護憲連合の結成大会宣言には、「憲法改悪反対」を謳っていた[9]。ただ問題は、この護憲連合は、組織方針で「共産党系の団体を排除した」が、この憲法運動におけるセクト的組織の編成は、明文改憲反対の文字どおりの全国的な憲法運動を惹起し展開しなければならないとき大きな禍根を残すことになったと思う。

ともあれ一九五五年二月二七日に行われた総選挙と、五六年七月八日に行われた参議院選挙では、改憲反対派が三分の一を越え、この時点では、明文改憲の危機は一応しのげたのである。しかし自民党は、明文改憲の外堀を埋める施策として、①小選挙区制法案の議会提出、②憲法調査会の発足を計画・推進した。しかし①の小選挙区制法案の議会提出の件は、五六年の第二六国会で流産した。他方、憲法調査会は、五六年五月二六日に憲法調査会法が成立し、五七年八月一三日に第一回総会が開かれ、高柳賢三が会長に選ばれ発足したが、社会党は不参加を決め、抵抗した。

この護憲連合の「憲法運動」の全国組織に対して、著名な学者、文化人で構成する「憲法運動」組織として一九五八年六月「憲法問題研究会」が組織された。この憲法問題研究会は、毎月一回の研究会、憲法講演会の開催、時折の声明文の発表などいわば学者・文化人・自然科学者の純然たる研究会ではあるが、その代表であった大内兵衛呼びかけ人の挨拶にも窺えるごとく、この会は、明確に憲法調査会を意識して組織された会である。いわく「岸内閣が一九五七年八月に作った憲法調査会なるものを意識し、その構成と、そのポテンシャルな改正の意図と、そのプロバブルな改正の方向に対して不安であり、不信である」（大内兵衛代表[10]）と。このいわば日本の代表的知識人の憲法問題研究会の講演会は、毎年五月三日に開催されたが、「いつも満員の盛況であった」といわれている。

この研究会は、憲法の研究会であるが、はっきりした目的をもっている。それは憲法調査会が政治的には、改憲に焦点を定めた会であることに対して、改憲反対の視点で研究会がもたれ、時に憲法講演会、時に「声明文」を発表するなど憲法擁護の実践運動を展開すると同時に、また、研究会などで発表された論稿を書物にまとめて出版している[11]。

この書物で、憲法問題研究会会員の日本国憲法に関する先進的で質の高い見解が全国に広められ、全国的な各種の「憲法運動」に平和憲法擁護の強力なインパクトを与え、全国的に展開されている個々の「憲法運動」に「運動の目的」と「方向性」を与えたことは間違いない。

さて憲法調査会は発足七年を経て、一九六四年七月三日、膨大な報告書を提出した。もともと改憲目的で作られた憲法調査会であるが、何をしたかというと、形式的には、まず①「日本国憲法の制定過程をいかに評価すべきか」、②「日本国憲法の解釈・運用をいかに見るべきか」、③「現憲法の改憲の是非」などである。

この憲法調査会は、はじめから社会党（当時）が不参加を決めていたこともあって、会の大多数は改憲派委員で占められている。例えば、九条については、改憲派の委員が多数であり、改正不要論は少数である。改憲規定の九六条は、改正手続きが厳格すぎるということで緩和説が多数。改憲については、改憲説が多数。また、全員が非常事態について何らかの措置が必要との主張などなどである。ここに調査会報告の全体像を示すことは不可能であるが、もともと改憲派で占められた調査会、自由と平和の日本国憲法を歴史の発展に逆行させる意見が多数を占め、したがって「改憲」必要の線でまとめられた報告書といえよう。

以上の憲法調査会の最終報告書に対して、憲法問題研究会が改憲絶対反対の「声明」を出している[12]。また、社会党、共産党も正面から批判した声明などを出している。

しかし支配層が次々と繰り出す改憲の動きに対して、このとき護憲連合以上に広範な改憲反対の組織が立ち上げられた。その組織の名称は「憲法改悪阻止各界連絡会議」（憲法会議）であり、結成総会宣言によれば、憲法会議の目的は「わたしたちは、……憲法改悪阻止の一点で、すべての改憲反対勢力の団結と統一を固めねばならぬことを決意」して「憲法じゅうりんに反対し民主的自由を守り、憲法の平和的・民主的条項の完全実施を要求する運動をつよめ、憲法の公然たる改悪を阻止する一大国民運動をまきおこしましょう」（一九六五年三月六日）となっている。

このような、まさに憲法が危機に立つとき、改憲反対の組織・団体の結集のあり方は、憲法会議発足時の結成宣言に見られるごとく、セクトを作らない組織原理を見習うべきだと私は考えている。なぜなら、そのような全国的組織にしないと、明文改憲派の大波は絶対にストップできないからである。

4　明文改憲運動に対する全国的な憲法運動（一九九〇～二〇〇〇年代）

戦後数十年間、世界の強国として、米ソ超大国といわれた、その片方のソ連が一九九一年一二月に崩壊した。その結果、もともと日米安保条約体制は、ソ連を「仮想敵国」扱いにしていたから、その軍事安保の存在意義が問われることになった。

しかし米国は六〇年安保を廃棄するのではなく、むしろ逆に「六〇年安保の強化」に乗り出した。その結果が、一九九六年四月一七日の橋本・クリントン日米両首脳によって出された「二一世紀に向けての同盟」と称される「日米安保共同宣言」である。これは、日米安保の守備範囲を極東からアジア太平洋地域に拡大するものであり、同時に自衛隊の海外派兵を強く要請するものであった。

実は、一九九六年四月に発表された日米安保共同宣言以来、また特に二〇〇一年九月の米国同時多発テロ以来、日本の対米協力、とりわけ軍事協力が驚くべきスピードで強化されてゆく。わが国の改憲派の暴走も、対米軍事協力に比例するがごとくに改憲案作りの環境が整備されていくのである。

例えば、二〇〇五年一〇月二八日には、自民党が「新憲法草案」を決定、発表している[13]。この新憲法草案の特色は、①現憲法の個人尊重主義に変えて、「国家至上主義」の台頭がみられること。②さらに重大な改悪点は、天皇象徴制の維持強化と国民主権の形骸化が指摘できる。また③、一番問題なのは、九条の改悪だけではなく徴兵制の布石として、軍事裁判所の設置の規定をおいていること、その他、現憲法を改悪するための文言が随所に見られるのである。

実は、自民党「新憲法草案」が出された二〇〇五年四月には、一九九九年に国会の衆参両議院に設置された憲法調査会が最終答申をしている。すなわち①衆議院憲法調査会最終答申（二〇〇五年四月一五日）および②参議院憲法調査会最終答申（二〇〇五年四月二〇日）がなされている。改憲目的で設置された衆参憲法調査会の答申の多数説と自民党「新憲法草案」は、改憲派憲法草案の集大成の意味が強く窺われるのである。このようにして改憲すなわち「憲法改悪」の策動は、きわまってきたといえる。

そこに登場したのが、現憲法体制を全面的に否定する目的をもった安倍内閣（二〇〇六年九月二六日）である。安倍内閣は、内閣の最大の政治課題として「戦後レジームからの脱却」を掲げて発足したが、安倍氏のいう「戦後レジーム」とは、日本国憲法体制のことであり、安倍内閣は、この日本国憲法の体制、換言すれば平和憲法体制そのものを明文改憲の手法で否定しようと画策したといえる。安倍内閣は一年の短命に終わったが、その期間中に民主的な「教育憲法」と高く評価されていた「教育基本法」の改悪に情熱を燃やし、ついに〇六年一二月に、教育基本法を改悪してしまった。

他方、憲法運動には、一九九六年の日米安保共同宣言以来、既存の「憲法擁護」の広範な国民の抵抗運動を含む多様な「憲法運動」があったわけであるが、意気込む改憲派の明文改憲運動に対して、これを全面的に阻止する必要が強く感じられた。そのため、いわば市民レベルの改憲阻止の憲法運動が燎原の火のように全国的に広がり、展開されたのである。

この運動の中心組織は、「九条の会」と称し、二〇〇四年六月一〇日に「九条の会」のアピールを発表して発足した。[14] この「九条の会」は、日本の代表的な知識人、作家、哲学者からなるわずか九人の組織（井上ひさし、梅原猛、大江健三郎、奥平康弘、小田実、加藤周一、澤地久枝、鶴見俊輔、三木睦子）であるが、この「九条の会」の呼びかけで、職場、地域、宗教者などの職能的な組織が、わずか数年の間に全国的に約七千余の大小の「九条の会」が組織され、日常的に「憲法改悪阻止の一点」で結集し、活発に活動している。

五　戦後「憲法運動」の射程と「市民革命補完」の目的

戦後、憲法運動の特色としては、本稿で「憲法運動」を定義的に規定したごとく、憲法運動の範囲、射程はまことに広範囲で、様々な団体、組織によって展開されてきた。対日講和条約締結（一九五一年九月八日）後、日本が国際的に独立国家として歩みだしてから現在までに行われてきた「憲法運動」の重点は、政権保守党（自民党・民主党）の「改憲イデオロギー」に依拠する「解釈改憲」・「明文改憲」の動向に対決・対抗して、「憲法擁護」または「憲法の改悪阻止」を掲げて展開してきた点に特色を有する。

私は、現在の憲法運動の特徴をみるとき、改憲派と改憲反対派の憲法観が、実は、敗戦と戦後直後に展開された憲法制定過程における日本の支配層の憲法観と市民革命的憲法観の衝突の軌道を離脱したものでないと考えている。ここで私が「市民革命的憲法観」といっている意味については、現憲法の諸原理の歴史性と普遍性は、アメリカ、フランスで登場し、発展してきた近代立憲主義に由来し、その憲法構想をさらに発展させたものである。

さらに日本国憲法は、絶対平和主義の基本原理を採用している現代憲法である。その点で、日本国憲法は、近代立憲主義の「嫡流」の憲法原理を受け継いでいるだけではなく[15]、現代的憲法の基本原理となった恒久平和主義の原理を採り入れている点で、世界の憲法群のなかで、際立った先進性と普遍性とを兼ね備えたものである点で高く評価される。

ただ、現憲法は、近代立憲主義の諸原理を採り入れている憲法ではあるが、憲法制定時に未完の根本的な課題、すなわち市民革命の実態が無いままに近代的立憲主義の原理を採用したことの脆弱性または限界をもっていることも否定しえない。この点を、杉原泰雄は「明治憲法から国民主権・基本的人権・権力分立・平和主義の日本国憲法への転換は、日本の市民革命とも言うべきものであった。しかし、それは、革命としての実体を欠いていた」と評している。(16)

こうした現憲法制定時のわが国特有の政治環境からすると、「現憲法が明文改憲の危機に立ったとき」命がけで憲法を死守し、生かそうとする気概をもった国民大衆が不在ということになりかねない。

したがって、戦後、組織され、展開されてきた「憲法運動」の核心は、改憲を阻止する、抵抗することに主眼がおかれてきたわけであるが、さらに、「憲法運動」の射程として、さらに根源的な目的、長いスパンでの「憲法運動」には、現憲法の「市民革命的原理」の具体化、顕在化が特に望まれる。私は、こうした憲法運動の根源的な性格を「主権者としての憲法運動」と定義できるのではないかと考えている。この視点が、わが国の憲法運動には絶対不可欠である。

(1) 憲法運動論に関しては、①長谷川正安『憲法運動論』(岩波書店、一九六八年)、②和田進「現代憲法運動の課題と展望」憲法理論研究会編『現代の憲法論』(敬文堂、一九九〇年)四五七頁、森英樹「憲法運動論五〇年」法律時報六七巻六号(一九九五年)六六頁、奥野恒久「憲法運動の今日的課題」憲法理論研究会編『憲法基礎理論の再検討』(敬文堂、二〇〇〇年)二一七頁、上田勝美『憲法改正運動』池田政章編『憲法の歩み』(有斐閣選書、一九七七年)一九七頁。

(2) 改憲論(改悪論)の憲法運動は、人権、民主主義の維持、発展に結びつかないので、本稿では検討対象としない。

(3) 上田勝美「憲法学の方法と歴史的考察の視座」杉原泰雄・樋口陽一・森英樹編・長谷川正安先生追悼論集『戦後法学と憲法』(日本評論社、二〇一二年)五八三頁。

(4) 深瀬忠一『平和憲法の弁証』(日本評論社、一九六七年)、同『戦争放棄と平和的生存権』(岩波書店、一九八七年)参照。

(5) 長谷川正安『憲法運動論』(岩波書店、一九六八年)一五頁。

(6) 同前三四頁。

(7) 学者、文化人の全国的な憲法運動について、ここでは二つ挙げる。一つは憲法問題研究会(大内兵衛代表)、二つめは「九条の会」(大江健三郎ら九人)である。いずれも改憲論の動向に「改憲反対」の立場で世論に多大の影響を与えた。後者は、今も健在である。

(8) 樋口陽一『比較のなかの日本国憲法』(岩波新書、一九八七年) 四三頁。
(9) 「憲法擁護国民連合」結成大会宣言・要綱・規約、渡辺治編『憲法改正の争点』(旬報社、二〇〇二年) 四八六頁。
(10) 憲法問題研究会編『憲法を生かすもの』(岩波新書、一九六一年) 六頁。
(11) 憲法問題研究会編『憲法と私たち』(岩波新書、一九六三年)、同編『憲法読本(上)(下)』(岩波新書、一九六五年) 参照。
(12) 憲法調査会最終報告書に対する憲法問題研究会の声明 (渡辺治編・前掲書 (注8) 六七二頁。
(13) 自民党「新憲法草案」全文 (『日本経済新聞』二〇〇五年一〇月二八日)。
(14) このアピールは、末尾で「日本と世界の平和な未来のために、日本国憲法を守るという一点で手をつなぎ、『改憲』のくわだてを阻むため、一人ひとりができる、あらゆる努力を、いますぐ始めることを訴えます」と力強く結んでいる。
(15) 樋口陽一『比較のなかの日本国憲法』(岩波新書、一九八七年) 一四頁。
(16) 杉原泰雄『憲法』(岩波書店、一九九〇年) 二一頁。

改憲論の動向
――近年の動きを中心に

根本博愛

一　憲法調査会の設置と活動

一九九九年七月の国会法改定によって設置された国会（衆参両議院）の憲法調査会（衆院の委員五〇名、参院の委員四五名）は、「日本国憲法及び日本国憲法に密接に関連する基本法制について広範かつ総合的に調査」（国会法一〇二条の六）することを目的として、「概ね五年程度を目途」に、二〇〇〇年一月二〇日から活動を開始した。

調査活動の内容は、①参考人を招致して意見聴取を行う、②委員のみの「自由討議」、③中央公聴会と地方公聴会の開催、④海外調査等々である。約五年間の活動の総仕上げとして衆・参両院の最終報告書が、「衆議院憲法調査会報告書」[1]、参院は「日本国憲法に関する調査報告書」として、二〇〇五年四月に、それぞれ両院の議長に提出され、その活動を終了した。

憲法調査会でなされた審議事項は、①憲法制定過程、②憲法前文、③象徴天皇制、④憲法九条の平和主義、⑤国民の権利・義務、⑥統治機構、⑦憲法改正手続き等、多岐にわたるが、その内容はこれらの事項のどこを、どのように「改正」すべきか、という点をめぐる委員や政党の改憲主張が主要であり、争点を深めるというものではなく、結局、改憲の気運を高めようとする意図が濃厚であった。

日本国憲法を「広範かつ総合的に調査」するという目的からすれば、日本国憲法の規範（とりわけ個々の人権規定、九条の平和主義、地方自治、憲法訴訟など）が現実の政治や国民の生活のなかに具体的にどのように実現されているか、否かの実態把握、実現されていない乖離があるとすれば、その要因は何であるか、乖離状況を克服するための道筋や方策にどのようなものがあるのか等々を、「広範かつ総合的に調査」することが、改憲の提案主体ではない、調査機関である憲法調査会として重要なことではなかったであろうか。

改憲気運の一定の高まりのなかで、早速、自民党は、①「新憲法草案」を公表した（二〇〇五年一一月二二日）。民主党は、②「憲法提言」（二〇〇五年一〇月三一日）を、二一世紀の日本と憲法有識者懇談会（民間憲法臨調）は、③「創憲会議、新憲法草案」（二〇〇五年一〇月二八日）を、日本商工会議所は、④「憲法問題に関する懇談会報告書―憲法改正についての意見」（二〇〇五年六月一六日）を、それぞれ発表したのである。

改憲派勢力にとって、憲法調査会は「この国の戦後憲法史において、初めて、本格的な形で、憲法の明文改正を正面から検討の俎上に乗せることに成功したという意味での『功績』は否定できない。(2)」という評価がなされる所以である。

二　憲法改正手続法の内容と問題点

小泉純一郎首相の勇退の後、二〇〇六年九月に登場した安倍晋三首相は、「戦後レジームからの脱却」を叫び、自身の任期中に憲法改正を実現するという意気込みで、〇七年五月、「日本国憲法の改正手続に関する法律」（以下、国民投票法とする）を強行採決によって成立させた（施行は二〇一〇年五月一八日）。この国民投票法に関連して国会法が改正され、「憲法改正原案、日本国憲法に係る改正の発議又は国民投票に関する法律案等を審査するため」に衆・参両院に憲法審査会が設置された（二〇〇七年八月七日、国会法一〇二条の六）。〇九年六月一一日、衆院憲法審査会規定が制定され、一一年五月一八日、参院憲法審査会規定が制定された。憲法審査会委員の定数は衆院五〇名、参院四五名であるが、憲法改正原案の発議は憲法審査会のほかに、衆院一〇〇名以上および参院五〇名以上にのみ認められている。

二〇一一年、一〇月二〇日、両院の本会議で委員の選任が強行され、翌二一日、会長が選出され、衆院―大畠章宏議員（民主党）、参院―小坂憲次議員（自民党）―憲法審査会が始動した。同年一一月から一二年四月までに衆・参両院とも、ほぼ月二回のペースで会議が開かれているが、今後の活動を注視していく必要がある。

国民投票法は附則で、いわゆる「三つの宿題」といわれている、①一八歳選挙権と成年年齢問題（附則三条）、②公務員の政治的行為の制限に関する検討として、「公務員が国民投票に際して行う憲法改正に関する賛否の勧誘その他意見の表明が制限されることとならないよう……法令の規定について検討を加え」（附則一一条）ること、③憲法改正問題についての国民投票制度について、「憲法改正を要する問題及び憲法改正の対象となり得る問題についての国民投票制度に関して……検討を加え、必要な措置を講ずるものとする。」（附則一二条）としている。これに関連して参院では、さらに具体的な一八項目にわたる附帯決議が採択された。

例えば、①「低投票率により憲法改正の正当性に疑義が生じないよう、憲法審査会において本法施行までに最低投票率制度の意義・是非について検討を加えること」、②組織的多数人買収および利害誘導罪（国民投票法一〇九条）に対して「罰則について、構成要件の明確化を図り」、「罰則の適用に当たっては、国民の憲法改正に関する意見表明・運動等が委縮し制約されることのないよう慎重に運用すること」、③公務員や教育者の地位利用による国民投票運動の規制（同一〇三条）に対して、「意見表明の自由、学問の自由、教育の自由等を侵害することとならないよう特に慎重な運用を図るとともに、禁止される行為と許容される行為を明確化すること」、④「テレビ、ラジオの有料広告規制については、公平性を確保するためのメディア関係者の自主的な努力を尊重するとともに、本法施行までに必要な検討を加えること」等々である。このように国民投票法には重大な疑義を含む未整理の検討課題が残されている。

最高法規である憲法の改正は、ひとり憲法にとどまるものではなく、それは法令等の下位法に必ず影響を与える。憲法と下位法とは、常に照応・合致していなければならないからである。したがって、憲法を改正する際には、改正権者である主権者国民に最大限の表現、言論の自由と、改正の発議から国民投票までの間に十分な時間が保障されなければならない。国民投票法二条一項が定める、国会が憲法改正を発議した日から六〇日以後一八〇日以内に国民投票を行うとするのは、いかにも拙速であろう。

その点、①「国会による改正の発議から国民投票まで、少なくとも二年以上の期間を置くこと。」、②「国民投票にいたるまでの期間、改正に賛成する意見と反対する意見とに、平等でしかも広く開かれた発言と討議の機会を与えること。」、③「投票は、複数の論点にわたる改正案について一括して行うのではなく、個別の論点ごとに行うこと。(3)」という提言は傾聴に値する。

三　改憲案の検討

一九五五年の結党以来、憲法改正を党是としてきた自民党は、結党五〇周年の二〇〇五年一一月二二日、「新憲法草案」を正式決定した。以後、「憲法改正原案」(二〇一二年三月二日)を経て、現段階における最終案「日本国憲法改正草案」(二〇一二年四月二七日)を決定、公表した。改正条項は多岐にわたるが、最も体系化され、条文化されている自民党の(イ)「日本国憲法改正草案」を中心に、他の改憲案、民主党の(ロ)「憲法提言」、民間憲法臨調の(ハ)「創憲会議　新憲法草案」、日本商工会議所の(ニ)「憲法問題に関する懇談会報告書―憲法改正についての意見」も視野に入れて検討しよう。

1　憲法前文について

(イ)は、「日本国は、長い歴史と固有の文化を持ち、国民統合の象徴である天皇を戴《いただ》く国家であって、……日本国民は国と郷土を誇りと気概を持って自ら守り、……和を尊び、家族や社会全体が互いに助け合って国家を形成する。……日本国民は、良き伝統と我々の国家を末永く子孫に継承するため、ここに、この憲法を制定する。」とする。(ロ)は、「日本の伝統と文化の尊重とその可能性を追求し、併せて個人、家族、コミュニティ、地方自治体、国家、国際社会の適切な関係の樹立、すなわち重層的な共同体的価値意識の形成を促進すること。」とし、(ハ)は、「日本国民は、悠久の歴史を通じて、豊かな伝統と独自の文化をつくり上げてきた。われらは、これを継承発展させ、……友愛の気風に満ちた国づくりを進める。」とし、(ニ)は、「日本国の構成員として、この国を大切にし、相互の連帯意識を育みつつ世界に誇れる日本人のアイデンティティーを築き上げて行くこと、……国民が自然に家族を愛し、その属する地域社会と国を大切にし、歴史・伝統・文化を誇りに思える……そういう国でありたいという願いをこめている。」としている。

(イ)(ロ)(ハ)(ニ)の各案は、共通してほとんど〈反動〉に近い「保守」色が濃厚であり、国民が憲法によって国家権力を厳格に拘束し、権力の濫用を抑止して、自らの権利・自由を護るという近代立憲主義の理念を否定し、憲法を「国民の行為規範」とする観点が強い。その結果、国民（人民）は、政府を批判し、場合によっては取りかえることもできるという意味をもつ現行憲法の国民主権（人民主権）の原理が後退することになる。

憲法前文は、憲法全体の性格を示すことから、この観点は、以下に検討する各項目を通底している。

2　国民の権利・義務について

現行憲法が、個人の尊重を基底として、「公共の福祉に反しない限り」、生命権・自由権・幸福追求権を、立法その他の国政において、最大の尊重を必要とする（一三条）としているのに対し、(イ)は、「自由及び権利には責任及び義務が伴うことを自覚し、常に公益及び公の秩序に反してはならない。」（一二条）とし、生命権・自由権・幸福追求権についても、「公益及び公の秩序に反しない限り、……最大限に尊重されなければならない。」（一三条）とする。人権制約の基準を、「公共の福祉」から〈福祉〉を削除して、〈公益及び公の秩序〉に変えたことは極めて重大である。

人権を最大限尊重するために、現行憲法の下で、公共の福祉は、社会的弱者保護のための権利調整の原理として考えられ、学説・判例も、①合理性の基準、②厳格な合理性の基準、③二重の基準論、④明白にして現在の危険の理論、⑤比較考量論、等々、緻密な理論を築いてきた。人権と公共の福祉の関係を対立的にとらえるのではなく、人権制約に慎重に対しながら、人権を尊重することによって生まれてくる公の秩序を展望してきたのである。

その点、「常に公益及び公の秩序に反してはならない」とすると、当然のことながら既存の国家秩序が優先され、国民の権利が大幅に制限される危険がある。その危惧を端的に示しているのが、表現の自由の保障に対して、「公益及び公の秩序に害することを目的とした活動を行い、並びにそれを目的として結社をすることは、認められない。」（二一条）とする驚くべき規定である。これは国体の変革と私有財産制度（＝既存の国家秩序）の否認を目的とする結社の運動を犯罪行為として、取り締まり、ファシズム体制の樹立の役割を担った「治安維持法」（一九二五年四月制定、一九四五年一〇月廃止）に酷似してはいないか。加えて、現行憲法は、政教分離をきびしく定めているが、「国及び地方自治体その他の公共団体は、……社会的儀礼又は習俗的行為の範囲を超えないものについては」、宗教教育、その他の宗教的活動も許される（二〇条三項）と緩くしている。総理大臣や知事の靖国神社参拝は合憲とされる可能性に道を開いている。(ロ)は、必ずしも明確ではないが[4]、「公共の福祉概念が曖昧」であるから、これを明確化する必要があるとしながら、「〈国家と個人の対立〉や〈社会と個人の対立〉を前提に個人の権利を位置づける考えに立つのではなく、国家と社会と個人の協力の総和が『人間の尊厳』を保障することを改めて確認する。」としているところに特徴がある。（ハ）は（イ）とほぼ同旨であり、「自由および権利は、国もしくは公共の安全、公の秩序……のため、法律により、これを制限する」とし、政教分離についても、国およびその機関の宗教的活動は、「伝統的および儀礼的宗教行為は、この限りではない。」（一六条三項）として許容している。（ニ）も（イ）と同旨であり、人権制約の基準を、「『公共の福祉』に関してはその解釈が不明瞭であることもあり、『公共の利益』と表現を変更し……『公共の利益』とは、国の安全や公の秩序、国民の健全な生活環境を確保する全ての事柄をいう。」としている。

これまで検討してきた改憲案の「前文」と併せて考えると、国家・公益・公の秩序の前で、〈個人〉が後退している。（イ）（ロ）（ハ）（ニ）に共通して、現行憲法の中心柱である個人の尊重（一三条）が削除されていることに留意しよう。

3　九条の平和主義と安全保障について

戦争放棄・戦力の不保持・交戦権の否認を定めた現行憲法を「改正」することが、各改憲案の中心眼目であることがみてとれる。

（イ）は、九条の二に「我が国の平和と独立並びに国及び国民の安全を確保するため、内閣総理大臣を最高指揮官とする国防軍を保持する。」と定め、三項で「国防軍は、……国際社会の平和と安全を確保するために国際的に協調して行われる活動……を行うことができる。」とした。（ロ）は、「制約された自衛権を明確にする。」、「国連集団安全保障の一環として展開されている国連多国籍軍の活動への参加を可能」とし、「武力の行使を含む」としている。

（ハ）は、内閣総理大臣を最高指揮監督権者として、「日本国は、国の独立と主権を守り、……国際社会の平和に寄与するため、軍隊を保持する。」（三条）とする。（ニ）は、自衛権の保持と自衛のための「戦力の保持」を明記し、「国際協力活動に対する現行の自衛隊の派遣を改めて憲法で認め、これを国防活動と並んで現行自衛隊の本来業務とする。」としている。

（イ）（ロ）（ハ）（ニ）は、集団的自衛権を積極的に認め、または排除していない点で共通している。

現行憲法九条二項が規定する〈戦力の不保持〉こそ、平和憲法の核心であり、前文の「平和を愛する諸国民の公正と信義に信頼して、われらの安全と生存を保持しようと決意した。」と呼応して、安全保障の土台を武力ではなく、〈信頼醸成〉においた在り方が、（イ）、（ロ）、（ハ）、（ニ）の各改憲案によって根底から否定された。各改憲案は、武力による「国家安全保障」（national security）の提唱であるが、これは現代世界の流れに逆行する。冷戦終結以降、国家間の対立は激減し、局地的な紛争が多発するようになったが、これらは紛争当事国の国内的要因＝政権基盤の脆弱、統治能力の欠除、貧困・格差・抑圧構造に基因し、武力によって解決できる性質のものではない。

今日、国家防衛よりも、具体的な人間一人ひとりの安全と社会の安定の確保に主眼を置き、「精神的・物質的の両面にわたる貧困の解消、慢性的な飢餓の克服、社会的な公正と平等の確保などが、事実上内戦や戦争を回避させ、平和の実現に貢献[5]」できるという視点から、〈人間の安全保障〉（human security）が実践され、注目されている所以である。しかも、人間の安全保障は、現行憲法・前文の「全世界の国民が、ひとしく恐怖と欠乏から免かれ、平和のうちに生存する権利を有する」と響き合っている。

軍隊という組織は、①ときに自国民に銃口を向けて政府に従わせる実力組織であり、②巨額の軍事予算や関連予算を政府に確保させ、その配分を通して財界、言論界、学界、宗教界など、およそすべての分野に影響力を行使し、③巨大な浪費機構であって、自然環境を破壊し、人間の精神生活をも支配し、青年の創造性や多元的価値を否定し、負の文化を再生産する機構で[6]、敵国民との対立を基本とし、共生を方向づけるものではない。

そこで、「戦後日本における第九条の決定的な意味の所在」として、「自由の問題としての第九条」という見解を提出し、「非軍事化条項としての第九条は、まさにそのことを通して、日本社会における批判の自由を下支えする展望をひらくものであったはずである」[7]という指摘は重要である。つまり、憲法九条の非軍事化条項は、それを推し進めることによって広く精神的自由権の開花を保障することになり、逆に軍国主義の進行と拡大が精神的自由を圧殺したことを歴史は証明しているのである。その意味でも現在、「秘密保全法案」の作成が進められ、秘密保護の対象を、①国の安全、②外交、③公共の安全および秩序の維持に類型化し、秘密を漏らす行為に五年から一〇年の懲役という重罰を課し、実行行為のみでなく、教唆、扇動・共謀も処罰の対象とする、という動き[8]は十分な警戒を必要とする。

4 憲法改正手続きについて

現行憲法の「各議院の総議員の三分の二以上の賛成で、国会が、これを発議し」、国民投票による過半数の賛成を必要とする。（九六条）を、（イ）は、「衆議院又は参議院の発議により、……両議院それぞれの総議員の過半数の賛成で国会が議決し……国民の投票において有効投票の過半数の賛成を必要とする。」としている。（一〇〇条）各議院の一方の発議でも可としているところに注意。（ロ）は、特に明確な言及はない。（ハ）は、「各議院の総議員の過半数で、国会が、これを発議し、」、国民投票による過半数の賛成を必要とする（一一四条一項）。これに加えて、「各議院の総議員の三分の二以上の賛成があったときは、国民の承認があったものとみなされる。」（一一四条二項）とする。（ニ）は、現行の「改正発議要件を（総議員の三分の二から過半数の賛成に）緩和すべきである。」とする。（イ）（ハ）（ニ）は、改憲の発議の要件を「各議院の総議員の過半数」の賛成で可とする点で共通しており、（ハ）は、さらに「国民投票権」の否認も含んでいる。こうした憲法改正手続きの緩和は、憲法の最高法規性、憲法の安定性と継続性による人権保障の実現という立憲主義の本質的要素を崩すことにつながる。多くの国家が改正手続規定を厳しくした硬性憲法として存在するのは故なしとない。

5　国家緊急権（非常事態権）制度の導入について

一切の戦力の不保持という徹底した恒久平和主義の現行憲法の下では、当然のことながら国家緊急権制度はない。（イ）（ロ）（ハ）（ニ）の各改憲案がともに、国家緊急権制度を明確に導入したことは、この権限が最終的には軍事力で担保されるところから、現行憲法九条を「改正」して軍事力を肯定したことと密接に関連する。東日本大震災を口実にした非常事態条項導入の主張は論外である。

四　〈三・一一〉と憲法改正の法理

二〇一一年三月一一日に発生した東日本大震災は、地震、津波、原子炉損傷という三重の結合によって未曾有の大惨事となり、これまでの科学技術文明に寄りかかった〈成長信仰〉と、それを享受してきた私たちのライフスタイルに対して歴史の方向性を変えるような根源的な検討を迫っている。

これまで隠れて見えなかった風景が徐々に、鮮明に見えてきつつある。一言にしていえば、日本の政治・経済・社会の基幹に底流している〈負の構造〉である。とりわけ原発事故の検証過程で見えてきた、〈政・官・産・労・学・メディア〉のなれあいともいうべき癒着の構造である。主な態様を列記すれば、①情報の操作、隠蔽、データの改ざん、②原発推進のための〈やらせ〉、〈口止め〉、〈異論・反対論の排除〉、③電力会社および関連公益法人への多数の官僚の天下り、④電力会社（役員）からの政党、政治家への抜け道献金、⑤莫大な交付金、補助金漬けによる立地自治体と住民の支配、等々である。加えて、原子力産業全体が最末端労働者への依存と棄民という〈差別構造〉の上に成立していたことが可視化されるようになった。

東日本大震災へのインタビューに応えてジョン・ダワーは、「個人の人生でもそうですが、国や社会の歴史においても、突然の事故や災害で、何が重要なことなのか気づく瞬間があります。すべてを新しい方法で、創造的な方法で、考え直すことができるスペースが生まれるのです。……それが再び起きています。しかし、もたもたしているうちに、スペースはやがて閉じてしまうのです。……歴史の節目だということをしっかり考えてほしいと思います。」（『朝日新聞』二〇一一年四月二九日、傍点・根本）と述べている。第一級の歴史家の熟考を迫る言である。

大震災から一年余、鮮明に見えてきた〈負の構造〉を根源から改変し、共生の道、人間らしい暮らしの息づく社会へ変えていく道筋が深く求められている。それを実現する確実な道は、アジア太平洋戦争の敗北という大事件を契機に、明治憲法時代の失敗に対する深い反省と、人類の歴史的経験から得た教訓を生かして、「すべてを新しい方法で、創造的な方法で考え直し」て制定された日本国憲法の誠実な履行にあることを痛感する。[9]

憲法の最大の特徴は、すべての国家権力（立法権、行政権、司法権、地方自治権）は憲法によって厳格に拘束され、憲法が保障する基本的人権を最大限尊重するところにある（一三条）。

近年、一三条を根拠に、そこを深く掘り起こし、「『生命権』こそすべての人権の前提となる権利」であり、「『生命権』こそ、人権体系論を論じる場合、最重要な根源的人権」であり、「自由権や社会権など他のすべての諸人権は、『生命権』から派生、特化、多様化して実定されてきたものにほかならない。[10]」という説が提唱されたことは瞠目に値する。

ここには、現行憲法誕生時の〈初源の輝き〉がある。別言すれば生命権はすべての人権の奥底に厳存する〈核心《ケルン》〉なのである。これが侵害されれば、人権は成り立たない。「大震災、そして原発事故という大きな試練と合わせ、一度、戦後の出発点に立ち返って考える時期だと思います。」（樋口陽一「戦時世代が語る憲法といま」『朝日新聞』二〇一二年五月二日）という提言と響き合う。

いま、最も必要とされているものは、①信頼醸成を基礎として、一人ひとりの生存と安全の確保をめざす〈人間の安全保障〉の実現（前文）。②人類史における平和主義の到達点ともいうべき非武装の徹底による〈共生の実現〉（九条）[11]。

③最低限度であっても、健康で文化的な、人間らしい生活ができること。国は、すべての生活部面について、社会福祉、社会保障および公衆衛生の向上、増進に努めること（二五条）である。

憲法改正は、歴史の発展方向にむかって、憲法の規定を改めるべき場合にのみ認められ、これを逆行的に人権の幅をせばめ、権力の幅を拡大することは、改正ではなく改悪であり、したがって許されない。この根本の法理は、法改正の規定一般の規範的意味であり、法改正の不可欠の原理である。[12]

憲法改正は、違憲の悪政と闘って、改悪に反対する消極的護憲の第一段階から、すべての国政の領域に憲法を実施せしめる第二段階を経て、やがてより進んだ憲法に文字通り改正すべき第三段階に至って、はじめて可能であるといえよう。[13]ここに、改正と改悪を峻別し、護憲を軸として、改正の無限界と改悪を峻拒する憲法改正の法理が成立する。

この視座からすれば、さきに検討してきた、（イ）（ロ）（ハ）（ニ）の各改憲案は、個人の尊重と平和主義が大きく後退し、公益・公の秩序・公共の精神の強調と、武力による安全保障の肯定であり、そこから導き出される人間像と社会像は、国家が個人の内心に介入し、国家が示す価値観に従って生きる人間が「公共の精神」を体得している者とされる。ここには、異端排除とともに、国家批判がゆるされない息苦しい社会像が浮かんでくる。[14]

したがって、これらの改憲案は、改正ではなく、はっきりと改悪である、と言わざるをえない。

日本国憲法の改悪は許されないのである。

（1）　二〇〇三年六月九日、高松市で行われた衆議院憲法調査会・地方公聴会に六名の意見陳述者の一人として私は出席した。二名が九条改憲論者であったが、質疑応答を含めて、四名の護憲の主張に強い説得力があった。特に会場からの、この会をアリバイ的なものにしないでほしい、との発言が印象に残った。

（2）　水島朝穂「憲法調査会とは何だったのか――その役割と機能」法律時報増刊（二〇〇六年）二〇頁。

（3）　長谷部恭男「改憲発議要件の緩和と国民投票」同前一〇頁。

（4）民主党が明確性に欠ける理由として、「保守・右派系、『左派』系・リベラル派議員をかかえていることから、一つの憲法草案をまとめるのは困難」であろうという指摘がある。澤野義一『平和主義と改憲論議』（法律文化社、二〇〇七年）八四頁。
（5）前田哲男『岩波小辞典・現代の戦争』（岩波書店、二〇〇二年）三〇三頁。
（6）太田一男『地球時代の道しるべ』（法律文化社、一九九六年）一七五頁。
（7）樋口陽一「戦争放棄」樋口陽一編『講座憲法学』第二巻（日本評論社、一九九四年）一二〇頁。
（8）田島泰彦「国会上程せまる秘密保全法案」百万人署名運動全国通信一七二号（二〇一二年）。
（9）福島第一原発の事故で妻と娘、一歳の孫と福島県南相馬市から川崎市に避難した元高校教員の、「今ほど憲法の大切さを痛感したことはない。……政府や政治家は、いま一度憲法を読み返すべきだ。」という言葉は、当事者の言として重い。（『朝日新聞』二〇一二年五月九日「声」）。
（10）上田勝美「世界平和と人類の生命権確立」深瀬忠一・上田勝美・稲正樹・水島朝穂編『平和憲法の確保と新生』（北海道大学出版会、二〇〇八年）二〇頁、山内敏弘「基本的人権としての生命権」同『人権・主権・平和』（日本評論社、二〇〇三年）参照。
（11）憲法九条を基盤に、日本の〈永世中立〉こそ安全保障の鍵であるという主張をした田畑忍の卓見を、広い視野のもとに深め、精密化している澤野義一の『非武装中立と平和保障』（青木書店、一九九七年）、『永世中立と非武装平和憲法』（大阪経済法科大学出版部、二〇〇二年）、『平和憲法と永世中立』（法律文化社、二〇一二年）は貴重である。
（12）田畑忍『憲法改正論』（勁草書房、一九五四年）三―三一頁参照。
（13）田畑忍『改訂　憲法学原論』序文（有斐閣、一九五七年）参照。
（14）伊藤真『日本国憲法の論点』（トランスビュー、二〇〇五年）二〇〇頁以下。

平和憲法と地域の憲法意識
――地方の憲法記念館と新聞とを手がかりに

後藤正人

一　憲法意識をめぐる諸問題

世界の諸憲法は、日本国憲法の基本三原理である主権在民主義をはじめ、基本的人権の絶対的保障・平和主義の歴史を多かれ少なかれ歩んでいるが、さらに戦争根絶のために「軍備全廃」を掲げているのは日本国憲法だけである[1]。日本国憲法の先駆的かつ重要な基本原理は、二〇一二年二月に発表された自民党の「第二次憲法原案」や、大阪維新の会の「維新八策」によって大幅に改悪されていることが判明する。

日本における憲法草案には、憲法遵守の義務を課す応募兵制を構想した植木枝盛「日本国々憲案[2]」や、戦争や軍隊に関する規定を一切有しなかった鈴木安蔵らの憲法研究会の「憲法改正要綱[3]」などが著名である。こうした日本国憲法の前提、および上記の三原理をめぐる地域の憲法意識はどのようなものであったのだろうか。中央と地域との関係では、中央がいつでも先進的で、地方がいつも追随的でもない。法の歴史を考察すれば、中央が憲法政治を怠っている場合に、地方や地域から憲法政治を守る運動や意識が湧きおこる場合すらある。地域民衆の憲法意識の分析方法には未確立の問題があり、民衆の憲法意識を検討するために相応しい資料の存在も困難なことが予測される。しかし具体的な地域研究の上に立って検討するならば、一定の成果が期待できる可能性がある。地域における憲法意識を推測しうる対象として、例えば憲法普及事業および運動がある。

日本国憲法が公布された一九四六年一一月三日の和歌山県下では、各市町村、工場、農村では多彩な行事が行われていた。和歌山市では復興祭が、新宮市では体育大会と記念講演会など、田辺市では記念式典が、郡部においては串本町で記念式典や運動会が、由良町では山車巡行や演芸会が行われていた（『朝日新聞』一九四六年一一月四日、地方版）。憲法が施行された翌四七年五月三日には、見出し「鳴るぞ自由の鐘　きょう新憲法施行・各地で多彩な行事」では、「自由の鐘もきょうから鳴る─三日新憲法施行の日九十万県民が強いられた戦争の圧制下に夢にも忘れなかった人権と平等と輝かしい前途を祝福して町や村のすみずみまでもり沢山な記念行事が行われる。……県庁はじめ官公署、学校、会社、事業場、工場では午前八時半ごろから記念式を挙行、憲法普及会県支部では七日午前十時から田辺第一小学校で田畑同志社大学長、十一日午前九時から和歌山師範で恒藤京大教授の記念講演会、下旬には各郡市青年団の討論大会が催される」と報道された（『朝日新聞』一九四七年五月三日、地方版）。実際には「働く人たちが、宴会や対抗野球、ピクニックに笑いさざめき県農業会では職員組合の音楽大会、つづいて医専講堂で県下農村青年らが弁論大会に気を吐き、新憲法普及会県支部主催の卓球大会（和工）ラグビー戦（和中）陸上競技（和師）などにも四百の男女若人が参集して妙技をふるった」（『朝日新聞』一九四七年五月四日、地方版）。護憲派の田畑忍や恒藤恭の講演は意義ある内容と考えられ、また農村青年らの弁論大会も興味を引くが、一般には新憲法の歴史的意義と憲法三原理の実現を理解する域には至らなかったといえよう。

地域に即した平和主義を中心に、憲法意識の全体像を構築する一歩として、徳島県憲法記念館をめぐる地域の憲法意識、および地方の商業新聞の記事や、社説・論説の憲法論に現れた憲法意識を考察してみたいと思う。そこには、現代日本における日本国憲法の三原理を実現しようとする憲法意識、この三原理を改悪しようとする憲法意識、あるいは三原理を無視するような憲法意識などの源泉が存在するように思われるからである。

二　徳島県憲法記念館をめぐる憲法意識

都道府県における憲法記念館は、徳島県の場合を除いて、管見の限りでは存在していないようである。一九四九年五月三日設立の徳島県憲法記念館は、県会議員の主導による県議会の設立決議が出発点であるが、民間の協力があり、県立図書館設立の思惑とも絡んで、そこに現れた憲法意識には複雑な様相を呈していた(4)。

1　徳島県憲法記念館に関する年表

一九四七年一〇月定例会　平岡真澄県議による憲法記念館設立提案が議会で決議される。

一九四八年一月一六日　県議会の専門委員会、設立準備委員会、建設委員会（会長・阿部五郎知事）発足。

七月一七日　県議会の専門委員会が早急なる工事着工を決定。

一二月二二日　憲法記念館設立準備委員会が工事の進捗状況を視察、寄付募金運動の強化につき協議。

一九四九年五月三日　憲法記念館設立委員会が開館の日取りや寄付残額の募集促進方法を協議。憲法記念館の開館式、金森徳次郎の記念講演などあり。記念館建設功労者に感謝状が贈られる。平岡真澄県議は含まれず。

五月二七日　徳島県憲法記念館規程が制定（県教育委員会規則第三号）、運営委員会条項を含む。

五月　県議会定例会で平岡真澄県議は、憲法記念館を県文教部が占有していることを批判。

八月一日〜　婦人福祉運動週間につき、憲法記念館で「徳島働く婦人大会」を開催する予定（『徳島新聞』八月一日）。

八月二一～六日　憲法記念館で「徳島労働大学」を開催予定（『徳島新聞』七月二五日）。
九月三〇日　憲法記念館月報として『徳島文化』が創刊。
一九五〇年一月一〇日　憲法記念館運営委員一七名が県教育委員会に依って決められた。
一月二一日　憲法記念館第一回運営委員会が開催。
三月四日　憲法記念館にて「原子力と平和」のテーマで阪大教授・伏見康治が講演予定（『徳島新聞』二月二五日）。
三月六日　憲法記念館で日本キリスト教婦人矯風会徳島支部が本部長・久布白落実を招き、映画と講演を行う予定（『徳島新聞』三月三日）。
三月一三日　憲法記念館が失火により焼失。
三月　県議会定例会は焼失した憲法記念館に関する討議を行い、憲法記念館再建の決議案を可決。
一一月一日　徳島県立図書館設置条例。
一九五一年一二月一一日　徳島県立図書館協議会設置条例。
一九五三年一〇月二八日　徳島県憲法記念館規程（県教育委員会規則第三条）。
一九五四年七月二三日　徳島県憲法記念館庶務規程（県教育委員会訓令）。

2　平岡真澄県議による憲法記念館設立の決議案と、県議会の憲法意識

一九四七年四月に平岡県議が提案した徳島県憲法記念館設立決議案に現れた憲法意識を検討してみよう。この決議案は満場一致で県議会の決議となった。平岡は、祖国再建の前途には「戦争を放棄して平和に徹し、専制と圧迫とを排除」して、「真理と正義とを貫く正しい民主国家の建設」があり、「祖国再建の根幹をなすものは新憲法であ」ると

する。新憲法の精神を生かして祖国再建をしなくてはならないとし、憲法公布一周年を記念する一大事業として県憲法記念館の設立を位置づけていた[5]。この決議に県立図書館は存在していないのである。

平岡の憲法意識には、基本的人権の絶対的保障はともかく、平和主義の中身では戦争放棄を、国民主権は「専制と圧迫とを排除」するという部分的な内容であった。概して、平岡がいう「新憲法の精神」の中身はやや不鮮明であり、必ずしも強い憲法意識であったとはいえない。

徳島県議会の憲法記念館関係条例をめぐる憲法意識を検討すれば、県議会は憲法記念館条例を制定し、それに基づいて県立図書館規則を制定したのではなかった。事実は、一九四九年五月二七日付で県教育委員会規則第三号として「徳島県憲法記念館規程」が定められ、翌五〇年一一月一日付で「徳島県立図書館設置条例」が制定されるのである[6]。この条例には日本国憲法の諸原理よりも、法律としての図書館法を重視したことが反映されていた。こうした県議会の動向にも憲法意識の弱さを認めることができるのである。

『徳島県議会史』（第二巻、一九七三年）は、憲法記念館が「日本国憲法発布を記念して」建築されたこと、一九五〇年三月一三日に焼失し、県議会が議論の末に同年一一月定例会において憲法記念館の再建決議案を可決したことに触れている。いずれも県議会が日本国憲法の精神を生かす象徴として憲法記念館を正しく捉えてはいなかったこと、したがって県議会の憲法意識にも曖昧さがあったものと考えられよう。

3　県教育委員会の憲法意識

当時の県教育委員会は公選制であったが、『徳島県教育調査書　昭和二十四年度』（同県教育庁、一九五〇年）では、平岡議員が提案して、県議会が全会一致で賛成した県憲法記念館設立決議に盛り込まれた「憲法精神の実現」が欠落して、さらに決議に現れた「県民文化の中枢・殿堂」があたかも教育委員会が提起したごとくに述べられているが、明白な誤りであった。同時に、憲法記念館を「県民文化の拠点」とする方針から、図書館運動・文化運動として意識されていた。ここには、新憲法の精神を生かすという方針に基づいて文化センターを構想するという意識は弱いものであった。

先に述べた県教育委員会規則第三号としての「徳島県憲法記念館規程」には、憲法記念館を「社会文化の施設として広く県民の文化教養の向上に奉仕し、これを推進するとともに図書館活動並びに文化活動を行う」(第一条)とだけ謳われ、憲法精神の実践の場としての肝心の役割はまったく見えていないのである。県教育委員会の憲法意識もまた弱点を抱えていたのである。

県教育委員会は一九五〇年一月一〇日に憲法記念館運営委員一七名を決定している(『徳島新聞』一九五〇年一月一一日)。平岡真澄県会議員は含まれているが、憲法学者や法学者は一人もおらず、このメンバーからは憲法精神との係わりで憲法記念館の運営が困難であることが予想される(7)。

4　憲法記念館館長などの憲法意識

憲法記念館の初代館長は元徳島新聞社文化部長・論説委員であった蒲池正夫である。蒲池は憲法記念館の開会式後に紹介された際に、「日本文化再起の拠点として憲法記念館の使命は重大である」(『徳島民報』一九四九年五月四日)と述べているが、憲法記念館と日本国憲法の三原理や精神との関係はまったく欠落していた。また憲法記念館の使命と機能を語った言葉(憲法記念館『徳島文化』第二号、一九四九年一二月)にも新しい図書館の使命が語られるが、日本国憲法の精神との係わりはまったく現れていないのである。さらに憲法記念館の憲法意識を『徳島県憲法記念館要覧』(一九五一年)を通じて検討すれば、「新憲法の精神が規定する自主的な文化世界を開拓する努力を通じて新憲法実施という世紀的な発言を記念せんとする運動の中核体として創立された」とするが、そこには新憲法の精神を三原理との係わりで捉えるということはなかった。

また一九四九年度に限って検討しただけでも、憲法記念館において日本国憲法の平和や人権保障に係わる多彩な取組みが行われていたにもかかわらず、この要覧にはほとんど紹介されなかった。肝心要の憲法記念館自体の憲法文化実践の考えは不在としか言いようがなかった。憲法記念館の憲法意識は県立図書館の軌跡と意識とに共通である[8]（『徳島県立図書館五〇年史』一九六六年）。憲法記念館自体の憲法意識が弱体であったことは、憲法記念館の悲劇であり、浄財を拠出した県民の不幸に繋がるものであった。

5　地方新聞に現れた民衆等の憲法意識

まず憲法記念館の総工費は、地方新聞の記事を勘案すれば、県民からの浄財は五九二万七千円であり、さらに県費補助約一五〇万円や国庫からの図書館復興費五三万余円の補助金があったという。したがって圧倒的な財源は県民からの浄財であったのである。ここには一般民衆が期待する率直な憲法意識をみなければならない。ただし、当時の日本政府が憲法記念館そのものへの援助ではなく図書館復興を目指した意識や、用材として「高知県御料林から下賜の千石を基として不足量六百石を購入することとし」（『徳島新聞』一九五〇年三月一四日）たといわれるような意識には、さらに追究する必要があるであろう。

憲法記念館の施設を利用した種々の催しを検討してみると、主に平和・人権に係わる取組みでは、一方では県労政課の「徳島労働大学」が労働情勢・日本労働史・改正労組法・労働法・労働基準法・米英労働運動史・民主化運動などの重要なテーマで四日間にわたって行われており、また労働省婦人少年局徳島職員室が徳島婦人大会を開催している。他方では大阪大学教授の伏見康治による「原子力と平和」のテーマでの講演が予定され、さらに婦人矯風会徳島支部は本部会長の久布白落実を招いて平和運動協議会を開き、久布白の談話も掲載されていた[9]。したがって、地域民衆の平和と人権に関する一定の憲法意識をみることができよう。

地域におけるインテリが憲法記念館に何を期待したかという問題では、例えば『徳島新聞』(一九四九年一月三日)が県教育長と徳島工専校長との対談を企画していた。工専校長は憲法記念館を「県文化の中心になり民主化運動のスタートとならねばならない」、「記念館の運営は県行政官でやるのではなくそれから切離して民衆の力でやるとよい」と述べていた。一方の教育庁は憲法記念館を図書館および民衆が利用する文化拠点と理解していた。他方、校長は憲法記念館を地域行政のためではなく、地域民衆の、地域民衆による、地域民衆のための日本国憲法実現・実践の場でありたいと願望しているものと考えられる。校長には憲法記念館を日本国憲法実現のための象徴的な場であらねばならないとする憲法意識が一応現れているように思われる。ただし、日本国憲法の三原理をどのように考えていたのかという問題は残されていた。

三 憲法記念館の活動期における地方ジャーナリズムの憲法意識

徳島県憲法記念館設立の決議が行われた一九四七年一〇月頃から憲法記念館が焼失した五〇年三月頃の間における地方新聞の憲法記念館に関する記事、および社説・論説に現れた憲法論を素材として、ジャーナリズムの憲法意識を探ってみたい。

1 憲法記念館をめぐる新聞の憲法意識

県下における憲法記念館建設の寄付状況につき、『徳島民報』(一九四八年七月一九日)は徳島市や各郡などの割当額と集まり具合を紹介しているが、憲法記念館の建設趣旨は触れられていなかった。

憲法記念館の開館については二つの新聞ともやや詳しい記事を載せている。一方の『徳島民報』（一九四九年五月二日）では、「憲法記念館の設立は新憲法実施を記念し、県民の郷土建設に寄せる総合的な力を凝集して民主的平和日本建設に重大な使命を果たすことを目的とし、……社会不安と経済的な困難を乗り越えながら憲法記念館こそ祖国再建の足場であり郷土復興の拠り処であるとの自覚の下に営々として建設されたもの」と憲法記念館をめぐるやや正しい憲法意識を窺うことができる。「しかし資材その他の関係から差当ってまず徳島県中央図書館としての業務から運営されることになっている」との動向に対して、憲法精神との係わりを追求するほどの憲法意識が貫かれているのではなかった。

他方の『徳島新聞』（一九四九年五月三日）社説「風雪三年、憲法記念館開く」は、「憲法記念館の性格は中央公民館と中央図書館とを兼備したものであるから」と憲法精神を外し、「一言にして尽せば本県文化の放射燈であり、また平和の記念塔でもある」とする。ここには憲法と文化との係わりを意識するのではなく、また憲法記念館を単なる平和の記念塔と矮小化されていたのである。

憲法記念館の開会式と記念講演会に触れた『徳島民報』（一九四九年五月四日）によれば、その中心は新憲法公布時の吉田茂内閣の国務大臣・金森徳次郎の講演である。その主な内容は、国民主権の意味と、象徴天皇の意味（国民憧れの中心との説明）との関係、戦争放棄および武力に依らざる人類の理想・正義の実現、である。なお金森は当時、徳島新聞社で弁護士の阿部邦一や紅露みつと鼎談を行っており、とりわけ平和問題について、「五万や十万の兵隊をもっても安心は出来ない。だから根本的に考え方を変えなければしょうがない」と述べていたことが紹介されている（『徳島新聞』一九四九年五月四日）。ただし記事には非武装の永世中立宣言などが構想されているのではなかった[10]。

2　憲法記念館の焼失をめぐる地方新聞の憲法意識

社説「憲法記念館焼く」（『徳島新聞』一九五〇年三月一四日）は、憲法記念館が新憲法発布を記念する全国唯一の建築物たらしめようとして建設されたことを指摘するが、あくまでも「県立光慶図書館の復興と中央公民館としての二つの使命をになう、いわゆる本県文化の中心機関たらしむべく計画し」とあるように、ここには日本国憲法の平和的・民主的条項を実現する象徴としての位置づけは見られなかった。屋代弘賢や柴野栗山の蔵書、阿波などの民俗学研究を行ったポルトガル人のヴェンセスラウ・デ・モラエスの文献などの焼失を惜しんでいるが、あくまでも憲法記念館を図書館・公民館として位置づけるものであり、憲法意識は弱点を持っていた。[11][12]

また『徳島新聞』（一九五〇年三月一四日）には関連する五つの記事「再建は県費でやれ　原徳島市長談」・「阿波文庫も焼失　図書一万二千冊は助かる」・「県教委『陳謝文』発表」・「『陛下の来館前に申訳ない』出張していた蒲池館長」・「開館後わずか十か月　県民の浄財集めた文化殿堂」がある。しかし憲法精神や憲法文化を象徴する憲法記念館を思わせる意識は窺われず、いわば憲法を無視する憲法意識の低いものであるといえよう。

3　地方新聞の憲法論に現れた憲法意識

憲法論からいかにして憲法意識を検討できるのかという問題がある。憲法意識を見抜くには、日本国憲法のどのような問題が取り上げられ、そのテーマは憲法の体系の中ではどのような位置なのか、そして憲法の三原理を実現する方向で論じられているか、という検討が必要であると思われる。

当時の新聞のまとまった憲法論は社説・論説で展開されているが、社説・論説の憲法論は次の二本である。[13]

『徳島民報』（一九四九年五月二日）論説「憲法修正の理由なし」は、ＧＨＱのマッカーサーに対する支配権を有する極東委員会が日本国憲法に対して修正の必要を認めなかったことに対する論説である。日本国憲法実施の「実績を考える場合、ぜひともわれらは自らの精神の中に新憲法の精神とするところの民主主義をどれだけ体しているかを反省せねばならぬ。……日本人の憲法によって与えられたサンクス・ギビング・デーがあってよい。これは……その憲法の実績を個人個人の心の中から固く厚くつみあげて現実化そうとの期待があるからである」、と説く。ここでは日本国憲法の精神を民主主義と捉え、国民一人一人が憲法の実績を心に積み上げて実現していこうとする意味のある提言を読み取ることができる。民主主義を自由・平等・友愛に係わる運動・思想・制度と積極的に位置づける考えがあるが、しかし論説に現れた民主主義はいまだ明確ではない。日本国憲法の民主主義が掲げる制度的大目標、すなわち国民主権の原則、基本的人権の絶対的保障の原則、戦争廃絶・軍備全廃・交戦権否認という世界人類の悲願の実現のために、国民一人一人が実現のために努力を傾けることを提言するまでに至らず、抽象的な段階にとどまっている。ともあれ民主主義一般のレベルでの憲法意識であった。

『徳島新聞』（一九四九年五月六日）社説「人権を護るもの」は、日本国憲法の最大の特徴を人権尊重の精神であるとし、不断の努力が必要だとしており、侵すことのできないのが人権尊重であると述べつつ、「公共の福祉」の制約に服さねばならぬとする。また憲法が保障する基本的人権は、「他から与えられたものであって自ら獲得したものではない。……今までの日本人にはその努力がなかったことは否めないのである」と断言する。人権保障実現の重要性を呼び掛けているが、「民主的な自由と人権に関する認識を新にし、偉大なる理想の完成に不断の努力を払うべきであることに思いを新にするのである」という。日本国憲法の最大の特質は「国民主権」の獲得である。世界憲法の内では、軍備全廃が特徴を有するのである。基本的人権規定の歴史的意義は、その絶対的保障とともに、社会的請求権（労働者の団結権・団体交渉権・団体行動権、生存権、環境権など）の絶対的保障である。また「公共の福祉」は最大多数の最大幸福の意味を有する注意規定であり、人権を制約するものと解釈するのは間違いである[14]。

戦後における日本の憲法草案にあって、最も日本国憲法に影響を与えたのは鈴木安蔵などの憲法研究会の「憲法改正要綱」であり、鈴木の憲法研究に最も影響を与えたのは当時立志社社員の植木枝盛「日本国々憲案」であった。そして植木枝盛や中江兆民たちが指導した自由民権の人権運動に源泉を有した近代日本の人権運動史を無視する社説の論調は誤りである。全体的にいえば、社説「人権を護るもの」に現れた憲法意識は人権の抽象的実現を呼び掛けるだけであり、日本国憲法の諸原理に対する基本的理解に欠け、かつ基本的人権規定の特徴の把握に問題を残していた。

四　憲法意識をめぐる課題と展望

本稿では、中央に対して先駆的と思える徳島県憲法記念館の創立、および地方新聞の関連する記事や、社説・論説の憲法論を素材として、憲法意識を検討してみた。地域における具体的な問題から憲法意識を析出することは新しい試みであると思う。こうした分析方法は管見の限りでは未見であるが、さらに深めてみたいと考えている。

ここでは、ただ結論的には次のことだけを述べておきたいと思う。日本国憲法に期待する地域民衆の憲法意識は相対的に高いこと、ただし、それは日本国憲法の三原理を基本的に踏まえたものであったのかといえば、必ずしもそうではなかった。とはいえ人権意識では、とりわけ自由権の意識はやや高いことが窺えた。当時において「憲法より飯だ」という見方は一面的であることが判明したといえるであろう。

憲法意識を具体的に見れば、平岡真澄県議などの県議会の憲法記念館建設の憲法意識、県教育委員会・憲法記念館・県立図書館の憲法意識、そして地方新聞の社説・論説に現れた憲法論に現れた憲法意識は、複雑な様相を呈しているが、概して平岡県議や、『徳島民報』の記事の中には相対的に高い憲法意識が窺え、県教育委員会・憲法記念館・県立図書館には、平岡県議の功績を無視し、日本国憲法三原理との係わりを基本的に無視するという憲法意識が浮き彫りにされていた。また新聞の社説・論説に現れた憲法論が少なかったことはそのまま憲法意識の如何を示しているのであるが、存在する憲法論に即して言えば、日本国憲法を肯定し、一定の方向での実現を目指すという憲法意識として捉えることができよう。

当時における地域の憲法意識は、日本国憲法の三原理に対する基本的理解に立ったものではなかったが、期待の意識は高く、このことが地域の憲法意識を規定していたように考察される。県教育委員会・県憲法記念館・県立図書館はそれぞれの仕事や役割を日本国憲法の三原理から考えようとしない憲法意識が浮き彫りになったが、ここには日本国憲法の三原理を改悪する意識が存在しなかったことは述べておかなければならない。

今後、全国各地域において、こうした拙い分析方法を睨みながら、一方では日本国憲法の平和主義を改悪する憲法意識、他方では九条擁護の憲法意識はいかにして生成したのかといった研究の進展を期待したいと思う。

（1）吉田稔「コスタリカ共和国憲法（解説と全訳）」（『姫路法学』三七号、二〇〇三年）など、ラテンアメリカ諸国の一連の憲法研究は注目される。

（2）家永三郎・松永昌三・江村栄一編『新編　明治前期の憲法構想』（福村出版、二〇〇五年）三九六頁。戦争根絶・軍備全廃の思想をもとに、世界平和協議組織を叙述した植木枝盛『無上政法論』から憲法研究会「憲法改正要綱」・「日本国憲法」に至る基本的軌跡については、後藤正人「近代日本の平和思想」澤野義一・井端正幸・出原政雄・元山健編『総批判改憲論』（法律文化社、二〇〇五年）を参照。

（3）金子勝「日本国憲法の発想――憲法研究会『憲法草案要綱』の構想」（『立正法学論集』四二巻一号、二〇〇八年）など、日本国憲法に関する一連の歴史的研究は貴重である。

（4）一九四七（昭二二）年四月一九日、県庁での新憲法施行記念行事計画世話人会が憲法記念館設立を可決し（『徳島民報』一九四九年五月二日）、同四七年八月一八日に憲法記念館設立委員会が成立し（『徳島新聞』一九四九年五月二日）、県教育会編・出版『徳島県教育沿革史』（一九五九年）も憲法記念館設立促進協議会が組織されたとするが、すべて明白な資料が挙げられていない。これらの叙述の特徴は、平岡県議の憲法記念館設立決議案と、これに同意した県議会決議との欠落である。

（5）徳島県議会の「徳島県憲法記念館設立決議」全文は、後藤正人「徳島県立憲法記念館をめぐる憲法意識」（『大阪民衆史研究』六四号、二〇一〇年。以下、徳島県憲法記念館論文と略）三八頁以下。同稿は県憲法記念館の設立から焼失に至る問題を明らかにした。県議会の決議や建築費に占める県費の位置を勘案して県立としたが、財源からいえば「徳島県民憲法記念館」と称すべきものであった。同稿に対する井ヶ田良治氏のコメントは示唆的・有益である（五七頁以下）。

（6）徳島県憲法記念館、それに包摂される県立図書館の法制については、後藤・前掲徳島県憲法記念館論文四九頁以下。

（7）同前五一頁。

（8）同前四五頁以下。

（9）同前五四頁以下。

（10）永世中立については、澤野義一『平和憲法と永世中立――安全保障の脱構築と平和創造』（法律文化社、二〇一二年）を参照。

（11）幕府右筆で蔵書家の屋代弘賢（一七五八～一八四一年）に関する、森銑三「屋代弘賢」『森銑三著作集七』（中央公論社、一九七一年）は重要な研究である。

（12）モラエス（一八五四～一九二九年）について、岡村多希子『モラエス――サウダーデの旅人』（モラエス会、二〇〇八年）が要を得ている。

（13）一九四五年一〇月以降、一九四九年に至る地方新聞の憲法論については、後藤正人「憲法制定期における徳島地方紙の憲法論――『社説・論説』の憲法意識に係わって」（『大阪民衆史研究』六六号、二〇一一年）が分析を行い、全国的にやや高い憲法意識を析出した。梶居佳広「日本国憲法制定と地方新聞論説：中間報告」（『占領期の憲法論議』代表・立命館大学赤沢史朗、科学研究報告書、二〇〇八年）をはじめ、全国的な研究が梶居氏によって行われつつあり、参考となった。

（14）研究史をまとめ、やや独自の見解を述べたものに、後藤正人「公共の福祉は人権に優先するか」憲法研究所・上田勝美編『日本国憲法のすすめ』（法律文化社、二〇〇三年）六八頁以下がある。

平和的生存権と憲法九条

奥野恒久

はじめに

日本国憲法は、前文第二段において、平和への強い決意と平和構築のスタンスを表明している。すなわち、日本国民は「平和を愛する諸国民の公正と信義に信頼して、われらの安全と生存を保持しようと決意した」と「信頼の原則」に立脚することを謳ったうえで、「われらは、全世界の国民が、ひとしく恐怖と欠乏から免かれ、平和のうちに生存する権利を有することを確認する」と、平和的生存権を宣明する。そして憲法九条一項にて、戦争と武力による威嚇・武力の行使の放棄を、二項にて戦力の不保持と交戦権の否認を宣言するのである。徹底した非軍事平和主義である。だが、周知の通り、戦後日本の支配層は、日米安保体制のもと、この非軍事平和主義の形骸化と憲法九条の改定を目論んできた。特に一九九〇年代以降、自衛隊の海外活動を本格化させる「軍事大国化」の動きが、「構造改革」路線と併行して進んでいる。そしてこの動きは、二〇〇九年の「政権交代」以降も、同一線上でむしろ加速すらしているようにみえる。

ところが、支配層のこのような目論見とは別に、二〇一一年三月一一日の東日本大震災と原発事故を受けて、従来型の価値を問い直すという思想的営為が日本社会の深層にて生まれつつある。例えば、経済評論家の内橋克人は、「人の生きてゆく基本的な権利、すなわち真の人権に畏怖心を捧げることなく、国と社会は何かに憑かれたように経済成長、その推進力として原発エネルギー政策を推し進めてきた」とこれまでを総括したうえで、「『競争セクター』一辺倒の社会原理に経済繁栄の原動力を求めるような、そのようなあり方を超克するときがきている。分断、対立、競争に代えて連帯、参加、協同を原理とする、足腰の強い『共生セクター』へ向けて日本社会を一大転換させる。……これだけのおぞましい悲惨を経てなおも過去の慣性のうえに社会再生など可能であろうか」と主張する。(1) 経済成長を至上命題とするのではなく、人権こそを中心に据える価値へと転換を求める営為である。

本稿は、憲法前文、とりわけ平和的生存権と憲法九条との関係を、昨今の学説状況を踏まえながら検討する。そして、「三・一一」後の思想的営為のなかに位置づけられ、広く受容されうる平和主義論を展望したい。以下、平和的生存権論を概観し、その到達点を確認するところから始めることにする。

一　平和的生存権論の現段階

1　平和的生存権の裁判規範性

（1）長沼訴訟と憲法学説

平和的生存権については、その裁判規範性の有無を中心に、長沼訴訟第一審判決（札幌地判一九七三年九月七日判時七一二号二四頁）以来、論じられてきた。言うまでもなく長沼訴訟とは、「冷戦」下の一九六〇年代末、保安林に指定されている北海道長沼町の山林に防衛庁がミサイル基地を建設しようとしたのに対し、反対する地元住民が基地建設のための保安林指定解除処分の取消しを求めて争ったものである。この訴訟で札幌地裁は、当該処分により地域住民の平和的生存権が侵害ないし侵害される危険がある限り、「その地域住民にはその処分の瑕疵を争う法律上の利益がある」とし、さらに「レーダー等の施設基地は一朝有事の際にはまず相手国の攻撃の第一目標になるものと認められるから、原告らの平和的生存権は侵害される危険がある」と述べ、この権利の裁判規範性を認めたのである。

だが、長沼訴訟控訴審（札幌高裁一九七六年八月五日行裁例集二七巻八号一一七五頁）は、平和的生存権について「裁判規範としてなんら現実的個別的内容を持つものとして具体化されているものではない」と、その裁判規範性を否定した。また最高裁も、別の事件である百里基地訴訟（最判一九八九年六月二〇日民集四三巻六号三八五頁）において、「平和主義ないし平和的生存権として主張する平和とは、理念ないし目的としての抽象的概念であって、それ自体が独立して、具体的訴訟において私法上の行為の効力の判断基準になるものとはいえ」ない、としたのである。学説も当時は消極的に解するものが多数であったし、積極説のなかでもその憲法上の根拠、その権利の主体や内容について争いがあり[2]、権利論としての確立には程遠い状況にあった。いずれにしろ、平和的生存権の裁判規範性を論証するには、その権利内容の明確化、精密な概念構成が不可避の課題とされたのである。

（2）　一九九〇年代以降の平和的生存権

次に平和的生存権が着目されるのは、自衛隊の海外活動が本格化する一九九〇年代以降、とりわけ二〇〇三年一二月からの自衛隊のイラク派遣に対し、それに抵抗する市民訴訟においてであった。自衛隊の海外活動という事態は違憲性をより高めるが、この訴訟の原告は、攻撃される危険下にあった長沼訴訟の原告と異なり、いわば「加害の側」に立つことになる。裁判規範性を論証するという課題は一層の困難に直面する。そこで、平和的生存権から、「加害者にならない権利や殺さない権利」、「戦争や武力行使をしない日本に生活する権利」などを導こうとの試みがなされる。また、「いかなる戦争もしないという憲法自身が採用した憲法的確信、日本国憲法の根本規範に対する信頼」を「平和を求める良心」とする主張もあり、それが憲法一九条により保障されるとした裁判例も存在する[3]。

さらに、平和的生存権の本質・核心を「生命権」だとする主張が注目に値する。例えば上田勝美は、戦争や環境破壊により、「人間の生きる命」そのものが危機的状況に陥っていることを深刻に受け止め、憲法一三条を根拠にすべての人権の基礎に「生命権」を位置づける。[4] すなわち、「『生命権』は、憲法第三章一三条の基本権（生命権）を媒介して、第三章の各論的な諸人権（自由権、社会権、国務請求権および政治的権利）に多様化し特化して、国民の権利（体系）として保障されていると考えなければならない」[5] と主張する。そうすることで、今日の人類的課題に応えるとともに、平和的生存権の意味内容を限定・明確化し、また一三条を根拠規定とすることで裁判規範性を説得的に論証しようというのである。

平和的生存権を含む「新しい権利」は、国民の意識と自覚的な運動をともなう歴史の発展のなかで生成・確立されるものである。平和を求める理論的・実践的格闘のもと、二〇〇八年、ついに名古屋高裁（名古屋高判二〇〇八年四月一七日判時二〇五六号七四頁）が、航空自衛隊の活動はイラク特措法および憲法九条一項に違反すると断じるとともに、平和的生存権の裁判規範性を肯定した。名古屋高裁判決は、平和的生存権につき「憲法の保障する基本的人権が平和の基盤なしには存在し得ないことからして、全ての基本的人権の基礎にあってその享有を可能ならしめる基底的権利」だとし、「平和概念の抽象性等のためにその法的権利性や具体的権利性が否定されなければならない理由はない」と述べる。そして、「憲法九条に違反する国の行為、すなわち戦争の遂行、武力の行使等や、戦争の準備行為等によって、個人の生命、自由が侵害され又は侵害の危機にさらされ、あるいは、現実的な戦争等による被害や恐怖にさらされるような場合、また憲法九条に違反する戦争の遂行等への加担・協力を強制されるような場合には……裁判所に対し当該違憲行為の差止請求や損害賠償請求等の方法により救済を求めることができる場合がある」と判示したのである。もっとも本判決も、自衛隊の派遣は控訴人らに直接向けられたものでも、控訴人らの自由や生命を侵害するものでも、憲法九条に違反する戦争遂行等への加担・協力を強制するものでもないから、控訴人らの具体的権利としての平和的生存権は侵害されていないとして、訴えを退けている。

その後、岡山地裁（岡山地判二〇〇九年二月二四日判時二〇四六号一二四頁）も原告の訴えを退けつつ、平和的生存権の裁判規範性を認め、それを「すべての権利の基底的権利であり、懲役拒否権や良心的兵役拒否権、軍需労働拒絶権等の自由権的基本権として存在する」と判示している。学説も今日では、積極説が有力に主張されている。[6]

2　憲法上の権利としての平和的生存権

(1)　憲法上の権利と民主主義プロセス

裁判規範性を論ずるには、どうしても厳密な人権概念を構成することが求められるが、「憲法規範は、原理上、裁判所に向けられているだけではなく、議会や政府という政治部門も拘束する」し、また「憲法に拘束されない国民の運動においても憲法規範は実際上、大きな機能を果たしている」。このことに注目する浦田一郎は、平和的生存権についても、「裁判上の権利性」と区別された「憲法上の権利性」を重視し、「運動や政治の場面における広く柔軟な人権概念を形成する」必要性を説く。[7] 裁判所にではなく、民主主義プロセスに働きかける平和的生存権論である。[8]

名古屋高裁判決直後、奥平康弘が「九条問題の万事が司法的解決に向けて開かれているのか、他の憲法法規――例えば基本的人権保障規定――と一味ちがって、司法的解決以外の解決――どちらかというと政治的・社会的な手法により多くまかされる解決方式――も、満更棄てたものでないと考えるべきなのかもしれない」[9]というのも、この種の議論である。先に見た生命権を本質とする平和的生存権論も、その神髄は憲法上の権利として発揮されるように思われる。私は、憲法九条規範は、裁判所と民主主義プロセスの双方を通じて、いわば相乗効果によって実現するものとみており、[10] 平和的生存権について、裁判上の権利としては名古屋高裁判決を足場にその意味づけを充実させつつ、憲法上の権利として広く柔軟に概念構成することも重要だと考えている。

(2)　現代的平和論との接合

国際的には、一九七〇年代半ばから「平和への権利」や「構造的暴力」論が提唱されるようになり、九〇年代には

「人間の安全保障」論が登場する。日本の憲法学のなかにも、これら現代的平和論を吸収して平和的生存権の概念構成を試みるものがあらわれる。

君島東彦は、「平和の実現とは暴力を克服することであるが、われわれが克服すべき暴力には戦争のような直接的暴力の他にも、構造的暴力がある。構造的暴力とは、社会構造の中に組み込まれている不平等な力関係、さまざまな格差などであり、経済的搾取、政治的抑圧、さまざまな差別、植民地支配などがあげられる」とし、日本国憲法は、前文により専制、隷従、圧迫、偏狭、恐怖、欠乏といった構造的暴力を、また九条により直接的暴力を克服しようとしており、「平和学の到達点、共通認識に照らしても、その妥当性が再確認される」と主張する。(11)

また、「人間の安全保障」論を平和的生存権論に接合する試みもみられる。「人間の安全保障」論とは、国連開発計画（ＵＮＤＰ）の一九九四年報告以来論じられるようになった、「国家の安全保障」に対置する安全保障観で、「国境に対する脅威」や武器にではなく、人間の生活や尊厳に関心を向ける議論である。もっとも、「人間の安全保障」と国家安全保障を共存・補完関係で把握する議論も散見されるなか、大久保史郎は、「国家安全保障の核心を軍事ないし国家的暴力としてとらえ、これに『人間の安全』を対置し、優先させる路線、すなわち、非軍事化、非暴力化を徹底させる選択」こそが、日本国憲法の平和的生存権論だとする。(12) 浦部法穂も、「人間の安全保障」論の本来的意味は、「『人間不安全』状況の根本原因にまで遡って、その根本原因を取り除くことに向けられる議論」だといい、そして今日における「人間不安全」状況の根本原因は、グローバル資本の野放図な利潤追求だ、とする。「人間の安全保障」は「恐怖からの自由」と「欠乏からの自由」を重要な構成要素とするが、それらは日本国憲法が「全世界の国民」の平和的生存権として確認していることである。浦部によると、重要なことは、日本国憲法がこの平和的生存権を確保するためには、「戦争や軍備の保有は否定されるべきものであるという立場を明確にして、憲法九条をおいている」ことだとする。つまり、日本国憲法は、戦争や軍備の否定によってこそ、「人間の安全保障」が実現されるということをいわば歴史的に先取りしたのだ、と主張するのである[13]。
平和的生存権を宣明する日本国憲法は、平和の問題を、一人ひとりをかけがえのない存在として尊重する「人権」の問題として把握したのである。国家の視点ではなく個人の視点である。さらにそれを、非軍事平和主義を規定する憲法九条と統一的に把握しようというのが、平和的生存権論の今日の到達点といえる。では、九条論の方はそれに見合う状況にあるのだろうか。次にこの点を検討したい。

二　憲法九条をめぐる今日的論点

1　憲法九条をめぐる学説と政府見解

(1)「統制規範」か「積極的価値」か?

憲法九条一項においてか二項においてかに争いはあるものの、九条が自衛のための戦争を含む一切の戦争を放棄し、警察力を超える実力としての「戦力」を保持しない、非軍事平和主義規定であるというのが憲法学の通説である。それに対し政府は、「憲法は自衛権を否定していない。自衛権は、国が独立国である以上、その国が当然に保有する権利である」との立場のもと、自衛のためとはいえ「戦力」をもつことは憲法上禁じられているが、「自衛のための必要最小限度の実力」(自衛力)をもつことは九条に違反せず、自衛隊は「自衛のための必要最小限度の実力」であって、「戦力」でないとしてきた。そのうえで政府は、自衛のための実力行使について、①わが国に対する急迫不正の侵害があること、②これを排除するために他の適当な手段がないこと、③必要最小限度の実力行使にとどまること、の三要件を示している。

集団的自衛権の行使禁止など、政府解釈を含め憲法九条が政府の軍事的選択を統制してきたことは事実であり、それは権力の制限という立憲主義の要諦からして、評価すべきことである。そして近年、九条の意義をもっぱらその統制規範に求める見解が有力に主張されている。例えば長谷部恭男は、防衛問題については情報が十分提供されないなど民主的決定に馴染みにくく、また失敗のコストが過大であるといった理由から、主権者たる国民の決定権を縛る合理的自己拘束が必要だとし、そこに九条の意義を見出す[14]。また、大日本帝国憲法が軍隊の統制に失敗した歴史を重視する青井未帆も、九条論の本籍は権力統制にあるとする[15]。だが、九条を統制「手段」としてのみみるこれらの議論は、前文の平和的生存権との統一的把握を不可能にし、民主主義プロセスを通じて九条規範を実現するという契機を摘みとるように思われる。

それに対し、徹底した平和主義を構成原理とする新しい「型」の立憲主義（「立憲平和主義」）として[16]、九条にその積極的価値を見出そうとする立場がある。例えば樋口陽一は、「基本的に一九四五年以前の日本社会は軍事価値を最上位に置く社会でした。第九条の存在は、そういう社会の価値体系を逆転させたということに、大きな意味があった」として、「自由の基礎」として九条の意義をみる[17]。また樋口は、憲法九条に「立憲主義憲法史における継承と断絶」の両面があることを指摘したうえで、「『武力による平和』に対する基本的な考え方の点で、（国際連合憲章と）憲法九条の掲げる理念との間に断絶があることを、あいまいにすべきではない。反対に、そのことを明らかにしたうえではじめて、日本国憲法がひとつの積極的な選択をしていることの積極的な意味を、国際社会に訴えることが可能になるはずである」と主張するのである[18]。

（2）　国家の自衛権か、個人の人権か？

政府見解が自衛権概念を用いることで自衛隊を合憲としてきたのに対し、従来の通説は、日本国憲法でも自衛権まで放棄してはいないが、それは外交交渉や警察力、群民蜂起などによって行使されるにとどまるという、いわゆる「武力なき自衛権」論であった[19]。だが、自衛権は国際法上、当然に武力を伴うものと解されていることから、戦力を放棄した日本国憲法は自衛権を実質的に放棄している、という有力な批判がなされてきた[20]。自衛権概念に力点をおいた批判である。

それに対し、最近の有力な批判は自衛権の主体とされる「国家」に向けられるものである。樋口は「主権国家を単位として構成されている国際法の世界で『国家に固有』とされているからといって、それが、個人を単位として構成されている憲法の世界でも『国家に固有』だということにはならない。個人の合意によって形成される近代立憲主義国家の建前からするならば、放棄しようにも放棄できないものがあるとしたら、それは、個人の生命と安全についての留保（ホッブズ）しかないというべきであろう[21]」という。長谷部も「国家は、……それ自体としては約束事に基づく抽象的な存在にすぎず、それに固有の自衛権があるという議論はさほど説得力のあるものではない[22]」としている。これらも自衛権否定説といえる。確かに今日でも、「国としての独立と安全の保持は、国家の最も基本的な任務[23]」であると、国家の存在を自明視する議論があるが、自衛権否定説と同様、個人の視点に立つことを強調する議論が有力となっている。特に九条を統制規範と解する立場から、「国の安全は、往々にして個人の存在を忘却して語られる。その結果として国家の存続のために、国民の諸権利や諸自由が犠牲にされる危険性を、常に孕む。……憲法上は、あくまでも個人の諸権利や諸自由のために国家が存在するのである。すべての価値の淵源が個人にある以上、全ての個人の諸権利や諸自由が確保された状態を維持することこそが、国家の安全確保における正当な目的となりうる[24]」と主張されている。

（3）「穏和な平和主義」か、非軍事平和主義か？

九条解釈を個人の視点からなすとしても、権力統制規範としてのみに意義を見出すならば、長谷部の「穏和な平和主義」のように、非軍事性を不徹底にする議論も生じうる。長谷部は、一方で九条の文言は一義的に答えを定めた「準則」ではなく、解釈を特定の方向へ導く「原理」の条項だとし、他方で非軍事平和主義に対し、「ある地域を実力で防衛する意思がないという誤ったシグナルを相手方に送る」という否定的診断のもと、非軍事平和主義（絶対平和主義）

は、「平和の実現や回復につながるか否かという帰結主義的考慮とは独立」した「善き生き方」（道徳的選択）に基づくものだと批判する。そして防衛サービスとして自衛のための実力組織を保持することを容認するのである。[25]

だが、九条の非軍事平和主義とは単なる道徳的選択だろうか。佐々木弘通は、「戦争」を時間軸に沿って、①敵国家と戦争を行う前、②敵国家との戦争時、③敵国家と戦争を行った後、という三局面に分けて検討する。そして、②の局面において武装国家が戦争を行い犠牲者を出すのに対し、非武装国家は戦争を行わずすぐに③の局面に移行して敵国家の占領下に入るため、個人のプロパティ（生命・財産・自由）を保全するには、非武装国家の方が優位だとする。[26]

2 「軍事大国化」の進行するなかで

憲法九条をめぐる今日における最大の問題は、自衛隊の実態および活動領域が凄まじいまでに拡大し、とりわけ米軍と一体となっての海外活動が相当進行している、ということである。はたして憲法九条は軍事を有効に統制できているのか、との疑問が出されるのも不思議ではない。統制規範としての九条を重視する立場からは、「憲法規範に反する実態が続くことは、憲法に対する規範意識を鈍磨させ、立憲主義にとって害が大きすぎる」[27]との議論がある。もちろん、この論者自身も認めるように、九条に鼓舞された「平和を求める戦後の真摯な運動」が軍事を統制してき、また現にしていることを軽視すべきでないだろう。また、そもそも憲法規範と現実との矛盾を立憲主義から観察するというこのスタンスは、価値中立的な装いにもかかわらず、現実を追認するだけの議論に陥りかねない。「軍事大国化」の問題性を指摘しつつ、九条規範の積極的価値を探求することこそが求められているのである。「軍事大国化」は、「防衛」概念の距離軸が「国土」防衛から「国益」防衛へ、時間軸が武力攻撃の着手時点から事前・先制・予防的に行動する考え方へのシフトという、[28]平和・安全保障領域での「転換」を受けて進行している。二〇一〇年一二月に閣議決定された「防衛計画の大綱」は、「我が国の繁栄には海洋の安全確保や国際秩序の安定等が不可欠」

だとして、「国際平和協力活動」に「より積極的に取り組む」というが、ここでの前提は「我が国の繁栄」、すなわち「国益」である。この「国益」概念を当然視する安全保障論を、「個人の視点」に立つ平和主義論から根本的に批判することが今日の課題であり、またそれが広く受け入れられる可能性を有しているのも今日だと思われる。

結びにかえて――「信頼の原則」と「小国主義」

九条論にはかつてより、「攻められたらどうするのか」という観念的かつ感覚的な議論がつきまとってきた。憲法学説のなかにも、非軍事平和主義を長谷部説のように否定的に解するものや、それを「無手勝流平和主義」(29)と評するものもある。しかし憲法前文は、「信頼の原則」に立脚することを明らかにしている。「攻められたらどうするのか」という不信を出発点にするものでも、安全保障について無気力・無関心というものでもない。日本国憲法は、そもそも「攻められる」などを問題にするまでもないよう、諸国民との信頼関係を築くことに全力を傾注する、という立場なのである。その意味では、一九四五年以前、東アジアの平和にとって最大の脅威であった日本の軍国主義を憲法九条が封じ込めていることによって、東アジアの人々との信頼関係を醸成、あるいはかろうじてつなぎとめているのである。九条は、他国を攻める意思がないことを示すとともに、他国もそのような意思がないと信じることを示すものなのである。もちろん、それにとどまらない。日本政府には、全世界の国民の平和的生存権の実現、紛争の平和的解決(30)、軍縮の国際社会への働きかけなど、諸国民との信頼関係形成に真摯に努力することにより、日本国民の平和と安全を保持することが要請されているのである。それゆえ、近年の日本の「軍事大国化」という現実は諸国民に不信感を抱かせ、かえって日本国民の平和と安全を危うくする。

その日本の「軍事大国化」は、「冷戦」後のアメリカからの軍事的分担要求とともに、グローバル化のなか海外進出を始め、海外に権益をもつようになった日本企業の要請に基づいてのことである[31]。言うまでもなく、その前提にあるのはグローバル化のなかでの「わが国の繁栄」、経済成長である。だがその一方で、グローバル資本による熾烈な競争が経済格差を拡大させているのであり、国際社会はほかにも、環境悪化や資源の枯渇、災害への恐怖に直面しているのである。日本の「軍事大国化」への批判は、「豊かさ」や経済成長への問い直しとともに進められなければならない[32]。

「三・一一」後、人が自分らしく生きていくこと自体の価値が多くの国民に噛みしめられ、自らの生き方、社会のあり方について、静かだが広範に問われだしている。被災地復興をめぐっても、日本経済のさらなる経済成長・「構造改革」の好機としたい「創造的復興」論と、一人ひとりの住民の命と暮らしを第一とする「人間の復興」論が鋭く対立している[33]。この価値選択・価値転換を求める思想的営為を、日本国憲法を軸とした国家像へと発展させることが重要ではなかろうか。歴史学者の田中彰は、明治維新期の『米欧回覧実記』以来、植木枝盛、中江兆民、内村鑑三、三浦銕太郎、石橋湛山、そして日本国憲法へと、この国には「小国主義」という思想が「地下水脈として脈々と流れつつも、つねに表層へと噴出するエネルギーを秘めている」とし[34]、アンチ大国主義・覇権主義を意味する「小国主義」は「国民の自主・自立のエネルギーの横溢と国家の禁欲を求め、道義と信頼に基づく国際的な連帯と共生を必要とする[35]」と主張する。改めて今、人権の価値を噛みしめたとき、「国益」や経済成長を絶対視する国家とは対極の国家が追求されるべきであり、だとすると「小国主義」もその一つの選択肢として、再び表層に浮かび上がらせるに値しよう。

憲法九条を積極的価値と解する本稿は、九条を前文の平和的生存権と統一的に把握することで、諸国民との信頼関係を築き、非軍事のもとでの日本国民の平和と安全を確保するべき、と主張するものである。そしてこの主張は、経済のあり様を含めた国家像の問題にまで行きつかざるをえない。不勉強な私としては、不相応な大風呂敷を広げてしまったが、今後の研究生活の一大指標として努めていきたい。

（1）内橋克人「巨大複合災害に思う――『原発安全神話』はいかにしてつくられたか？」『世界』二〇一一年五月号、四三頁以下。
（2）平和的生存権の裁判規範性をめぐる学説状況については、例えば山内敏弘『平和憲法の理論』（日本評論社、一九九二年）二六八頁以下参照。
（3）大阪高裁二〇〇八年二月一八日判決は、「平和を求める良心」を憲法的確信と認定しておきながら、それを他のさまざまな良心と同列に扱うことで、控訴人の訴えを退けている。またこの判決は、「生命権」自体を認めたことが注目されよう。
（4）上田勝美「世界平和と人類の生命権確立」深瀬忠一ほか編『平和憲法の確保と新生』（北海道大学出版会、二〇〇八年）二頁以下。
（5）同前一八頁。
（6）最近の学説状況として小林武は、平和的生存権の確立期待説と肯定説という形で整理する。小林武『平和的生存権の弁証』（日本評論社、二〇〇六年）一〇四頁参照。
（7）浦田一郎『現代の平和主義と立憲主義』（日本評論社、一九九五年）一〇八頁以下。
（8）平和的生存権を憲法上の権利として再構成するのが、麻生多聞『平和主義の倫理性――憲法九条解釈における倫理的契機の復権』（日本評論社、二〇〇七年）一八三頁。
（9）奥平康弘「『平和的生存権』をめぐって――名古屋高裁判決の『自衛隊イラク派遣差止請求控訴事件』判決について（下）」『世界』二〇〇八年八月号、一〇五頁。
（10）拙稿「平和的生存権論の現段階――イラク派遣違憲訴訟、名古屋高裁判決を中心に」日本科学者会議編『憲法と現実政治』（本の泉社、二〇一〇年）一九九頁。
（11）君島東彦「『武力によらない平和』の構想と実践」法律時報二〇〇四年六月号、七九頁。
（12）大久保史郎「人間の安全保障と日本国憲法」法学館憲法研究所編『日本国憲法の多角的検証――憲法「改正」の動向をふまえて』（日本評論社、二〇〇六年）二九九頁以下。
（13）浦部法穂「憲法九条と『人間の安全保障』」法律時報二〇〇四年六号、六五頁以下。
（14）長谷部恭男『憲法と平和を問いなおす』（ちくま新書、二〇〇四年）一五二頁以下。
（15）青井美帆「九条・平和主義と自衛隊」安西文雄ほか『憲法学の現代的論点〔第二版〕』（有斐閣、二〇〇九年）八四頁。
（16）例えば、上田勝美『立憲平和主義と人権』（法律文化社、二〇〇五年）九五頁以下。
（17）樋口陽一『個人と国家――今なぜ立憲主義か』（集英社新書、二〇〇〇年）二一二頁以下。
（18）樋口陽一「戦争放棄」樋口陽一編『講座憲法学２　主権と国際社会』（日本評論社、一九九四年）一一六頁。
（19）例えば、芦部信喜『憲法学Ⅰ〔増補版〕』（有斐閣、一九九二年）二六六頁。

(20) 例えば、澤野義一『永世中立と非武装平和憲法——非武装永世中立論研究序説』(大阪経済法科大学出版部、二〇〇二年)二八六頁。
(21) 樋口・前掲書(注18)一一二頁。
(22) 長谷部恭男『憲法〔第5版〕』(新世社、二〇一一年)六三頁。
(23) 佐藤幸治『日本国憲法論』(成文堂、二〇一一年)九二頁。
(24) 青井・前掲書(注15)八六頁以下。
(25) 長谷部恭男「平和主義と立憲主義」ジュリスト一二六〇号(二〇〇四年)五六頁以下。
(26) 佐々木弘通「非武装平和主義と近代立憲主義と愛国心」憲法問題〔19〕(二〇〇八年)九五頁以下。
(27) 高橋和之『立憲主義と日本国憲法』(有斐閣、二〇〇五年)五八頁。
(28) 水島朝穂「平和政策への視座転換——自衛隊の平和憲法的『解編』に向けて」深瀬忠一ほか編『平和憲法の確保と新生』(北海道大学出版会、二〇〇八年)二七八頁以下参照。
(29) 棟居快行「九条と安全保障体制」ジュリスト一二六〇号(二〇〇四年)七六頁。
(30) 二〇一二年七月二日、アフガニスタン旧支配勢力タリバンのムジャヒド報道官は、毎日新聞の電話取材に「我々は日本との友好関係を望んでいる。軍事介入をしていない日本政府、日本国民がアフガンを支援し、(米国などの)植民地にされるのを阻止してほしい」と語ったという(「毎日新聞」二〇一二年七月四日付)。軍事介入をしていないゆえの紛争の平和的解決の可能性の一例といえよう。
(31) 渡辺治・後藤道夫編『「新しい戦争」の時代と日本』(大月書店、二〇〇三年)三四四頁以下〔渡辺治執筆〕参照。
(32) 一九九〇年代に、「豊かさの問い直し」を提言する憲法論も有力に主張された。例えば、浦部法穂「『経済大国』と改憲論」渡辺治ほか『「憲法改正」批判』(労働旬報社、一九九四年)二九九頁、浦田・前掲書(注7)四六頁以下、和田進『戦後日本の平和意識——暮らしの中の憲法』(青木書店、一九九七年)二五六頁など。また日本社会は、一九八〇年代から九〇年代を境に「発展途上社会」から「成熟社会」へ変貌したとして、個々の生活レベル、経済政策レベルでの価値転換の必要性を説く経済学からの有力な提言も出されている。例えば、小野善康『成熟社会の経済学——長期不況をどう克服するか』(岩波新書、二〇一二年)。本稿は、これらの議論を「三・一一」後に改めて憲法学から提起する必要性と受容の可能性を感じてのものである。
(33) 岡田知弘「どんな復興であってはいけないか——惨事便乗型の復興から『人間の復興』へ」『世界』二〇一二年四月号、一一〇頁以下参照。
(34) 田中彰『小国主義——日本の近代を読みなおす』(岩波新書、一九九九年)一〇八頁。
(35) 同前二〇二頁。

近現代における世界平和思想の潮流と「平和」憲法

中谷　猛

一　恒久平和への希求

戦争の惨禍のない平和な社会を望むことは、この地球に生きるすべての人々の悲願といえる。二〇世紀は二度にわたる世界大戦や社会革命に苦しみ、また植民地の解放闘争の結果、アフリカ・東南アジアなどに独立国家が誕生した。日本はアジアの戦争で加害者となり、また「原爆」の惨禍によって被害者にもなった。いまや人類全体は核時代における無差別・大量殺戮や人間の非人間化を阻止し、希求する平和にむけて立ち上がらねばならない。この目標こそ二一世紀の最大の課題といってもいい過ぎではない。

そこで、「核時代」に生きる私たちは過去の平和思想から何を学ぶべきか。一方、戦争と平和とは対立する。だから人類の歴史に戦争の廃絶はありえない。恒久平和は理想論だと主張する人が少なくない。他方、地球上の平和こそ人類の究極の目的で、この目的を不断に追求して平和の創出に努力しなければならない、と考える人が多い。ドイツの公法学者カール・シュミットは、人間の政治的な営みが「友と敵」との二項対立で捉えうるとした(1)。

だが、この対立を克服し国際平和の樹立と、人類が平和な生活をともに楽しむ共存共栄の追求こそ、平和憲法の理念にほかならない。なるほど、前アメリカ大統領ブッシュは「敵」を犯罪者とみなし、「テロリズムとの戦い」を叫んで全面的な殲滅戦争に突入した。それは国際上の新たな戦争をまねく可能性があったといえる。戦争の廃絶どころではない、と悲観論者が増えたのも頷ける。

現代の戦争は、高度の科学技術に支えられた軍事産業（精密兵器の製造、弾道ミサイル、航空機・艦船の建造等）に依存する。そこで現代の国家は、巨額の軍事費やさらなる国防計画策定のため「戦争国家」の事態に直面することになる。この傾向が国際政治の複雑な動きのなかで、国際紛争の多発化に連動する。したがって、世界史の平和思想の宝庫から教訓を取り出し、敵対する憎しみの連鎖を断ち切る道筋が追究されねばならない。

世界の歴史を振り返れば、私たちの過去は数え切れない戦争や闘争に彩られている。この歴史的事実は直視する必要がある。例えば、古代に例をとるとギリシャの詩人ホメロスがトロイア戦争の英雄の活躍を謳った『イリアス』では、トロイアの王子ヘクトルにみられたように平和の観念がなかった。むしろ戦闘や殺戮を是とし、戦士の戦を賛美するものが多い。周知の『旧約聖書』にみられる神ヤハウェは、事実上戦いの神であって、イスラエルの敵には復讐を誓った。確かに「イスラエル」とは民間言源説によると、「平和のヴィジョン」の意味がある。これは歴史の皮肉といってよい。キリスト教が誕生すると、イエスの平和を願う立場を示した「山上の垂訓」（マタイ伝福音書、第5―7章）がよく参照される。キリスト教の平和主義は非暴力と隣人への愛、また人道主義的な慈善や博愛にあった。その精神的な価値がその後宣布されていく。

だが、キリスト教がローマ帝国のなかで広がると、ローマ帝国の現実は領土拡張に伴い従軍する兵士による殺戮が増大し、キリスト教の非暴力主義とますます矛盾していく。そこで教父アウグスティヌスは戦争目的とその手段の限定を説き、いわゆる正戦論の考えが生まれた(2)。正戦論の原型となる理論である。まさに一二世紀末から始まった聖地奪回のための十字軍遠征によって、東方諸地域が甚大な戦争の被害を蒙ったことは周知の事実である。後のヨーロッパ各地での宗教戦争や封建領主間の領土獲得競争は、人々が戦争と平和の問題を考える契機となり、例えばエラスムスの有名な『平和の訴え』（一五一七年）が出版された。

二　ヨーロッパ近代国家の恒久平和への道のり

自然法に依拠した近代国家が形成されるこの時代には、ヨーロッパ各地で新旧のキリスト教徒の対立からいわゆる宗教戦争が生じた。また、ドイツでは諸国家間の大戦争となった三〇年戦争やスペインの王位継承戦争も勃発した。当時ヨーロッパの大国であったポルトガルやスペインは、アフリカなどの地域の植民地化を意図し互いに鎬をけずった。そこで広くこの時代に生きた知識人たちは、まず国家権力の必要性を力説した。例えば哲学者ホッブスは、平和の構築のためには国民国家の基礎となる理論、すなわち絶対的な主権国家が不可欠で、この主権国家を樹立すれば人間の自然たる戦争状態を終わらせると主張した。また国際平和の重要性を説いたオランダのフーゴー・グロティウス（一五八三〜一六四五年）の『戦争と平和の法』（一六二五年）は注目に値する著作である[3]。

当時、ヨーロッパの諸君侯が自らの利益を大義の旗のもとに隠して争いを展開し、戦争の大義がきわめてあいまいになっていた。駐仏スウェーデン大使の経歴をもつグロティウスはこうした事態に直面し、戦争は正しいものと不正なものとに区別できると考えた。かれのいう戦争の正当性は、自然法と自己保存原理から導きだされた。すなわち「他人の権利が奪われない限り、自らのために見通しをたて配慮することは、社会の自然本性に反しない。したがって、他人の権利を侵害しないような実力行使は不正でない[4]」。まず権利侵害への実力行使を肯定するので、確かに神に由来する正戦論とは異なる。次に正しい理性によって戦争を制約すること、つまり道徳的価値＝正義を参照する。さらに、戦争を企てる正しい原因とはなにかを探り、戦争への法について考える。これらの議論を論理的に支えるものは権利侵害の観念といってよい。

グロティウスの場合、国家権力は人間の自然的権利能力に由来した。だが、元来自然法には「社交性」がある。いいかえると、それは節制の原理である。この原理が働くと他者の権利に対する侵害の禁止が要求できる。もしもこの禁止の条項が守られない場合には、裁判かあるいは戦争かに訴えることが認められる。したがって自然法の侵犯者に対して加えられるものこそ正戦となる。当然、それ以外は不正な戦争とみなされる。逆に、君侯をはじめ統治者たちは戦争に陥らないように振る舞う必要がある。かれはこの貴重な術こそ自然法のなかに含まれている、と主張した(4)。

またかれは、国家を掌ることは不正なくしてできない、と主張する意見にけっして賛同しなかった。というのは、かれは諸国民の間には戦争を始めたり、また戦争の最中においても妥当するなんらかの共通の法（戦争における法）の存在という強い信念を抱いていたからである。かれは一つの願望、すなわち国際平和のために新たに生まれてきた主権国家に秩序を与えたいのである。この願望があって、かれは自然法にもとづく新しい解釈を生み出したといえる。いいかえると戦争と法とに関わる解釈の転換である。近代国家の行動を考える場合、グロティウスの議論でもって利害の錯綜する各国の姿を捉え直すことは、重要といえる。特に私戦と公戦とを区別したうえで戦争そのものについて考え、その原因を探り出し、良心に依拠した新しい正戦論につながる枠組みが編み出された。伝統的正戦論と異なるという意味でこの法原理は画期的といえる。

一方、フランスのサン＝ピエール（一六五八～一七四三年）はノルマンディの大法官の家柄に生まれた外交官で、スペインの継承戦争を終わらせたユトレヒト条約（一七一三年）の締結にも参加した。かれにとって、従来の勢力均衡の外交はもはや役立たない代物にすぎなかった。これまでの伝統的なキリスト教倫理や万民法や君主間の講和条約は、恒久平和のためにほとんど有効ではなかった。実際、人々の考えはこうだ。戦争で失った権利要求の効力の回復や相手側に新たな権利要求を認めさせるには自らの強大化が必要である。そうでない場合、幼少な君主の王位継承をめぐる国内紛争や第三国との長引く戦争などで敵方の弱体化を待たねばならない。しかし、こうした方法ではいつまで待っても恒久平和は訪れてこないのである。

そこでサン＝ピエールは『永久平和草案』（一七一三年）を書き、国際平和のために主権者の利益連合にもとづく「国家連合によるヨーロッパ」の構想を練る。(5)この主張はなによりも発想の転換を求めている。すなわち、主権者による利益連合は従来構想されたことがなかった。ヨーロッパの平和を実現するためにはこの方策しかない、とかれは説いた。かれの提案は、その後ルソーやカントの平和論に引き継がれていくことになる。

さて、近代でもっとも著名な平和思想家はイマヌエル・カント（一七二四～一八〇四年）であろう。戦争が頻繁に起こったヨーロッパでいかに戦争を阻止するか。プロイセンとフランスとの講和を定めたバーゼル平和条約を念頭において、カントは『永遠平和のために』（一七九五年）を執筆した。(6)永遠平和の実現のため将来の戦争の種をひそかに留保してはならない。それはけっして平和条約とみなされてはならない。カントはこう語り、その論拠と正当性が示される。

まず第一章において、真の平和条約の必要性が説明される。続いて、大国や小国の各独立国は、王位の継承や交換、また一国の買収や贈与によって、ほかの国家がその国家を取得してはならない。次に、常備軍の廃止や対外紛争が生じた場合には国債発行の禁止、さらに暴力による他国の体制や統治への不干渉。そのうえ他国との戦争が生じた場合、将来の平和時に相互間の信頼が不可能になるような行為は認めてはならない。こうした約束のもとに永遠平和に必要な三つの確定条項が規定された。

これが第二章の眼目となる。(7)第一は、市民的な体制として共和制の要求。第二は、国際法が自由な諸国家の連合制度の基礎となること。第三は、世界市民法は普遍的な友好をもたらす諸条件に限定されること。そして最後にカントは二つの補説をつける。一つは永遠平和の保証の問題であり、もう一つは永遠平和のための秘密条項に関する問題である。特に第二の補説は、その文書が記録されるとき、記録者の人格的な資質によって、自ら公的にその原作者として発表するのは相応しくないと判断される場合に適用される。

カントのこの著作は七一歳のときのもので、当時の国王や知識人に与えた衝撃は計り知れない。というのは、かれはそれまでの平和思想の構想を吟味して、それらの長所を取り入れ永遠平和の実現可能性を理論的に説いたからである。なかでもこの考えを空論としないための具体策が注目される。すなわち、論拠を示しての先制攻撃の原因となる常備軍の廃止。同時に人を殺すことを目的にした常備軍制度が人間のもつ権利に反すると指摘して、その非倫理性に訴えたこと。また国家体制の問題を考える場合、なによりも共和制の必要が強調されたこと。これらは特筆に値する。カントの理解する共和制とは国民に自由と平等の権利が保障されていること、また国民に共同の立法に従うことを要請する国家体制であることだ。特に代表制の導入によって、人々の意見が常に議会に反映されうる体制と考えられたことも付け加えねばならない。国制の変更を求めた平和論としては画期的なものであった。

確かに斬新なカントの永久平和論には、軍備の撤廃や国家体制の変更、自由な諸国家連合論など平和に不可欠の条件が提示されていた。例えば軍備の撤廃には必然的に軍縮の論議が求められる。だが、国制の変更を求めても大半の国々では実情は君主制でしかなかった。この著作がそれまでの平和論と比べて、優れた実現可能な提案を含んでいたとはいえ、一般の間では、啓蒙時代の理想的な平和論とみなされた。

カントは『永遠平和のために』の中で、「哲学者たちですら、『戦争は邪悪な人間を取り除くよりも、かえって多くの邪悪な人間を作り出すから、いとうべきだ』という、かのギリシャ人の格言を忘れ、戦争を何か人間性を高貴にするものとして賛美するのである(8)」と書いた。戦争に対する人間の錯誤を痛烈に批判した哲学者の道徳観と理性が読み取れる。理性にもとづき戦争を否定する精神の淵源といえる。第五条項「いかなる国家も、ほかの国家の体制や統治に、暴力をもって干渉してはならない」。この命題は、今日改めて世界に提示されることが望まれる。後世に多大の影響を及ぼしたカントの永久平和論が実際に生かされるには、人類は二つの世界大戦の業火をくぐりぬけねばならなかった。

三　二〇世紀の平和思想の特徴

二〇世紀になると、それまでの平和思想にはまったくなかった新しい原理的な要素が加味され、それは今日まで続く平和思想と運動のための土台となる。まず、一九世紀末以来の非暴力の抵抗とその思想、つまり非暴力主義の展開である。マハトマ・ガンディー（一八六九〜一九四八年）の非暴力・不服従の運動がその事例としてあげられる。次に市民的な不服従運動で、アメリカのキング牧師が指導した公民権運動がよく知られた例といえる。さらに日本国民を広く立ち上がらせた平和を願う国民的な運動、原水爆禁止運動がある。この平和運動の多面的な展開を支える理論である「ラッセル・アインシュタイン宣言」やヨハン・ガルトゥングの『構造的暴力と平和』（一九六九年）は特記に値する。これらの代表的な事例が、平和思想と運動の発展に多大の貢献をしたことはいうまでもない。

さて、ガンディーとその非暴力思想はインド人のみならず、世界中の人々に悪法・不法に抵抗する勇気を与えた。かれは最初、大英帝国に対して非暴力による抵抗を始めた。だが、民衆が弾圧的法規であるローラット法の制定に反対して立ち上がり、ある村で暴徒化して、民衆の発砲によって警官が殺害された。この事件でかれは直ちに停止命令を出したが、この事件はかれにはきわめて痛恨事となった。かれは「もしもインドが暴力的手段でいわゆる独立を達成するならば、インドはわたしの誇りとする国ではなくなるだろう(9)」と断言した。

では、ガンディーの唱えた非暴力主義とはどのようなものか。それはなによりも憎悪や悪意とは無縁である。かれの非暴力は、単に生きているものを傷つけないということではない。そこには最大限の愛と最高度の慈愛が含まれており、かれの敵や見知らぬ人をも愛することを意味する。ガンディーにとって、毒ある言葉や苛酷な判決、悪意や怒り、また意地悪や嗜虐などに対して不感症になってはならない。それどころか人や動物に対する緩やかな拷問、利己的な貪欲のもたらす餓えや収奪、弱者に対するあからさまな侮辱と抑圧、さらには弱者の自尊心への蹂躙などには大きな暴力が含まれている。[11]このように考えると、暴力が存在せず平和が保持されているだけでは、真の平和を意味しない。これは確かである。かれが不可触賤民制の撤廃を掲げる背景には、まさに非人道的な人間排斥への大きな憤りが隠されていた、といえる。このことは見逃してはならない。後に述べる「構造的暴力」についての先取り的な要素がかれの思想にあると想定することは誤りではない。

ガンディーの教えとはこういえる。暴力が理性的な説得の対極にあること、その暴力手段が争いを解決するのではない。逆にそれを激化させる危険がはるかに大きい。この事実をインド民衆に納得させることにあった。かれの場合、臆病をごまかす隠れ蓑として非暴力があるのではない。それは「勇者の最高の美徳」といってよい。非暴力でもって物事にあたることは「剣士よりもはるかに大きな勇気がいる。[12]」かれの主張する非暴力主義とはなにかと考えると、それは肉体的な強さではない。自らの生命への執着なき精神の強靭さにある。これこそかれの本領だということに人は納得するにちがいない。

ところで、ガンディーの非暴力思想は、その後市民的不服従の運動として新たな進展を辿る。アメリカで悪法といわれる人種隔離法に従わない公民権運動が起こったとき、その先頭に立ったのがマーティン・ルーサー・キング（一九二九〜六八年）であった。かれは、大衆的な規模で市民的な不服従運動を組織した運動家であり、また思想家でもあった。公民権運動が非暴力の形で行われたのはキング牧師の存在を抜きに考えられない。アメリカでの人種差別は、もちろん憲法修正条項で禁止されていた。だが、現実に南部諸州で白人と黒人とを公立学校や交通機関、レストランや映画館などで分離する人種隔離政策は公然と行われていた。[13]

だが、平等な権利を求める運動や連邦政府の権限拡大によって状況が変化していく。そして一九六三年八月二八日のワシントン大行進は、ケネディ大統領の提案した公民権法案と雇用における人種差別撤廃を要求した。一〇万人以上の黒人や白人が集まったなかで最後の演説者キング牧師は、こう述べた。すなわち「私には夢がある。それはいつの日か、私の四人の小さなこどもたちが肌の色によってではなく、人格そのものによって評価される国になることだ[14]」。非暴力による公民権運動の目的をこれほど明瞭にしめした言葉はほかにない。肌の色にこだわらない社会の実現をめざす非暴力の公民権運動、だがその実現にはいくたの困難が待ち受けていた。特に大都市での貧困層の物質的な改善と精神的な向上は長期にわたる課題といわねばならない。一九六八年四月、「貧者の行進」を展開中キング牧師が暗殺され、反戦平和と結合していた非暴力の公民権運動は大きな痛手をこうむった。だが、かれの願いが多くのアメリカ市民によって受け継がれていったことは周知のことである。

一方、大戦後いち早く平和擁護世界大会委員会は「ストックホルム・アッピール」のもとに、原子兵器の絶対禁止を要求した。また一九五五年七月には、哲学者バートランド・ラッセルと物理学者アルバート・アインシュタインによる戦争絶滅の訴え「ラッセル・アインシュタイン宣言」が、ロンドンでノーベル賞受賞者九人の連名とともに発表され、それは第二次世界大戦後の平和運動に従事する諸国民に限りない希望を与えた。宣言はいう。「私たちの前には、もし私たちがそれを選ぶならば、幸福と知識と知恵の絶えない進歩がある。私たちが争いを忘れることができないからといって、そのかわりに、私たちは死を選ぶであろうか。私たちは人類として、人類に向かって訴える。あなた方の人間性を心にとどめ、そして他のことを忘れよ、と。もしそれができるならば、道は新しい楽園に向かって開けている。もしできないならば、あなた方の前には全面的な死の危険が横たわっている[15]」。

この宣言の精神は、二年後にカナダ・ヴァスコシア州のパグウォッシュに集まった一〇カ国二二人の科学者に受け継がれていく。会議では原子の利用がもたらす障害の危険や核兵器の管理、また科学者の社会的責任などが議論され、まとめに次のような一文がある。「私たちはすべて、人類は戦争を廃絶するか、さもなくば破滅に導かれるにちがいないということを確信する。それゆえ対立する強国群の間のジレンマと軍拡競争は破棄されねばならない。恒久平和を確立することによって、人類全体にとって、新しい、そして輝かしい時代の幕開けがはじまるであろう」[16]。こうして会議は第一回以来、回を重ねていく。

ところで、平和思想にとって重要な理論の研究も進み、例えばオスロ大学のヨハン・ガルトゥングの諸論文を収録した『構造的暴力と平和』(一九九一年)が公刊された。かれはこの著作で平和とはなにかを問い、「構造的暴力」の人間に対する破壊的な側面に、人々が目を向けるよう促した。かれによると、平和とは戦争の不在を意味するのではけっしてない。それは暴力が存在しないことにある。暴力は直接的な暴力である戦争と構造的暴力との二面をもつ。特に後者は、社会構造に組みこまれた飢餓や貧困、差別や疎外が抑圧的な政治によって国際的・国内的状況のなかで深化していくことを意味する。いわば「構造」の仕組みとして暴力が捉え直されたことに新しい観点がみられる[17]。こうして平和思想が様々な視点から理論化され、平和運動の思想的論拠として世界に広がっている。こうした多様な平和思想を私たちは受け継いでいかねばならない。というのは、世界各地における地域紛争は多発の傾向にあり、いまだに終息のきざしが見えないからである。

四　世界における「平和」憲法

すでに述べてきた世界の平和思想の最良部分が結晶した「平和」憲法は画期的なものといえる。それはまず、私たち国民の戦争に対する深い反省から出発している。憲法の前文にその趣旨が盛られ、第九条に提示された一項、戦争放棄と二項、国の交戦権の否認がそのことを如実に物語る。非武装平和主義の憲法としては世界にほとんど例がない。

特に第九条の背景には、国外、特にアジア諸地域への侵略戦争への反省や広島と長崎への原爆投下による痛ましい惨禍がある。第九条二項では「陸海空軍その他の戦力は、これを保持しない」と明記し、戦争の廃絶を願う当時の国民の感情が見事に表明されている。だが、現実世界では国際社会の様々の変遷や日本の政治的変動の結果、今日では現実の国際社会の実態にそぐわないとの意見のもとにその核心部分がゆらいでいる。いわゆる「解釈改憲」の手法による「平和」憲法の空洞化といわれるものである。

例えば平和維持活動（ＰＫＯ法）法案議論一つとってみても、意見は二分される。もちろん審議過程で矛盾は露呈していたが、根本問題は軍備の解釈にある。国家には自衛権があるので、自衛隊を専守防衛に限ればその存在は肯定される。この解釈に対して、憲法の厳密な解釈ではそれは違憲となる。ＰＫＯ法案の国会審議では，国際情勢の変化によって日本の国際社会での役割変化は大きく変化したとの認識にたって、平和維持活動が肯定され、政府はこの法案を提出した。その趣旨は憲法の基本理念である国際協調主義に従い、国連を中心にした秩序の形成に最大限の貢献をすることにある。したがって、財政的貢献のみならず、人的貢献である「自衛隊」の海外派兵も容認されるとした。当然、国会の議論は紛糾した。もちろん「平和」憲法の危機が叫ばれ、特に第九条二項に多くの関心が集まるなか、法案反対への世論が喚起された[18]。

この一例からわかるように、複雑な国際情勢のなかで日本の「平和」憲法をどのように捉えるかは意見が対立する。自衛隊は違憲といえば問題が解決するわけでもない。平和が危殆に瀕する現代にあって、平和思想の結実である「平和」憲法を生かす道はどこにあるのか。その方向を具体的に理論化するのが、平和を願う人々の責務といわねばならない。

（1）　C・シュミット（田中浩・原田武雄訳）『政治的なものの概念』（未来社、一九七〇年）参照。
（2）　藤原保信『西欧政治理論史（上）』（お茶の水書房、一九七六年）第三章アウグスティヌス、一二三―一二四頁参照。
（3）　大田義器『グロティウスの国際政治思想――主権国家秩序の形成』（ミネルヴァ書房、二〇〇三年）参照、大田義器「グロティウス　近代自然法の父」藤原保信・飯島昇蔵編『西洋政治思想史Ⅰ』（新評論、一九九五年）参照。

（4）大田・同前書一四四頁。
（5）押村高「啓蒙の利害アプローチとヨーロッパの平和建設――サン・ピエールの『永久平和論』」千葉真編『平和の政治思想史』（おうふう、二〇〇九年）四七―六六頁参照。
（6）カント（宇都宮芳明訳）『永遠平和のために』（岩波書店、一九八五年）一三―一五頁。また谷澤正視「カント――理性の支配と人間の自由」藤原保信・飯島昇藏編『西洋政治思想史』（新評論、一九九五年）四二八頁以下参照。
（7）カント・同前書二六―五二頁。
（8）同前六四頁。
（9）ルイス・フィッシャー（古賀勝郎訳『ガンジー』（紀伊國屋書店、一九六八年）二六六頁。
（10）木村雅昭『インド現代政治――その光と影』（世界思想社、一九九六年）参照。
（11）ガンジー（森本達雄訳）『わたしの非暴力1』（みすず書房、一九七〇年）五頁。
（12）同前五一―五二頁。
（13）寺島俊穂『市民的不服従』（風行社、二〇〇四年）。公民権運動については一一二頁以下を参照。
（14）同前一三三頁。
（15）湯川秀樹・朝永振一郎・坂田昌一編著『平和時代を創造するために――科学者は訴える』（岩波書店、一九六七年）一七九頁。
（16）同前一八五頁。
（17）ヨハン・ガルトゥング（高柳先男・塩屋保・酒井由美子訳）『構造的暴力と平和』（中央大学出版部、一九九一年）、「個人的暴力と構造的暴力との関係」二九頁以下参照。
（18）渡辺久丸『現代憲法問題の分析』（信山社、一九九四年）九二頁以下参照。

各国憲法の平和・安全保障方式と世界平和樹立の課題

澤野義一

はじめに

各国憲法の平和・安全保障方式と世界平和樹立の課題について考察するためには、各国の「平和憲法」（憲法の平和条項）の歴史的発展を踏まえ、かつ当該問題に対する論者の分析視角と一定の展望をもつことが要求される。本稿の留意点としては、まずは日本国憲法の平和主義（特質）を比較憲法論的にみれば、世界的には最も徹底した「平和憲法」であるとの視点に立って、各国の「平和憲法」の類型化と評価を行う。また、各国の「平和憲法」を評価する場合、憲法の平和条項の評価を形式的に行うのではなく、その条項の現実的運用や機能についても把握するよう努める。そして、世界平和樹立に関する日本の「平和憲法」の課題については、憲法九条を中心とする「平和憲法」の世界化と、安全保障としての非武装永世中立政策が追求されるべきだという展望をもっている。[1] この点に関しては、日本の改憲論に対するスタンスも問われよう。[2]

本稿の考察にとって参考となる先行業績はいくつかあるが、冷戦崩壊以前の憲法を前提にしているものは今日的には古くなっている部分がある。[3] 冷戦後改正ないし制定された憲法を踏まえている論稿についても、憲法的な資料だけでなく評価についても必ずしも十全とはいえない。[4] このような点についても補充される必要があるが、今後の検討課題にしておきたい。

一　日本国憲法の平和主義の特質

1　平和主義憲法の特質

世界の憲法に対して日本国憲法の平和主義は、比較憲法論的にみれば、全面的な戦争と軍備放棄を定める最も徹底した「平和憲法」であることから、日本では、「絶対平和主義憲法」とか「世界で唯一の平和憲法」と称されることがある。また、日本国憲法についてのみ「平和憲法」の呼称を与える論者もみられる。しかし、広義にとれば、あるいは比較憲法論的には、限定的な戦争放棄を定める近代憲法以降の憲法を指すものとして使用することが許されよう。M・ゲツェヴィチは、すでに一九三〇年代の論文において、平和の国際法である国際連盟規約や不戦条約を憲法規定に受容したスペイン憲法（一九三一年）などを「平和憲法」（droit constitutionnel de la paix; 英語では Peace Constitution に相当）と名付けている[5]。

そうすると、日本の「平和憲法」を特に「平和主義憲法」（Pacifist Constitution）と呼ぶことも可能ではなかろうか。「平和主義」については、日本国憲法では憲法の基本原理の一つになっているが、各国憲法ではまだそのような位置づけになっていないと思われるからである。この点ついては、日本国憲法と各国憲法の根本にある思想的相違を「平和主義」（パシフィズム）と「平和愛好主義」（ピース　ラビィング　ポリシー）に峻別する田畑忍の見解が参考になる。それによると、「平和主義」は無抵抗主義を含む絶対非戦主義なのに対し、「平和愛好主義」は、侵略戦争等の一部戦争を否定する現段階の国際法に相応する各国憲法にみられるものであるが、「世界平和の実現を所期しながら、戦争を全面に放棄するものではなく、また必ずしも軍備または戦力を放棄するものではなく、必要によっては、かえって武力を行使し、もしくは戦争を遂行することを辞さない」ものである[6]。

2　平和主義憲法に対する異説の問題点

上記のような日本国憲法の平和主義の評価に対しては、異論もみられる。例えば、「リベラルな立憲主義」論に基づいて「温和な平和主義」を唱える長谷部恭男説は、多元的価値の共存をはかろうとする「立憲主義」の視点から、「絶対平和主義」といった特定の価値（善き生き方）を憲法解釈として一義的に導き出すことはできないとし、非武装主義や非暴力主義を否定し、一般世論の常識からも受容されそうな「公共財としての最小限防御力」を容認している(7)。しかし、この説は、憲法九条を中心とする平和憲法の規定に即した解釈論というよりは、独自の「立憲主義」と平和論に基づく平和と安全保障論である。例えば、警察力と異なるはずの最小限防御力がなぜ「公共財」というような価値中立的な性格をアプリオリに与えられるのかといった疑問がある。それは、防衛力のもつイデオロギー性や階級性を捨象することになるし、改憲論との関係では、改憲・護憲のいずれの正当化論にもなりうる(8)。

また、現代の世界の多くの憲法には「なんらかの形で平和主義規定が設けられて」おり、「平和主義憲法は、日本だけの独占物ではない」として、日本国憲法を「世界で唯一の平和主義憲法」とみる主張や、「日本だけが平和主義憲法をもっている」とする主張に疑問を呈する西修説がある。この説では、非核や外国軍事基地否認条項を明記するフィリピン憲法などの方が日本国憲法より徹底した平和主義とされる。西説の前提には、「平和主義」は平和を守るために必要最小限の武力保持を伴うものとされており、憲法九条の解釈論としては、自衛のための戦争と戦力を肯定する芦田均・佐々木惣一説（政府見解とも異なる少数説）が正しいとされている。したがって、このような解釈に適合するように憲法九条の改正を唱える改憲論に立脚している(9)。西の各国憲法の平和条項の比較憲法的研究は、かなり詳細であり有益ではあるが、その立脚点以外にも賛同しえない点がある。第一に、筆者の提案している「平和憲法」と「平和主義憲法」の用語の区別がなされていない。第二に、憲法九条の芦田説的解釈論の疑問とともに、非核や外国軍事基地否認の意味が憲法九条に含まれていないからフィリピン憲法などの方が平和主義だとする解釈論には疑問がある。憲法九条の非武装主義には非核や外国軍事基地否認の意味が含まれていると解されるからである。第三に、フィリピンの「平和憲法」を日本国憲法より徹底した平和主義と評価することに疑問がある。というのは、フィリピン憲法では、自衛の戦争と軍隊保持、国家緊急権などが規定されており、外国軍事基地否認条項についても条件付きであり、軍事同盟締結は禁止しておらず、実際に米軍との軍事同盟的内容の条約が締結されている。(10)

3 平和主義憲法の内容

日本国憲法が単なる「平和憲法」でなく「平和主義憲法」と称されるのは、第一に、憲法規定をみる限り、明治憲法と異なり、戦争と軍事に関する事項を想定しうるものがまったくないということである。すなわち、憲法前文では、恒久平和主義、平和的生存権保障、国際協調主義が宣言され、憲法九条で、全面戦争放棄、紛争の非武力的解決、軍事力および交戦権の完全放棄が規定されている。文民規定により、軍事にかかわる者の大臣資格が禁じられている。その他、宣戦講和権規定、国家緊急権規定、兵役義務およびそれに対する良心的兵役拒否権規定、軍法裁判所規定なども存在しない。

第二に、憲法制定過程審議などの多数意見からも、日本国憲法は「平和主義憲法」とみられていたといえる。

第三に、冷戦後の一九九〇年代以降、特に二〇〇〇年前後から、改憲論との対抗を意識して、憲法九条を擁護し世界に広める様々な形の平和運動が内外で展開されるようになったことは、憲法九条に平和主義の世界的な先進性が認められるからであろう。平和運動において、各国の「平和憲法」の中ではコスタリカ憲法（運用も含め）も注目されているが、最も注目され、世界に広めようとされているのは憲法九条であるといえる。(11)

以上のように、日本国憲法は規定上は「平和主義憲法」であるにしても、しかし実態的には、一九五〇年代以降の政府による再軍備および日米安保体制の強化による違憲の憲法運用と、それを正当化する憲法解釈が行われていることは指摘しておかなくてはならない。国際平和協力を名目とする自衛隊の海外派兵が展開され、最小限自衛のための核兵器保有合憲論までもが正当化されているのが現実である。

二　各国憲法の平和・安全保障方式

各国憲法の平和条項をどのような項目を立てて類型化し、評価していくかは論者によって異なりうるが、本稿では「はじめに」で提示した視点と展望を踏まえ、以下のような項目に沿って考察する（紙数の都合で、関係する各国憲法の条項や国名記載は極力割愛する）。

1　国際平和推進の理念の提示

第二次大戦前の「平和憲法」では、「戦争放棄」の表現に比べると「平和」の表現はあまり使用されていないが、大戦後の憲法の多くは、前文ないし本文において、「国際平和への協調」「世界平和への貢献」「平和外交政策の実施」など表現は多様であるが、国際平和推進を目指す一般的・抽象的理念を掲げている。これは国連憲章の理念を反映したものといえよう。各国憲法の中でも、とりわけ全世界の国民の平和的生存権を確認する日本国憲法前文の国際平和推進に対する理念の提示は詳細でユニークである。それはともかく、国際平和推進の具体的な実現方法は、各国の個別の憲法規定と運用によって異なる。

2　戦争放棄

日本国憲法は全面的に戦争放棄しているが、各国憲法は現在においても限定的戦争放棄（侵略戦争放棄）にとどまり、自衛権に基づく自衛戦争を容認している。世界最初の侵略戦争放棄は一七九一年フランス憲法（表現は「征服戦争放棄」であり一九四六年憲法も踏襲）であるが、国際社会で一般的に承認されるのは一九二八年の不戦条約においてである。同条約では、国際紛争解決のための戦争と国家の政策の手段としての戦争放棄、紛争の平和的手段による解決が規定された。この規定にある「国家の政策の手段としての戦争放棄」という表現は、三一年のスペイン憲法や第二次大戦後のフィリピン憲法などで採用されている。第二次大戦後は、侵略戦争の禁止という表現を使用する憲法（ドイツ、韓国など）もある。その他「国際紛争解決のための戦争放棄」という表現（イタリアなど）もみられるが、日本国憲法をこのようなものとして解釈すること（西説など）は、自衛戦争を容認することになり疑問である。憲法九条の「国際紛争を解決する手段としては」の文言は、武力の威嚇と行使の放棄にのみ関係し、戦争放棄に関係していない。戦争放棄は無条件に全面的に放棄する規定になっている。憲法九条を不戦条約と同じものとみることは適切ではない。なお、国際紛争解決の手段として戦争以外の武力行使などを禁止する憲法（日本、ウズベキスタンなど）は、国連憲章を反映したものである。

3　国際平和協調と主権移譲・主権制限

第二次大戦後、国際紛争解決の手段としての戦争や武力行使を否定し、国際平和協調の具体化として国際機構への主権移譲（ドイツ）ないし国家相互の主権制限（イタリア、フランス）を規定する憲法が登場する。しかし、それは軍事的な安全保障機構や海外派兵などへの参加を正当化する機能も果たしている。近年では憲法改正により、欧州連合への主権や権限移譲（スウェーデン、フランスなど）、あるいは国連平和維持活動参加（ハンガリーなど）を明記する憲法もある。オーストリアは欧州連合の共通の外交と安全保障政策に参加する規定を導入する憲法改正を行ったが、NATOとの「平和のためのパートナーシップ」協定（国防計画の透明性や人道援助活動などを目的とする軍事的協力）などを正当化するものである。そこで、永世中立を厳格に擁護する立場からは、当該規定が同国の永世中立を否定することになるとの批判もなされている。(12)

4　軍備の保持と不保持

日本以外の外国憲法で軍備保持を全面的に禁止したものはない。しかし日本が日米安保のもとで世界有数の軍事力を保持しているのとは対照的に、リヒテンシュタイン（一九二一年）、コスタリカ（一九四九年）、キリバス（一九七九年）、パナマ（一九九四年）のように、有事の際には再軍備が可能とされているが、平時の常備軍不保持を明記する憲法のもとで実態的にも軍備を有しない国もある。また、この四ヵ国を含め二七カ国は事実上軍備を保持していない。(13)もっとも、軍備不保持をカバーするために、ルクセンブルクはＮＡＴＯに加盟している。パラオは自由連合協定によりアメリカに国防の権限を委ねている。アイスランドは最近まで米軍による防衛に依拠していた。他方、コスタリカのように、米州機構に加盟しつつも非武装永世中立政策をとり、積極的な平和政策を実行している国もある。同国の常備軍不保持型・非武装平和条項は隣国パナマにも採用されるなど、その平和政策を含め、世界的に注目されている。

平和と安全保障を確保する方法として、非武装平和主義が理想と考えられたとしても、一挙に軍備を全廃し、上記のような非武装平和憲法を制定するには歴史的・政治的諸条件がなければ困難である。そこで国際社会では軍縮を目指して努力をすることが現実的な課題とされてきているし、非同盟諸国では軍縮を政治方針としている。その中には、軍縮を憲法で明記する国もある（旧ユーゴスラビア、バングラデシュ、モザンビーク、東チモール、トルクメニスタンなど）。

5　核兵器保有と原発の禁止

軍縮の特別なものとして核兵器（その他化学兵器なども含む）の廃絶があるが、一九八一年のパラオの非核憲法以降、非核条項を定める憲法がみられるようになっている（フィリピン、オーストリア、カンボジア、ベラルーシ、トルクメニスタン、ボリビア、イラクなど）。日本国憲法は当該規定を有しないが非核憲法と解される。というのは、核兵器保有は憲法九条の戦力不保持規定に反し許されないからである。日本政府は自衛のための核兵器保有合憲論に立っているが疑問である。むしろ、非核三原則などの法制化と世界的な推進に努める責務がある。

二〇一一年三月一一日の福島原発事故を契機に脱原発や反原発が注目されているが、上記のパラオとオーストリア憲法は明確に原発（使用など）を禁止している。放射性物質の貯蔵・使用などの禁止という表現により、実質的に原発ならびに核兵器保有を禁止していると解される憲法としては、ミクロネシア連邦憲法とコンゴ憲法がある。

日本国憲法は原発を禁止する明文規定を有しないが、現時点で再考すると、原発は放射能汚染によって生命権、幸福追求権、環境権、平和的生存権など様々な人権侵害を引き起こし、潜在的に戦争手段に転用できる違憲の「戦力」ともなりうる点で、日本国憲法に抵触すると解することも可能である。この点については、原発を禁止する明文規定を有しないコスタリカ憲法のもとで、原発設置について、同国の最高裁憲法法廷が憲法の平和の価値（非武装永世中立や平和的生存権尊重の理念などを含む）および健全な環境への権利を侵害するとし違憲無効とした判決（二〇〇八年）が参考となろう。(14)

6　平和への権利の推進

平和と人権の不可分性は第二次大戦を契機に世界的に自覚されるようになったが、それは日本国憲法において平和的生存権という表現で確認された。その後一九八〇年前後から国連総会（一九七八年「平和の生存の社会的準備に関する宣言」など）でも、平和的生存権の固有性が承認されるようになったが、日本国憲法で使用されている完全な戦争と武力放棄を前提とした概念としては用いられていない。しかし、そのような前提に立ちつつも、平和に関する多面的な権利や政策課題を盛り込む「平和への権利」概念をキーワードにして、国連人権理事会では、「平和への権利宣言」を作成する動きなどもある。(15) なお、「平和への権利」の推進を謳っている最近の稀な例としてはボリビア憲法（二〇〇九年）がある。

平和への権利や平和的生存権の一内容としては、国防の義務に対する良心的兵役拒否権が含まれるが、良心的兵役拒否権を憲法に明記している国としてはドイツ、スペイン、イタリア、ポルトガル、スイスなどがある。欧州では冷戦後、徴兵の現実性がなくなってきていることを踏まえ徴兵を停止する傾向にあるが、(16) 直近ではドイツが二〇一一年立法により徴兵を停止した。他方、韓国など、いまだに良心的兵役拒否権を認めない憲法もある。

良心的兵役拒否権以外に、ボリビア憲法に規定されているような、人道に反する戦争犯罪への対処規定や、非常事態においても人権制限を禁止する規定、あるいはポルトガル憲法にみられるような、戦争犯罪を裁く国際刑事裁判所の裁判権を認める規定なども、平和への権利に関する規定といえよう。このような動きを通じて、従来の「人道としての平和」観が「人権としての平和」観へと発展していくことが期待される。

7　外国軍事基地不設置と中立政策

外国軍事基地設置の禁止を明記している憲法として、オーストリア、フィリピン、カンボジア、モルドヴァ、ウクライナ、トルクメニスタン、エクアドル、ボリビア憲法などがある。エクアドルは米軍基地撤去運動を背景に当該憲法を制定し（二〇〇八年）、米軍が撤退した最近の事例である。フィリピン憲法の規定については、上述したように条件付きであり、実際に米軍との軍同盟的内容の条約が締結されている。そこには、外国軍事基地不設置条項だけでは軍事同盟自体が禁止されていないという限界がある。その意味では、オーストリア、カンボジア、モルドヴァ、トルクメニスタンは永世中立規定も有しており注目される。というのは、永世中立は概念的には軍事同盟の締結や外国軍事基地不設置の意味を内包しているからである。

しかし注意しなければならないことは、これらの「永世中立」条項を有する憲法であっても、中立宣言、国際会議あるいは国連によって国際法的にも永世中立が承認されていないと実効性に欠け、遵守されないことにもなるということである。モルドヴァはその例である。

憲法では単なる「中立」条項しか有しないが、スイスやマルタなどは国際的には永世中立国とみられている。他方、ベラルーシも中立規定を有するが、永世中立国とはみられていないし、中立政策を実行しているともいえない。

中立政策の一種である「非同盟」を憲法に規定する国として、旧ユーゴスラビア、マルタ、カンボジア、トルクメニスタン、ネパール、モザンビークなどがある。マルタは非同盟と中立を、カンボジアとトルクメニスタンは非同盟と永世中立を規定しているのが特徴的である。ただし「非同盟」については、冷戦下で唱えられた政治的な中立主義であり、永世中立とはちがい、集団的自衛権や軍事同盟締結を禁止していない。また、非同盟諸国間の戦争も行われてきたように、中立政策が不徹底であることに留意しておく必要がある。その意味では、中立政策を徹底させようとする「非同盟・永世中立」は評価できよう[17]。

なお、コスタリカは憲法には「中立」関連規定はないが、対外的には一九八三年に永世中立宣言を行い、非武装永世中立政策を実行している。当該政策については、中立主義にすぎないという評価と、国際法的な拘束力を有する永世中立であるとする評価がみられるが、コスタリカの最高裁憲法法廷の判決では後説が採用されている。当説に基づいて、コスタリカ政府によるアメリカのイラク戦争支持声明が違憲無効とされていることは、注目される[18]。

三　世界平和樹立の課題

日本の「平和主義憲法」を擁護し、それを世界的にも広めようとする本稿の立場からみれば、各国の一般的な（いわゆる「普通の国」の）「平和憲法」に比べると、「平和主義憲法」の理念に沿うような一部少数国の「平和憲法」ないし平和条項は評価できる。例えば、常備軍不保持を規定する憲法、核兵器保有と原発を禁止する憲法、平和への権利に関する規定を有する憲法、外国軍事基地不設置や「中立」（非同盟も含む）ないし「永世中立」を規定する憲法などである。

他方、これらの平和条項は、日本の「平和主義憲法」を普通の国の「平和憲法」に改正すべきだとする改憲論の立場からみれば、おそらく評価に値せず、むしろ、各国憲法の一般的な「戦争放棄」のような規定や、「主権移譲・主権制限」的な規定が評価されることになろう。というのは、これらの規定からは自衛戦争、集団的自衛権行使、軍事同盟、海外派兵などが認められることになるからである。「平和への権利」との関係では、ほとんどの国の憲法において当該権利を制限することになる国家緊急権（規定）が容認されていることが評価され、日本国憲法改正による導入も期待されている。

しかし、このような歴史的発展の視座を欠く「平和憲法」論からは、世界平和樹立の展望を見出しえない。それに対しては、非武装永世中立を世界に広めることと、「戦争肯定・軍事同盟肯定の国際諸法は、日本国憲法九条にならって、須らく戦争否定の国際法に必ずや速やかに改正」し、「世界各国のすべての憲法に九条同様の平和条項が加えられるべき」ことを唱えていた故・田畑忍の平和憲法論が、依然として国際平和樹立への指針となりうるように思われる。(19)

（1）澤野義一『平和憲法と永世中立』（法律文化社、二〇一二年）第一部参照。
（2）澤野義一『平和主義と改憲論議』（法律文化社、二〇〇七年）第一部および第二部参照。
（3）田畑忍「憲法における国際平和条項」清宮四郎・佐藤功編『憲法講座1』（有斐閣、一九六三年）、同論稿を踏まえた憲法研究所編『戦争と各国憲法』（法律文化社、一九六四年）、深瀬忠一『戦争放棄と平和的生存権』（岩波書店、一九八七年）一五〇頁以下など参照。
（4）西修『現代世界の憲法動向』（成文堂、二〇一一年）、辻村みよ子『比較憲法 新版』（岩波書店、二〇一一年）二五一頁以下など参照。
（5）M・ゲツェヴィチ（小田滋・樋口陽一訳）『憲法の国際化』（有信堂、一九六四年）二三二―二三三頁、二九一頁以下。
（6）田畑忍『憲法学講義』（憲法研究所出版会、一九六四年）五五―五六頁、一一三―一一四頁。
（7）長谷部恭男『憲法と平和を問いなおす』（筑摩書店、二〇〇四年）、同「平和主義の原理的考察」全国憲法研究会編『憲法問題10』（三省堂、一九九九年）など参照。
（8）澤野・前掲書（注2）一一四頁、一四五―一四七頁。
（9）西修『よくわかる平成憲法講座』（TBSブリタニカ、一九九五年）一〇―一一頁、六六―六九頁、一九二頁以下、同・前掲書（注4）一頁、一七頁、二三頁以下など参照。
（10）澤野・前掲書（注1）六頁、同・前掲書（注2）一八―二一頁参照。
（11）グローバル九条キャンペーン編『戦争のない世界へ――五大陸二〇人が語り尽くす憲法九条』（かもがわ出版、二〇〇七年）、九条世界会議国際法律家パネル編『九条は生かせる』（日本評論社、二〇〇九年）などのほか、澤野・前掲書（注1）七〇―七一頁参照。
（12）澤野義一『永世中立と非武装平和憲法』（大阪経済法科大学出版部、二〇〇二年）一〇二頁以下。
（13）前田朗『軍隊のない国家』（日本評論社、二〇〇八年）参照。
（14）澤野義一「民主党政権下の憲法政治の憲法論的検討」龍谷法学四四巻四号（二〇一二年）六二四―六二七頁、同・前掲書（注1）六一頁。
（15）笹本潤・前田朗編『平和への権利を世界に』（かもがわ出版、二〇一一年）参照。
（16）渡辺久丸『兵役拒否の人権化は世界の流れ』（文理閣、二〇〇九年）参照。
（17）澤野・前掲書（注1）第一章参照。
（18）澤野・同前一五―一九頁、五六頁以下。
（19）田畑忍『世界平和への大道』（法律文化社、一九八二年）八五頁以下。澤野・同前六九頁以下（第三章）も参照。

II 人権をめぐる諸問題

人権体系における生命権の再定位

山内敏弘

はじめに

日本国憲法の第三章は「国民の権利及び義務」と題して、一〇条から四〇条まで多数の人権を規定している。これらの人権は全体としてどのような体系の下に類型化されるのかという問題が、これまで、人権類型論として論じられてきた。この問題については、従来は、イエリネックやケルゼンの影響を受けた宮沢俊義の人権類型論が一つの指標となって、(1)それを基本に据えながら多少とも現代的に修正する類型論が芦部信喜などによって採られて、(2)それが憲法学説のほぼ主流をなしてきたといってよい。ただ、それに対しては、他方で、権利の歴史的発展を重視した類型論とか、(3)権利が働く活動領域に基づく類型論、(4)さらには権利が裁判規範性をどの程度に有するかといった観点からする類型論(5)などが出されてきた。

このような憲法学説のなかにあって、私は、生命権が人権のなかで最も基本的な人権であり、人権類型論も、そのことを踏まえて再構成すべきであるという見解を一〇年ほど前に提示した。(6)このような見解については、その後ほぼ同趣旨の見解が出されたり、(7)あるいは若干の議論がなされて、(8)それなりの意味はあったと思われるが、しかし、生命権そのものの意義づけについても、またそれが人権類型論の中で占める基本的な位置づけについても、必ずしも憲法学界のなかで十分な論議がなされ、その点での認識が深まったようにはみえない。

しかも、そのようななかで、二〇一一年三月一一日に東日本大震災と福島原発事故が起きた。この大震災と原発事故によって、さまざまな人権の侵害が問題となったが、私には、とりわけ生命権の侵害（の危険性）が大きく浮上してきたように思われる。大震災後一年を経過した時点で大震災で死亡した人は一万五八五四人、行方不明者が三一五五人にのぼっているが、これらの人達は、大震災や津波などによって文字通り生きる権利を奪われたのである。もちろん、その直接的な原因となったのは大震災や津波といった自然災害であるが、しかし、それら自然災害に備えるための国や自治体の施策がはたして十分であったかどうかは、生命権の保障のあり方の問題としても再検討されなければならないであろう。しかも、原発事故についていえば、それはまさに人災そのものであったのであり、そのような人災によって多くの人達が生命の危険に晒され、あるいは間接的にであれ生命を奪われたのである。[9] このような現実を踏まえれば、なおのこと、生命権を憲法が保障する人権体系のなかで再定位することが必要になってきているように思われる。改めて生命権の独自性と根元性を確認し、人権類型論の再構成を提示する所以である。

一　人権類型論の展開

ここではまず、従来の人権類型論をごく簡単に整理することにしたい。上述したように、日本国憲法が保障する人権の類型論について一つの指標となったのは、イエリネックやケルゼンの影響を受けた宮沢俊義の類型論であった。ちなみに、イエリネックは、広く知られているように、その著書『公権論』において、「国家に対する国民の地位」を、①国家に従属する受動的地位（passiver Status）、②国家から自由な消極的地位（negativer Status）、③国家に対して請求を行う積極的な地位（positiver Status）、④国家の活動に参加する能動的地位（aktiver Status）の四つに分けて、個人の公法上の地位も、それぞれに応じて、①国家への給付、②国家からの自由、③国家に対する請求、④国家のための給付に類型化されるとした[10]。これに対してケルゼンは、「国民の国法に対する関係」を、①受動的関係、②消極的関係、③能動的関係の三つに分けた。ケルゼンにあっては、イエリネックのいう積極的地位と能動的地位とは、「両者とも、国家的活動への参加の請求」や「国家の行動の請求」が存在するので、区別する意味はないとしたのである[11]。

このような議論を踏まえて、宮沢は、「国民の国法に対する関係」を次のように類型化し、それぞれに対応する人権と義務を分類した。①国法により義務づけられる関係（義務）、②国法に対して無関係な関係（国法が禁止しない自由）、③国法に対する消極的な受益関係（自由権）、④国法に対する積極的な受益関係（社会権）、⑤国家活動に参加する能動的関係（参政権と受益権）。この類型論は、日本国憲法が新たに保障した社会権を独自の類型として打ち出した点で重要な意義をもつが、参政権と受益権をひとまとめにくくっている点で、また平等権の位置づけが明確ではないことなどが問題であった[12]。そこで、このような伝統的な類型論を踏まえつつ、それをさらに現代的に修正する形で提示されたのが、芦部信喜の以下のような類型論であった。①包括的基本権、②法の下の平等、③自由権、③参政権、④国務請求権、⑤社会権[13]。これが、今日におけるほぼ標準的な類型論となっているといえよう[14]。

このような類型論に対しては、もちろん、それとは違った観点からの類型論も少なからず提示されてきた。その一つは、人権の歴史的発展を重視した鵜飼信成や小林直樹の類型論である。例えば、鵜飼は、人権を、①個人的基本権、②社会的基本権、③基本権を確保するための基本権、④基本権の前提となる諸原則の四つに分類したが[15]、この分類の中で特徴的なのは、経済的基本権を精神的自由権などから切り離して社会的基本権の中に分類した点、そして参政権や裁判を受ける権利などを「基本権を確保するための基本権」として位置づけた点である。また、小林は、①総則的原理（人間尊重の原則、幸福追求権、平等権）、②自由権的基本権、③社会経済的基本権（社会経済的自由権、生存権的基本権）、④参政権および請求権的基本権の四つに分類したが[16]、ここでも、経済的自由権が社会経済的基本権の中に分類されている点が特徴的であるし、また、「総則的原理」の中で「人間の存在にとって最も基本的な生命権」を重視している点が注目される。

さらに、人権を人間の活動領域、生活領域に着目して類型論を展開したのが、奥平康弘である。奥平は、憲法が保障する権利を、①権利の原則・包括規定、平等規定、②政治に関する権利（参政権、表現の自由）、③精神活動に関する権利、④社会生活に関する権利、⑤身体的活動に関する権利、⑥経済活動に関する権利、⑦適正手続に関する権利、⑧国家補償請求権、⑨新しい権利に分類しているが[17]、この類型論の特徴は、例えば参政権と表現の自由がともに政治に関する権利として同じ分類に入れられている点である。

なお、その他、人権の裁判規範性の強弱による類型論も伊藤正巳によってなされてきた。伊藤によれば、憲法の人権は、①生存権的基本権（プログラム規定）、②経済的自由権（立法政策に服し、合憲性の推定が働く）、③外面性の精神的自由権（合憲性の推定が排除される）、④内面性の精神的自由権（絶対的自由の保障）に分けられる[18]。たしかに、裁判所が違憲審査権をもつようになった日本国憲法の下では、このような類型論も一定の意味をもつことは確かであるが、ただ、これだけでは、必ずしも憲法が保障している人権の全体が明確にカバーされているわけではない点に問題が残ることになる。

以上、これまでなされてきた主要な人権類型論をみてきたが[19]、いずれも一長一短であるという印象をぬぐえない。それだけではない。以上のような人権類型論では（小林説を除き）、生命権が必ずしも重視されておらず、その位置づけも必ずしも明確ではないことが大きな問題であるように思われる。

二　生命権の独自性と根元性

憲法一三条は、「生命、自由及び幸福追求に対する国民の権利については、公共の福祉に反しない限り、立法その他の国政の上で、最大の尊重を必要とする」と規定しているが、ここに書かれている生命権（生命に対する権利）については、従来の学説においては、必ずしもその独自性と根元性についての認識が十分ではなかった。すなわち、生命権は幸福追求権や包括的人権の一種として、あるいは自由権の一種として取り扱われ、その独自性が十分に認識されず、したがってまた、それがもろもろの人権のなかでも根元的な意味をもつものであるという認識も十分ではなかったように思われる。しかし、そのような見解は、根本的に見直されるべきと思われる。

1　生命権の独自性

まず、生命権は、それ自体が独自の人権としての意義を憲法上有しているのであって、幸福追求権や自由権の一種として捉えるべきではないと思われる。その理由としては、三点ほどがあげられよう。第一は、憲法一三条の文言解釈からしても、生命に対する権利は幸福追求権や自由権とは別個の人権として捉えられるべきであるということである。憲法一三条では、生命権、自由権、そして幸福追求権が並記されているのであって、生命権が幸福追求権や自由権の一種として書かれているわけではない。憲法一三条のモデルになったアメリカ独立宣言でも生命権と幸福追求権は並記されている。また、ヴァージニア権利宣言（一七七六年）では「（生来の権利）とは、財産を取得所有し、幸福と安寧を追求獲得する手段を伴って、生命と自由を享受する権利である」とされていて[20]、幸福追求は、生命権や自由権の手段とされているのである。このような点に照らしても、生命権を幸福追求権や自由権の一種として捉えることは適切でないといえよう。

第二に、権利の内容に即してみても、生命権は、幸福追求権や自由権とは別個の人権というべきと思われる。生命権は、生命体としての人間の生存それ自体を人権として保障することをその内容とするものであるのに対して、幸福追求権はそのような生命権の保障を前提とした上で、各人が自己の人生をどのように送るか、あるいはどのように幸福を追求するかしないかは各人の自由な判断・決定に委ねられているということをその基本的な内容としている。また、自由権も、生命権の保障を前提とした上で、もろもろの行動の自由（精神的自由、人身の自由、経済的自由）を保障するところにその趣旨があるのであって、生命の保持存続はその権利内容には一般には含まれていないのである。たしかに、自由権のなかには、自己の生命を維持・処分する自由を含めることもできなくはないとしても、しかし、生命権はそのような自由権的な側面をもつだけではなく、国家に対する保護請求権的な側面をもち、その意味でも自由権には包含され得ない内容を有している[21]。しかも、自由権の場合には、それが侵害されても、事後的な自由の回復は不可能ではないのに対して、生命権の場合はいったん侵害された場合にはその回復は不可能である。この点も、両者の相違点としてあげられるであろう。

第三は、以上とも関連するが、国際的な動向を踏まえても、生命権は、幸福追求権や自由権とは区別される独自の人権として構成するのが適切である。国際人権（自由権）規約（一九六六年）六条は「生命に対する固有の権利」をもろもろの市民的、政治的自由とは別個独立に保障しているし、その他の国際人権諸条約の場合もほぼ同様である[22]。

2　生命権の根元性

さらに、生命権は、憲法が保障するもろもろの人権のなかでも最も根元的な位置を占めているというべきである。あるいは、その他のもろもろの人権の前提となる人権であると位置づけることもできよう。人間は、生命なくしては、精神活動その他もろもろの活動を行うことはできない。そのことは、生命権の保障が、他の人権保障の前提をなしていることを意味している。他のもろもろの人権は、生命権の保障を踏まえて、その上に構築されるという構造になっている[23]。そのことは当然のことであるように思われるが、なぜに憲法学においては、従来その点が重視されてこなかったのであろうか。

その理由は必ずしも定かではないが、一つ考えられる理由は、生命の問題をあえて生命権として人権構成する現実的必要性がなかったということであろうか。しかし、死刑制度を一つとってみても、生命の問題を人権論として論じる現実的必要性は憲法制定当初から存在していたし、また平和的生存権の問題をとってみても生命権を論じる現実的必要性は存在しているので、このような理由づけは根拠のないものであろう。次に考えられうるのは、人間の精神（的自由）を生命よりも優位におくという考えがその背景にあったのであろうか。この点は、人間存在をどのように認識するかということとも関わる基本問題であり、この問題についてここで詳論する余裕はない。ただ、一言指摘しておくべきは、人間存在が他の動物と区別されるのは、たしかに、その高度の精神（とその活動）にあるといってよいが[24]、しかし、そのことは、人間の精神活動が生命の維持存続よりもその価値において優位することを意味するものではないということである。もちろん、個々人がそのような価値観をもつことは自由であるが、しかし、そのような価値観を憲法の人権序列として一般化し、人々に強制することはできないというべきであろう。人権の序列においては、人間の精神活動などもろもろの活動の基盤・前提となる生命の維持を確保する権利を最も根元的な権利と位置づけるべきと思われる。

さらに、生命権を必ずしも重視しないのは、生命権よりはむしろ個人の尊重（人間の尊厳）の方がより重視されるべきという理由があるからであろうか。たしかに、生命権と個人の尊重（あるいは人間の尊厳）との関係をどのように捉えるかは憲法上も大問題であるが、私は、その点、個人の尊重は、憲法がもろもろの人権を保障する場合の総則的原理を示しているのであって、個人の尊重原理を踏まえて生命権を初めとする個別具体的な人権が保障されるべきことを憲法一三条は規定していると解している。個人の尊重はそれ自体が人権ではないのである[25]。そのように考えれば、生命権を人権のなかで根元的人権と位置づけることになんらの支障もないのである。

この点とも関わって出されてくるのは、そもそも人間の生命はなぜにかくも根元的なものとして尊重されなければならないのかという難問である。この難問に対する答えとして、小林直樹は、人間の生命が「無数の偶然と因果によって造られた奇跡的存在」であり、しかも、その生命体が「高度の意識」をもつことをあげている。[26] 傾聴すべき見解であるが、ただ、例えば認知症になって「高度の意識」を失った人間の生命も尊重されるべきとすれば、「高度の意識」は必ずしも必要条件ではないと思われる。私としては、人間の生命体が「奇跡的存在」であるとともに、個々人の生命体がいずれも有限で、かけがえのない代替不可能な存在であることに、生命権の根元的価値あるいはその根拠を見出すことができるのではないかと、現時点では考えている。この点は今後とも検討をしていきたい。

三　人権類型論の再構成

いずれにせよ、生命権が以上述べたように基本的人権としての独自性と根元性をもつとすれば、そのことは、人権の類型論にも反映させせなければならないであろう。従来の人権類型論では、その点が十分ではなかった以上、新たな人権類型論の構成が必要になってくるはずである。私は、このように考えて、かつて次のような類型論の骨子を提示した。[27] ①総則的原理（個人の尊重、人権の不可侵性と公共の福祉）、②生命権（平和的生存権を含む）、③幸福追求権（自己決定権、プライバシー権、環境権等を含む）、④平等権、⑤自由権（精神的自由、人身の自由、経済的自由）、⑥参政権（選挙権・被選挙権、憲法改正国民投票など）、⑦国務請求権（裁判を受ける権利、国家補償請求権など）、⑧社会権（生存権、教育権、労働基本権）。このような人権類型論の特徴は、生命権を幸福追求権や自由権などと並ぶ、独自の範疇に属する人権として位置づけるとともに、もろもろの人権のなかでも、いちばん根元的な人権として位置づけた点にある。その他の点については、通説的な類型論をほぼ踏襲したものとしていた。

もっとも、このような類型論に対しては、その後、私見と同様に生命権を重視する上田勝美から、要旨つぎのような批判が出された[28]。私見にあっては、生命権がすべての人権の前提であるということが強調されているにもかかわらず、その人権類型論においては、生命権の順位は二番目にある。これは了解しがたい。「人権類型論を組み立てる場合、諸人権を並列的に考え、人権の生成を前提として立体的（人権の系統樹）に考えていないのではないか」。「生命権」こそ、「人権体系論を論じる場合、最重要な根源的人権として、総論的人権の第一番目に位置づけをすることが肝要ではなかろうか」。

たしかに、私の上述したような人権類型論にあっては、このような批判を受ける側面があったことは否定できない。ただ、あえて釈明すれば、上記の類型論において、「総則的原理」は、あくまでも人権保障にあたっての総則的原理であって、「総論的人権」とか個別具体的な人権としてあげたわけではないということである。個別具体的な人権としては、あくまでも生命権が一番最初にあげられているのである。人権を立体的（系統樹）に捉えた場合においても、生命権が一番根底におかれることはもちろんであり、生命権を根底においた「人権の系統樹」の全体を貫く原理として、「総則的原理」（個人の尊重と人権の不可侵性）があるというように考えている。そのように捉えれば、私の上述の人権類型論を大幅に修正する必要はさしあたってはないように思っている。

ただ、一点、先にあげた私の類型論で「⑦国務請求権」としてあげた人権は、鵜飼の類型論を参考にして、「人権を確保するための人権」として分類するように訂正したい。裁判を受ける権利などは、従来、国務請求権あるいは受益権として位置づけられてきたが、このような用語は、それ自体明治憲法下において美濃部達吉や佐々木惣一がイエリネックの議論などを踏まえて用いてきたものである[29]。しかし、受益権は国家から利益を受けるというニュアンスが含まれているし、また、国務請求権もその表現は抽象的で、なんのための国務請求かが不明確である。より具体的に「人権を確保するための人権」と位置づけた方が、日本国憲法の下での裁判を受ける権利や国家賠償請求権などの趣旨を的確に言い表しているように思われる。

このような修正を踏まえて、私の人権類型論の骨子を改めて示せば、以下のようになる。①総則的原理（個人の尊重、人権の不可侵性など）、②生命権（平和的生存権を含む）、③幸福追求権（自己決定権、プライバシー権など）、④平等権、⑤自由権（精神的自由、経済的自由、人身の自由と適正手続保障）、⑥参政権（選挙権・被選挙権、憲法改正国民投票権など）、⑦社会権（生存権、教育権、労働基本権）、⑧人権を確保するための人権（裁判を受ける権利、国家賠償請求権など）。

むすび

以上、ごく簡単ながら、生命権を人権体系のなかで最も根元的な人権として再定位することの必要性を述べてきた。もっとも、本稿では、そのような意義をもつ生命権の具体的な権利内容については言及してこなかった。最後にごく結論的にその点に言及すれば、私は、生命権は、大きく（1）生命についての侵害排除権と、（2）生命についての保護請求権に分けて捉えることができると考える。前者は、さらに、①平和的生存権、②死刑を科せられない権利、③生命についての自己決定権に分けられ、後者は、①生存権（憲法二五条）、②生命の侵害（の危険）からの保護請求権に分けて考えることができると思われる。[30] このように捉えれば、生命権は、（1）の侵害排除権としては、平和的生存権がその主要な内容を構成しているし、（2）の保護請求権としては、憲法二五条の生存権が中核をなしていることが理解されうるであろう。近年、憲法九条と二五条の相互関連性が指摘されているし、[31] 原発事故でも改めてその点に関心が寄せられているが、[32] 生命権はまさに両者をつなげるキーコンセプトになっているのである。生命権の再定位が今日の日本で重視されなければならない所以でもある。

なお、生命権が人権のなかで最も根元的な人権であるということは、当然のことながら、生命権と他の人権なり利益との優劣関係あるいは調整が問題となった場合においても、生命権が基本的により重視されなければならないことを意味している。とりわけ（1）の侵害排除権としての生命権については、他の人権や利益に優先して保障されなければならず、したがって、例えば裁判所においても最も厳格な審査基準で審査されなければならないことはもちろんである。[33] 他方で、（2）の保護請求権として生命権については、その保障のためには具体的な国の作為・給付が必要となってくるので、（1）の侵害排除権としての生命権の場合と同一に論じることは必ずしもできないと思われる。ただ、このよう問題について本格的に検討するスペースは本稿ではないので、他日を期することにしたい。

（1）宮沢俊義『憲法Ⅱ』（有斐閣、一九五九年）八八頁。
（2）芦部信喜『憲法学Ⅱ　人権総論』（有斐閣、一九九四年）八〇頁。
（3）鵜飼信成『新版　憲法』（弘文堂、一九六八年）七九頁、小林直樹『新版　憲法講義〈上〉』（東京大学出版会、一九八〇年）二七二頁。
（4）奥平康弘『憲法Ⅲ』（有斐閣、一九九三年）三三三頁。
（5）伊藤正巳『憲法〔第三版〕』（弘文堂、一九九五年）二〇六頁。
（6）拙稿「基本的人権としての生命権の再構成」杉原泰雄先生古稀記念論文集刊行会編『21世紀の立憲主義』（勁草書房、二〇〇〇年）三二五頁。拙著『人権・主権・平和――生命権からの憲法的省察』（日本評論社、二〇〇三年）二頁以下に収録。
（7）上田勝美「世界平和と人類の生命権確立」深瀬忠一・上田勝美・稲正樹・水島朝穂編『平和憲法の確保と新生』（北海道大学出版会、二〇〇八年）二頁以下。
（8）嶋崎健太郎「生命の権利と人間の尊厳」栗城壽夫先生古稀記念『日独憲法学の創造力〈上巻〉』（信山社、二〇〇三年）三一一頁、青柳幸一「憲法学における『生命に対する権利』」国際人権一七号（二〇〇六年）一五頁。その後、青柳『憲法における人間の尊厳』（尚学社、二〇〇九年）一四三四頁以下に収録。また、斉藤正彰「生命についての権利」高見勝利・岡田信弘・常本照樹編『日本国憲法解釈の再検討』（有斐閣、二〇〇四年）七五頁など。なお、斉藤論文は、生命権が「『殺されない自由』を越えたところでどれほどの具体性・明確性を維持しうるのかは疑問である」ことなどを理由として、生命権を独自の人権とみなすことに対して批判的である。しかし、「殺されない自由」や「生命を奪われないこと」は、それこそがまさに生命権の中核であり、幸福追求権とは別個独立の人権として位置づける根拠となる点である。ちなみに、幸福追求権は、生命権とはちがって国際人権諸条約では一般的ではない。国際的にも両者は別個のものと考えられていると思われる。
（9）この点については、さしあたり、拙稿「福島原発事故と生命権・生存権」長谷川正安先生追悼論集『戦後法学と憲法』（日本評論社、二〇一二年）四五一頁参照。また、森英樹・白藤博行・愛敬浩二編『3・11と憲法』（日本評論社、二〇一二年）二頁以下および四二頁以下参照。
(10) G.Jellinek. System der Subjektiven Öffentlichen Rechte (1905), S.86ff.
(11) H.Kelsen. Allgemine Staatslehre (1925), S.150ff.（清宮四郎訳『一般国家学』〔岩波書店、改版一九七一年〕二五〇頁以下）。
(12) 宮沢・前掲書（注1）九〇頁以下。ただし、宮沢は、「人権の種類」としては、平等をあげている（一〇〇頁）ので、「国民の国法に対する関係」と「人権の種類」とは必ずしも対応していない。
(13) 芦部・前掲書（注2）八〇頁。ただし、芦部はこのような類型論が相対的なものであることをも指摘している。
(14) 芦部の類型論と同じではないが、ほぼ同種あるいはバリエーションと捉えうる類型論としては、野中俊彦ほか『憲法Ⅰ〔第四版〕』（有斐閣、二〇〇六年）二二一頁、高橋和之『立憲主義と日本国憲法』（有斐閣、二〇〇五年）七三頁、長谷部恭男『憲法〔第四版〕』（新世社、二〇〇八年）一五一頁以下、辻村みよ子『憲法〔第四版〕』（日本評論社、二〇一二年）一一二頁など参照。
(15) 鵜飼・前掲書（注3）七九頁。
(16) 小林・前掲書（注3）二七二頁。
(17) 奥平・前掲書（注4）三三頁。奥平も、自らの類型論は説明の便利のための見取り図である旨を断っている。
(18) 伊藤・前掲書（注5）二〇六頁。
(19) そのほかに、佐藤幸治『日本国憲法論』（成文堂、二〇一一年）一二九頁以下は、人権類型論の「相対性」を指摘した上で、人権を①消極的権利、②積極的権利、③能動的権利、④包括的権利に分類しているが、②積極的権利の中に従来国務請求権といわれてきた権利と社会権がともにひとくくりにされている点は問題と思われる。また、岩間昭道『憲法綱要』（尚学社、二〇一一年）四四頁は、人権を国際人権規約にならって、包括的人権、市民的権利、文化的権利、経済的権利、社会的権利、政治的権利に分類している。そして、「包括的人権」の一種として憲法二五条一項が保障する権利をあげ、これを「人間の尊厳にふさわしい生存」を保障した「基幹的・包括的人権規定」と位置づけている。本稿の視点と共通するところもあると思われるが、本稿では、憲法一三条の生命権を具体的、根元的な人権としている点が異なっている。なお、下山瑛二『人権の歴史と展望』（法律文化社、一九七二年）一六頁以下は、つとに「生存権」を「あらゆる人権の根本基準」とし、「それとの関連で自由権・財産権が確保される」という見解を提示していた。私見と基本的な視点は近いと思われるが、生命権ではなく生存権という言葉を用いている点で、また憲法一三条と二五条の関係を明確にしていない点で私見とは異なっているようにみえる。
(20) ヴァージニア権利宣言については、アメリカ学会訳編『原典・アメリカ史第二巻』（岩波書店、一九五一年）一七三頁以下参照。
(21) ドイツのボン基本法二条二項が保障する生命権が国家による侵害禁止（Eingriffsverbot）とともに、国家の保護義務（Schutzpflicht）

をも含んでいる点については、see. v.Mangoldt/Klein/Starck, Das Bonner Grundgesetz Bd.1 (Verlag Franz Vahlen, 1999) S.283ff.

(22) この点については、より具体的には拙著・前掲書（注6）五頁以下参照。

(23) なお、竹中勲『憲法上の自己決定権』（成文堂、二〇一〇年）一三頁以下は、憲法上の自己決定権を上位概念としてその一類型として生命に対する権利を位置づけている。しかし、生命権の保障が人間が自己決定を行う上での前提となること、また、自己決定を不十分にしか行えない人間についても生命権は保障されるべきことなどを踏まえれば、生命権を自己決定権の上位概念として位置づけるべきと思われる。

(24) 小林直樹『法の人間学的考察』（岩波書店、二〇〇三年）三八頁。

(25) 拙著・前掲書（注6）一五頁以下参照。

(26) 小林・前掲書（注24）四五頁以下参照。

(27) 拙著・前掲書（注6）二〇頁。

(28) 上田・前掲論文（注7）一九頁。

(29) 美濃部達吉『憲法撮要〔改訂五版〕』（有斐閣、一九三二年）一五四頁は「受益権」という言葉を用いて「積極的に国家より特定の利益を受くることを内容とする」として、また佐々木惣一『日本憲法要論』（金刺芳流堂、一九三〇年）二五〇頁は、「国務請求権」という言葉を用いて、裁判を受ける権利などを説明している。

(30) この点について詳しくは、拙著・前掲書（注6）七頁以下参照。

(31) 渡辺治『憲法九条と二五条・その力と可能性』（かもがわ出版、二〇〇九年）、二宮厚美『憲法二五条＋九条の新福祉国家』（かもがわ出版、二〇〇五年）参照。

(32) 拙稿・前掲論文（注9）四五一頁参照。

(33) この点で、死刑に関する最高裁の合憲判決（最大判一九四八年三月一二日刑集二巻三号一九一頁）や伊方原発訴訟に関する上告審判決（最一小判一九九二年一〇月二九日民集四六巻七号一一七四頁）などは根本的な再検討が必要であると思われる。

日の丸・君が代と内心の自由

井ヶ田良治

はじめに

今日世界で国歌・国旗をめぐり裁判で争っている国は日本だけではない。しかし、わずかの間に各級裁判所が当該問題について重要判決を続けて申し渡している点で、日本は異常である。日の丸・君が代問題を通じて日本における内心の自由の自覚の弱さの背景を探り、一人ひとりの内面の精神的価値を尊重する新しい未来社会への道を考えてみたい。

一 「君が代」・「日の丸」は近代国家の産物

1 「君が代」の由来

『古今和歌集』巻第七の「賀哥」の最初にある「読み人しらず」の「わがきみは千世にやちよにさざれいしのいはほとなりてこけのむすまで[1]」という長寿祝福の歌は後世にもてはやされ、初句が「君が代は」として伝えられた。「君」は人の上に立つ人、自分がつかえている人、相手を敬っていう表現で、大君にかぎらなかった。

一八七〇（明治三）年に英国人フェントンが曲をつけたが、その後一八八〇年に宮内庁式部寮雅楽課の林宏守が現在の曲を選曲し、それが原曲となった。一八九三年、文部省は祝日大祭日に歌う唱歌の一つに林の曲を選定したが、国歌として認めることはなかった。

頻繁に演奏されるようになったのは一九三七（昭和一二）年、中日戦争が勃発してからだといわれている。近代天皇制国家の形成とともに天皇の長寿と国家の繁栄を祈る祝い唄となったのである。世界大戦を経過し国の内外の民衆の自覚が高まり、昭和に入り日本が中国へ侵略を開始する頃には、「君が代」は天皇支配体制の原理たる日本の国体（天皇主権）の不変性を讃える歌に変質した。

2 「日の丸」の変遷

国際試合に勝利したときにその国の国歌を歌うのは、スポーツ界の慣行である。だが、それは国旗に特別の含意が込められているからではなかろう。「勝利したのは日本国民です」と、日本国民の所在を天下に吹聴するためである。英国でいえば、女王がバッキンガム宮殿にいるときはバッキンガム宮殿に女王の旗が立てられる。しかし、これらは近代のような国のシンボルではなく、女王の所在を知らせるにすぎない。まして日の丸に対して太陽神にふさわしい敬意を払うようになるにはそれなりの年月が必要であった。

では、何時の頃から日の丸（国旗）が用いられるようになるのか。一六七三（寛文一三）年二月に徳川幕府が発した「御城米廻船之儀ニ付御書付」[2]は「御城米船印ノ儀、布ニ而成とも木綿ニ而成とも白キ四半に大成朱之丸を付、其脇ニ面々苗字名書付之、出船より江戸着迄立置可被申付之候」と定め、違った船印の船や、朱の丸を立てていない船を厳重に取り締まることとした。幕末に至り一八五四（嘉永七）年七月九日の「船印之儀ニ付御触書」[3]が「大船製造ニ付而ハ異国船ニ不紛様、日本惣船白地日之丸幟相用ひ候様被仰出候」と定め、さらに公儀の船は日の丸のほかに「白紺布交之吹貫、帆中柱江相建」「帆之儀ハ白地中黒被仰付候」とある。船舶の国籍を表示する道具として「日の丸」は機能していった。こうして初期近代の日本が世界に足を踏み込むにつれて、朱の丸が日の丸に変わっていったのである。

日の丸はそもそも日本を指しているので国内では無意味であり、「官」を意味しているからである。中央政府の地方出張所などは「官」であるので「日の丸」を立てる。明治に入って西欧諸国を模倣した文明開化の風景の一つが祝祭日に「日の丸」の旗を掲揚する流行風習であった(4)。日の丸が日本国籍の船印になった明治初期、日の丸は入港した船の国籍を報らせる以上のものになり始めていた。中近世を通じて伊勢外宮を拠点にして度会《わたらい》神道が盛んになり反本地垂迹説が完成すると、大日如来は天照大神と習合し農業の自然信仰の日輪＝太陽を表現すると説明されるようになった。すなわち、東京帝国大学法科大學松波仁一郎が「日章国旗論」を出版、日の丸は日輪、すなわち太陽であり、皇祖天照大神だと説いたのである。

明治も後半になると、小学生の教科書に日本の選手が国際競技に勝利したときの光景が描かれている。「君が代の奏楽と共に日の丸の旗が高くあげられます。こういう時に、勇ましい日の丸の旗を見上げると、日本人の胸は、国を愛する心で一ぱいになり、思はず涙が出ます」など(5)と、情緒的に国家主義を煽るような表現になっている。アジア太平洋戦争下の国民学校の教科書になると、「日の丸の旗は如何にもけだかく……敵軍を追ひはらって、占領したところに、真っ先に高く立て――立てるのは、やはり日の丸の旗です。日の丸の旗は、日本人のたましひと離れることのできない旗です」と書かれている。戦争の実態が多くの死者を出し負傷者を作り出す非人間的な残虐きわまりないものであることなどは忘れ去っている。他国へ軍隊を送りこんで侵攻し占領した日本人の本土は、一九四五年の東京・名古屋・阪神をはじめとする大都市無差別爆撃までは戦場になっていなかった。沖縄戦や原爆の残虐さは世界中に知られるようになったが、満州国占領以来敗戦にいたる長い間、日本軍が行った残虐行為はABC級戦争犯罪裁判以外には日本の国として十分に反省されることなく今日にいたっている。このように、君が代・日の丸は侵略戦争の記憶と結びついているのである。

二　教育への政治の干渉と戦争の惨劇

1　教育の国家統制

日本国憲法はその前文に謳われているように、民主主義・国際平和主義・主権在民主義の三つを基本の柱として、国の統治機構の原則と基本的人権の保障という二つの分野にわたる諸規則から成り立っている。それに加えて日本が憲法によって戦争放棄を宣言したことは、未来の平和な世界の先駆の名誉に値するものといえよう。

戦争放棄はアジア太平洋戦争、ひいては明治以来の長期にわたる大日本帝国のアジア太平洋地域における振る舞いを反省するところからきている。近代日本の国家として反省すべき点は数々あろうが、一人の人間としては人間を大切にする本性を有するにもかかわらず、国家の軍隊としての行動となると残虐な大量虐殺や非情な捕虜虐待などが跡を絶たず、その国粋主義は一九三〇年代に入ると超国家主義へと転じていった。その土台は明治以来の初等中等教育の国粋主義にあったのではないか。内面では全体主義的傾向をもち、対外的には選民意識の強いのが特徴である。

一八七二（明治五）年に出された『学事奨励に関する被仰』（学制）に始まる学校制度建設はめざましかった。しかし「……人其方向を誤り学問は士人以上の事とし農工商及婦に至っては之を度外におき学問の何物たるを弁ぜず……動《やや》もすれば国家の為にすと唱へ身を立るの基たるを知らず……邑《むら》に不学の戸なく家に不学の人なからしめん事を期す……」という個人主義的理想も明治一〇年代には急角度で方向転換し、人民の学習の権利は明治二〇年代には天皇制国家のための臣民の義務へと化していった。その表象が日の丸・君が代であった。

戦前日本の教育法制は三つの特徴をもっていた。その第一は、教育を受けることを臣民の国家に対する義務と表現したことである。子女に教育を受けさせるのが保護者の義務と考えられたのであろう。第二の特徴は、教育に関する基本的事項を法律で定めず「命令」(勅令)によって定めたことである。司法・立法・行法(行政)の三権を分立させながら、行政府が教育施策の決定権を握り続けて離さなかったのである。大日本帝国憲法を多くの人が「外見的立憲主義」とよぶ所以である。三番目の特徴は、教育の最高基準を「教育勅語」に求めたことである。[6] 教育勅語は一八九〇(明治二三)年、井上毅・元田永孚らが起草し家族国家観の立場から忠孝を核に儒教的徳目を掲げたもので、忠君愛国を究極の国民道徳とした。全国の学校に配布し、礼拝、奉読を勧めて国民の思想統合を図った。一八九一年、内村鑑三が第一高等中学校始業式に教育勅語に礼拝しなかったという理由で辞めさせられた。翌九二年、久米邦武が学術論文「神道は祭天之古俗」を問題にされ帝国大学を非職となった。

教育への国家干渉は教科書制度に集中的にみられた。学制の時代には教科書選択は教師の自由に任されていたが、一八八〇(明治一三)年の改定教育令で開明主義から儒教主義へと大転換を遂げると、同年、文部省地方学務局長は各府県宛てに「小学校教科用書使用禁止書目」を通牒している。自由民権運動に備えた改定教育令の政策の一環であろう。翌八一年、小学校教則綱領を達し教科書は文部省に開申(届出)することとなったが、八三年には届出制から認可制に移行し、ついに八六年、教科書は検定制度となった。一九〇二年末、教科書疑獄事件が起こり、政府はこれを機に主要科目の教科書を国定とした。

このように教育に対する国家統制を強めた明治政府の教育立国の努力の結果、明治末には新興文明国として世界の注目を浴びるようになったが、早くから社会的格差の拡大を招き、資本主義に特有の恐慌に苦しみ社会内の矛盾の激化に悩むようになった。戦前日本の教育の国家統制・干渉は一面で国民の民度を高める効果を生んだが、その半面、社会内部の対立を激しくし、天皇制国家の支配の動揺を生ずることとなったのである。とりわけ第一次世界大戦が幾つかの国で革命によって終止符を打たれたことは、君主制の崩壊を恐れる天皇制国家の反共主義を強めることとなった。

「君が代・日の丸」は近代国家の歴史とともに生まれ、時代の色に染まり変化しながら神秘化されてきたことが明らかである。君が代・日の丸は今も非人間的な侵略戦争の暗い影を引きずっているのである。二一世紀の今日、学校儀式に日の丸・君が代を組みこんだ結果、不起立・不斉唱者が出るのも当然である。まして起立・斉唱を強制する都道府県教育局と、日の丸・君が代を拒否する教職員組合との板挟みになって悩んだ末に良心的な校長先生が自殺するにいたっては、教育への政治干渉の異常さに憤りを感じざるをえない。

2　一旦緩急あれば義勇公に奉じ以て天壌無窮の皇運を扶翼すべし

大政奉還・王政復古以来、日本の武装軍隊はしばしば国外に派遣されたが、反対に外国の軍隊が日本本土へ戦闘の目的で攻め入ったことはなかった。相手国の合意なしに他国の領土に軍隊を送ることを侵略というとするならば、日本は明治の初めから侵略軍を海外へ派遣していた。一八七五（明治八）年の江華島事件は、日本の軍艦雲揚丸が韓国領海内で挑発的な砲撃戦争を起こした侵略的砲撃戦闘である。(7)

一八七八（明治一一）年、参謀本部長になった山県有朋は「進隣邦兵備略表」を上奏し、軍備拡充の一層の必要を主張している。このように近代国家への改革の当初から、専守防衛より攻めるが勝ちといった先制攻撃主義に立っていたのが、天皇の軍隊の特徴であった。

幕末の長州藩で若い藩士達に強い影響力をもったといわれる吉田松陰の獄中からの書簡中に次の偈頌がある。「今の計をなす、和親以て二虜（米露）を制し、間に乗じて富国強兵し、蝦夷を墾し満州を奪い、朝鮮に来り、南の地を合わせ、然る後に米をひしぎ、欧（露）をくじけば、すなわち事克たざるはなからん」(8)（読み下しは筆者）

植民地獲得や権域争いで対立しあう列強諸国の中に立ち混じって小国日本が生きてゆく道を、自らが侵略国になる仕方で実現しようという発想は、松陰の独創ではないかもしれないが、少なくとも松陰を囲む幕末の志士達の間に共有されていたことは間違いなかろう。山県有朋もその一人であった。明治一〇年代から朝鮮に派遣された日本の軍隊が最後の一兵まで本土に引き上げたことはなかったのではなかろうか。

日清戦争、義和団事件、日露戦争、第一次世界大戦、シベリア出兵、山東出兵、張作霖爆破事件（満州某重大事件）、満州国建国、上海事変、北支事変（昭和一二年九月支那事変と改称）、日本軍南部佛印進駐と、一九四一（昭和一六）年真珠湾攻撃までを並べてみると、天皇の軍隊は間断なくいつも海外のどこかで戦争をしていたことがわかる。一八八二（明治一五）年、「軍人勅諭」が陸軍卿山県有朋に下付されたが、これは軍人だけの心構えではない。国民皆兵主義であり、兵役は国民の三大義務の一つであったから、すべての国民が軍人勅諭を学び、その趣意を体さねばならなかった。「我国の軍隊は世々天皇の統率し給ふ所にぞある」に始まる「軍人勅諭」は忠節・礼儀・武勇・信義・質素という五つの徳目を挙げ、「義は山岳よりも重く死は鴻毛よりも軽しと覚悟せよ」と諭している。上下の礼儀の項では「下級の者は上官の命を承ること実は直に朕が命を承る義なりと心得よ」と官僚的上意下達秩序の維持の大切さを強調し、さらに「我国の稜威《みいつ》振はざることあらば、汝等能く其憂を共にせよ」と国家への忠節を訴えている。

日本国民の思想を天皇制国家思想に積極的に統一しようとする限り、国家は国民一人ひとりの内面にまで立ち入ることとなり、内心の自由などは寛容の法理によるほかに認められない仕組みとなっていった。

言論・出版の自由や集会・結社の自由、信教の自由などは大日本帝国憲法にも規定がないわけではなかった。その第二章「臣民権利義務」は一八条から三二条の一五カ条から成り、臣民の権利を守る砦となっているが、そこには大きな制約があった。「第二九条　日本臣民は法律の範囲内に於て言論著作印行集会及結社の自由を有す」のごとく「法律の範囲内」とか、二八条「安寧秩序を妨げず臣民たるの義務に背かざる限りに於いて信教の自由を有す」のように天皇制秩序の枠内に限ってのみ「自由」を許されていたのである。大日本帝国憲法体制は外見的立憲主義とか、「恩賜の憲法」(9)（中江兆民）と評される似非「近代憲法」体制であり、日の丸・君が代が象徴する天皇制とはこのように国民を拘束し手綱を付けその自由を奪い臣民として支配する政治制度であったということができる。

日本の土着の思想の中から絶対主義君主も従わざるをえない自然法（超越せる絶対の法）人民本位の神聖なるものが生まれにくい原因の一つはここにあったのではないか。いずれにせよ、吉田松陰が思い描いた道を実践した日本は、満州建国で国際的に孤立しアジア太平洋戦争にのめり込んでゆくのである。

だが、その結末は筆舌に尽くし難いほど悲惨なものであった。敗戦（一九四五年）直前の八月六日、広島への原子爆弾投下で一四万余の人命が一瞬にして失われた。同月九日には長崎で七万人余が犠牲になった。沖縄では軍隊の戦死者九万、一般人一〇万人が犠牲になった。都市の無差別大量爆撃でもたくさんの命や家が失われた。一九四五年の三月一〇日の東京空襲では死者八万人、焼失家屋二六万戸。同月一四日の大阪大空襲では一三万戸が瓦礫と化した。日本軍は太平洋に散在する島々にも守備隊を展開していたが、空母や大型戦艦のほとんど全艦をミッドウェーで失い、サイパンの玉砕戦死者四万一二四四人、在留邦人一万人死亡、インパール作戦での死傷者七万人、ガダルカナルで日本兵は餓えとマラリア、さらに白兵戦で二万人以上が死亡。沖縄では虜囚の辱めを受けないのが臣民の道との軍の指導で死を選んだ例が少なからず見られた。「大君のへにこそ死なめ、かえりみはせじ」（海ゆかば）の和歌が忠節の死を美化するとき、必ずのように掲げられたのが「日の丸」であり、不動の姿勢で歌われたのが、「君が代」であった。再び教え子を戦場に送らないことを誓った教師たちが「君が代・日の丸」に不起立・不斉唱で臨もうとする心情は無理からぬものがある。

三　敗戦と反省の深浅

1　民主化と抵抗

日本の降伏によって、第二次世界大戦も終結を迎えたが、反ファシズムと軍国主義除去を掲げてきた連合国側には大きな課題が残った。敗戦国の民主化であり、植民地の解放である。

日本降伏後の法改革は、連合国軍総司令部の日本における非民主性の指摘によって、戦前戦中の法を改廃するところから始まった。敗戦直後の数カ月間に行われた思想の自由、内心の自由に関連する法令の改廃を摘記してみると、価値観の一八〇度の転換が短期間にかつ安易に行われていることに驚かされる。特に大正末年に作られ度々の改悪で罪が重くなっていった「治安維持法」は「国体を変革し又は私有財産制度を否認する事を目的として結社を組織する」のを極刑をもって取り締まる法律であった。同法は、死刑を含む刑の重さ、非人間的な過酷な拷問取り調べ、予防拘禁制など、さらには、戸坂潤が敗戦直前の八月九日、哲学者の三木清が九月二六日に不衛生な獄中で亡くなるなどで悪名高いが、占領軍の民主化指令が出るまで存続し続けていたのである。

民主改革のハイライトは憲法改正であった。「天皇は、神聖にして侵すべからず」と天皇を神格化した大日本帝国憲法から主権在民の平和主義日本国憲法へ法の価値を転換し、天皇の戦争責任を追及する国際世論に対する免罪符として象徴天皇制度と戦争放棄宣言を生み出した。しかし、長年国によって天皇制思想を注入された国民が自身の思想を内省し、正反対の思想に移るのは、宇宙船の船外遊泳のように難しく、長い訓練と長い鍛錬の馴れを必要とする。特に侵略戦争に迎合・追随してきた人々の中には、占領期間中は面従腹背で過ごした人もいたであろう。東アジアの革命情勢の急激な進展によって、新しい対応を迫られた米国は一九四八（昭和二三）年、対東アジア・日本政策の一大転換を図った。軍事大国日本を武装解除し平和小国に育成する当初の政策を捨て、日本を共産主義への防波堤として重化学工業大国に作りかえる。そのためには、共産主義系の労働組合の力を弱めなければならない。こうして同年、経済安定九原則発令、ドッジ公使が超均衡財政を宣言し、国鉄をはじめ全分野で人員整理を開始した。また、好ましくない人物を公職から追放することにした。はじめ追放に該当するとされたのは二〇万四三〇四人であったが、軍人をはじめとして徐々に追放が解除されてゆき、残った一五四一名の多くは戦争犯罪人であり、それ以外には占領命令違反の共産党関係者が新たな該当者として加わるようになった。日本の場合、敗北後の反省が十分なされないうちに東西の対立が激しくなって、対ソ中政策に日本を活用することになったからである。

一九四七年三月、教育基本法が制定され、日本国憲法の教育実践における具体化の基準となったが、教育に対する国家干渉の強かった日本のことである。教育と思想について民主化するどころか、反対に、戦前の教育体制を復活しようとする動きが繰り返されるようになった。五三年、池田隼人自由党政調会長と米国務次官ロバートソンが会談した。日本の地上部隊急増を要求する米国に対し、日本は日本国憲法九条のもとでは漸増しかないとし、国民の愛国心助長などを含む日本政府の提案を基に妥協した。五五年、民主党鳩山一郎内閣が「うれうべき教科書の問題」第一集を公表し、教育に政治が介入する端緒をつくった。敗戦直後に日本の民主化に資した立法を改悪する動きが頻発した。四七年、学習指導要領が初めて作成されたときには参考「試案」と称されていたが、五八年の指導要領改定のときに官報に載せるようになり、その後は官報に掲載されていることを根拠にして、学習指導要領の遵守を強制するようになった。

一九五六年、教育二法によってそれまで民選であった教育委員制は任命制になり、都道府県教育長は文部省の承認を要するようになった。文部省が全国の教育を支配する中央集権体制である。文部省は学習指導要領の法的拘束性を強調し、順守を強制する。そのなかで、家永訴訟と呼ばれる教科書検定の不当を訴えた裁判が全国各地・各層の支持を得て、七〇年七月東京地裁で検定違憲の判決、いわゆる「杉本判決」を手にすることができた。

その後バブルとその崩壊期を経て、永久政権と見えた自民党政権も失政続きで国民の支持を失い、単独では両院とも過半数の議席を占めるだけの支持を得られぬようになった。強権国家に憧れ、戦前の軍国主義国家体制に郷愁をもつファッショ的な大衆政治への危険な道に迷いこまないか、心配である。政界の混迷状況が深まるなかで、英雄待望気分が国民のなかにも広がり始めている。しかし今必要なのは、こぶしをふりかざし、過激な表現で愚衆の受けを狙う強腕政治ではなく、理性的かつ科学的に国民の知恵を集約して、民主主義の王道を踏み外すことなく着実に歩むことである。それは人類の最も進んだ智恵と普遍の真理とを含んだ日本国憲法を忠実に護ることでもある。

2　思慮深い日本人を育てる教育を

二〇一一年三月一〇日東京高裁は、懲戒処分取消等請求控訴事件の判決で、校長の職務命令に従わなかった同校教職員を戒告処分にしたのは日本国憲法一九条に違反し、裁量権の逸脱または濫用にあたるのでこれを取り消すと判示した[10]。日の丸・君が代に反対の教職員の良心・世界観・歴史観の自由が護られる展望が開き始めたかに見えた。ところが、同年五月三〇日から七月一四日にかけて最高裁判所は一一件の日の丸・君が代裁判の上告審判決を言い渡した。いずれも、公立学校の入学式・卒業式で日の丸を掲揚する際に起立し、君が代を斉唱することを命じた職務命令は日本国憲法一九条に違反しない、とする判決であった。この最高裁判決は教員の不起立・不斉唱を真摯な動機に基づくものとし、戒告処分は懲戒権の濫用にあたるとした前年三月一〇日の東京高裁の判決を打ち消す狙いをもったものと思われる。

というのも、二〇〇三年一〇月二三日に東京都教育委員会が学校儀式に際し教職員に国旗・国歌に対する起立・敬礼・君が代斉唱を実行するよう職務命令が出され、その結果処分を受ける教員が増加し、かつその再就職の道を閉ざされるなどの重罰主義の悪弊が目立ってきたからである。他方、大阪府においては、大阪府知事、大阪市長を歴任した橋下徹氏の発想で、教育基本条例を橋下氏が代表をつとめる「維新の会」の力によって市議会で可決し、教職員への規制を異常なまでに強めることに成功した。学習指導要領に忠実に従い、国旗を掲揚し、君が代を斉唱させようという作戦である。懲戒処分で失われた権利を回復するため訴状に名を連ねた東京都の教員は延べ七二八人に達している。大阪では、教職員だけでなく府・市の公務員についてもアンケート調査を計画し、はては市議会全議員の思想まで調査を始めるなど、あまりの異常さに大阪府教育委員会は教育基本条例が可決された場合は委員全員が憲法・現行教育基本法を尊重し基本条例案に反対する立場から辞任をすると府民に訴えたほどである。

日の丸・君が代を国定の国旗・国歌にすることは歴代政府の懸案であったが、特定のものを国旗・国歌にするには意見が分かれ実現できなかった。学習指導要領を通じて事実上の法定化を進めてきた結果、二〇一一年八月一三日ついに国旗国歌法が公布されるに至った。このように日の丸・君が代問題は解決の道の見えない泥沼に陥っている。「教育は不当な支配に服することなく国民全体に対し直接に責任を負って行われるべきである。」という改正前教育基本法第一〇条の原則は改悪をうけた後も普遍の真理として生き続けるだろう。

二〇一二年一月一六日、最高裁は日の丸・君が代をめぐる処分取消訴訟で三つの新しい判決を言い渡した。これまでにも日の丸・君が代をめぐる教師たちの国旗・国歌反対を支持する下級審判決はなかったわけではないが、それによって日章旗・君が代は先の大戦の非人道的な汚辱にまみれているので、敬礼・斉唱に参加することができないという良心的な世界観や歴史観を懲戒・減給によって制約することは、内心の自由を絶対的とする憲法に違反することになるという理由で、処分の取消しを命じた判決は最高裁として初めてである。下級審として内心の自由を初めて認めたのは二〇〇六年九月二一日東京地裁であるが、翌〇七年二月二七日最高裁第三小法廷ピアノ伴奏強制拒否事件判決が起立斉唱を命じた職務命令を合憲とした。国が国民の思想や内心を統制支配しようとして始めた強権的教育行政がもとになって紛争になっていることである。これまで楽しく平穏に行われていた卒業式（生徒代表も入った委員会で相談して決め、学校ごとに異なる入学式や卒業式）から、日の丸にむかって起立して君が代を斉唱する全国画一的なセレモニーを参加者全員に強制することに変えたことから混乱が生じているのである。みんなで作った卒業式の方が、画一的なお仕着せの儀式よりどれほど思い出になり、教育効果があがることだろう。教育への国家干渉に固執せず、現場の実践を柱として学校行事を組めば良いのではないか。その結果として式や行事が成功するならば、その見事さで管理職務の評価基準に取り入れることもできるだろう。

むすび

これまで日の丸・君が代が国旗・国歌に採用され、近代を通じて侵略戦争の旗印となり、今もなお戦争の記憶と結びついていることを述べてきた。一人ひとりの見た悪夢のような戦争の暗い影が消えない限り、「日の丸・君が代」問題はなくならないであろう[11]。それは戦争の徹底的な反省とその実践によってしか克服されない。人類の記憶のなかに書き込まれてしまっているからだ。ところが、その反省を迫られている日本がアメリカと安保条約を結び、アメリカの核の傘の下で対アジアの前線基地となり、戦争の記憶を掻き立てているのでは、侵略者日本の記憶が消える道理がない。真に世界の平和の先導者として、核兵器の廃絶を実現し、あるいは地域紛争の解決に素手で貢献することで、世界の平和の騎士となった暁に日の丸・君が代は初めて真に過去のものとなるだろう。

二〇一二年一月一六日の最高裁判決は、「不起立行為は職務命令違反であり式典の秩序や雰囲気を一定程度損ない、生徒への影響も否定しがたい。」他方、「不起立行為の動機や原因は教員個人の歴史観・世界観に個人的に起因する。また不起立は積極的な妨害ではなく、物理的に式の遂行を妨げるものではない」が「職務命令は憲法一九条に違反するものではなく、学校の規律や秩序維持の見地から重きに失しない範囲での懲戒処分は裁量の範囲内と解される」としている。その上で判決は、「戒告を超えてより重い減給以上の処分をするには慎重な配慮が必要であり、また停職処分が許されるには、処分が相当と言える具体的事情がなければ許されない」と説示している。本判決は最近の教職員管理の強権的傾向への歯止めの機能を果たすと評価できるが、その半面、多種多様な思想・歴史観・世界観を抱擁する寛容な日本建設にとっては、不起立・不斉唱の根本的原因や教員の教育の自由への考察には及ばなかったことを残念に思う。今後の課題であろう。

（1）『古今和歌集』（日本古典文学大系）（岩波書店、一九五八年）
（2）『徳川禁令考』巻六、（創文社、一九八二年）
（3）同前巻四、（創文社、一九五八年）
（4）おっぺケペー歌入り双六【朝日百科日本の歴史一〇〇、近代1】
（5）籠谷次郎『近代日本における教育と国家の諸問題』（阿吽社、一九九四年）
（6）神田修・寺崎昌男・平原春好『史料教育法』（学陽書房、一九八三年）
（7）中塚明『歴史の偽造をただす』（高文研、一九九七年）、同『現代日本の歴史認識』（高文研、二〇〇七年）
（8）「与来原良三書」『吉田松陰全集』第二巻（大和書房、一九七三年）
（9）中江兆民『三酔人経綸問答』（明治文学全集13）（筑摩書房、一九六七年）
（10）沢藤統一郎「日の丸・君が代訴訟の現状とこれからの課題」『法と民主主義』四六五号（二〇一二年一月号）
（11）成嶋隆「日の丸・君が代裁判が問うもの——法学の立場から」『歴史学研究』八九〇号（二〇一二年三月号）

政教分離論と信教の自由

平野　武

はじめに

憲法二〇条一項にいう信教の自由とは、宗教の自由のことであり、信仰の自由、宗教行為（布教、礼拝、行事、儀式、典礼）の自由、宗教的集会・結社の自由を含み、信仰・宗教行為等について国家ないし公権力から強制や禁止（不利益な取扱いも含まれる）がなされないことを意味すると理解されている[1]。憲法二〇条二項は宗教上の行為、儀式への参加の強制を禁止しており、そのことを具体化しているといえる。

信教の自由という言葉は、明治憲法で採用され、日本国憲法もこれを用いている。この言葉は、明治八年の信教の自由の口達以降定着したものと思われる。日米修好通商条約では、宗法を念じる自由（英文では free exercise of religion）が保障され、北ドイツ連邦との修好通商条約では、宗教の自由（独文では Freiheit der Religionsübung）が保障された。自由民権運動のなかでも信教の自由を保障する草案が発表されている。例えば、嚶鳴社憲法草案では「国民ノ権利」の八条で「日本人民ハ何ノ宗教タルヲ論ゼズ信仰ノ自由ヲ得」としていた。他の憲法草案も同様の趣旨の規定をおいていた。

明治憲法は、自由民権運動を排除・弾圧して制定された。明治憲法二八条は、「安寧秩序ヲ妨ケス臣民ノ義務ニ背サル限ニ於テ」信教の自由を認めていたにすぎなかった。明治憲法は政教関係について規定していないが、国家の祭祀であった神社神道については「非宗教」として取り扱い、これへの崇敬を国民に要求したから、信教の自由は大きく制限されていたといえる。

日本国憲法二〇条三項は、一般に政教分離を規定するものとされている（ただし、政教分離という言葉が使用されているわけではない）。八九条は財政面から宗教への国家の関わりを禁じている。政教分離という言葉は、文字どおり解すると、政治と宗教の分離という意味であろうが、憲法の本来的意味合いからしても国家と宗教の分離と解するべきであろう。国家と教会（宗教団体）の分離として理解する向きもあるが、そのように理解する場合は、国家の一部の宗教活動が視野の外におかれてしまう可能性がある。

一般に使用されている政教分離という言葉には、広狭二つの意味があることに注意しなければならない。近代国家は一般に価値中立国家（中性国家）であり、世俗国家として成立したとされるが、そのような世俗国家が必ずしも政教分離制を採用しているわけではない。そのような国家の運営は、宗教的イデオロギーから自由になされている（広義における政教分離）が、常に国家と宗教が制度的に分離されている（狭義における政教分離）わけではない。今日でも国教制をとっている国（西洋諸国でも例えばイングランドではアングリカンチャーチが国教であり、デンマーク、ノルウェーではルター派のプロテスタントが国教とされている）、公認教制をとっている国（ドイツではプロテスタント、カトリック、ユダヤ教の三つが公認教の地位をもつ）が存する。政教分離制は、世界的にみて普遍的な制度であるともいえないのである。また、政教分離制をとる国々（例えば、アメリカ、フランス、トルコ、インド等）もそれぞれ歴史的な事情があり、その実情はかなりの違いがある。(2) アメリカ東部諸州の憲法およびアメリカ合衆国憲法は、信教の自由と政教分離を宣言したものとして有名である。(3) しかし、アメリカの政教分離制は長年の間、孤立した制度であった。フランスで政教分離法が成立するのは、一九〇五年のことである。政教分離制はその後徐々に広まっていった。日本の政教分離制については、過去の国家神道との関連からしても平和と民主主義を支える原理でもあると認識することが重要であろう。

政教分離制は、信教の自由（特に少数者の信教の自由）を最もよく保障する制度であるといわれる。政教分離制は、国家の宗教的中立性、世俗性を要求する。そこでは宗教は私事であり、いかなる意味においても公的な機能をもたないものとされる。しかし、政教分離制には、それぞれの国の歴史的・文化的・政治的状況によってかなりの違いが存在していることも事実であるから、それに即した解釈がとられるべきであろう。

一　憲法二〇条三項と目的効果論

1　津地鎮祭訴訟最高裁判決

周知のとおり、政教分離については住民訴訟として争われた津地鎮祭訴訟が初めての本格的な裁判である。(4)同事件最高裁判決（一九七七年七月一三日）は、政教分離原則については相対分離の立場に立ち、政教分離規定についていわゆる制度的保障の規定ととらえ、「信教の自由そのものを直接保障するものではなく、国家と宗教の分離を制度として保障する」ものとする。最高裁は、宗教の社会的存在性を強調して、「政教分離原則は、国家が宗教とのかかわり合いをもつことを全く許されないとするものではなく、宗教とのかかわり合いをもたらす行為の目的及び効果にかんがみ、そのかかわり合いが右の諸条件に照らし相当とされる限度を超えるものと認められる場合にこれを許さないとするものであると解すべきである」とした。

その上で同判決は、憲法二〇条三項でいう宗教的活動とは、そのかかわり合いが相当とされる限度を超えるものに限られるというべきであって、「当該行為の目的が宗教的意義をもち、その効果が宗教に対する援助、助長、促進又は圧迫、干渉になるような行為をいうもの」とする。これがいわゆる目的効果論（目的効果基準）である。そして、ある行為が右にいう宗教的活動に該当するかどうかは「当該行為の主宰者が宗教家であるかどうか、その順序作法（式次第）が宗教の定める方式に則ったものであるかどうかなど、当該行為の外形的側面のみにとらわれることなく、当該行為の行われる場所、当該行為に対する一般人の宗教的評価、当該行為者が当該行為を行うについての意図、目的及び宗教的意識の有無、程度、当該行為の一般人に与える効果、影響等、諸般の事情を考慮し、社会通念に従って、客観的に判断しなければならない」とする。

津地鎮祭訴訟最高裁判決の目的効果論については、様々な立場からの批判がある。現代の国家が福祉や文化財保護の観点から宗教に間接的にかかわることがあるのは否定できないが、目的効果論は憲法二〇条三項にいう宗教教育等の宗教的活動禁止の趣旨を否定することにならないかという批判である。同事件判決における反対意見も「政教分離原則を多数意見のように解すると、国家と宗教との結びつきを容易に許し、ひいては信教の自由の保障そのものをゆるがすこととなりかねない」といい、「多数意見が政教分離原則を完全に貫こうとすれば社会の各方面に不合理な事態を生ずることを免れないとして挙げる例のごときは、平等の原則等憲法上の要請に基づいて許される場合にあたると解されるから、なんら不合理な事態は生じないのである」とする。藤林益三裁判官の追加反対意見は「たとえ、少数者の潔癖感に基づく意見と見られるものがあつても、かれらの宗教や良心の自由に対する侵犯は多数決をもつてしても許されないのである。そこには、民主主義を維持する上に不可欠というべき最終的、最少限度守られなければならない精神的自由の人権が存在するからである」とし、また、「国家又は地方公共団体は、信教や良心に関するような事柄で、社会的対立ないしは世論の対立を生ずるようなことを避けるべきものであつて、ここに政教分離原則の真の意義が存するのである」ともする。

また、目的効果論を認めるにしても、それは厳格に適用すべきであり、目的や効果の解釈において厳密な審査を行うべきとする意見もある。アメリカでのレモンテストが「過度のかかわり」を独立した一つの判断基準としたのに対して、日本の目的効果論はそうしていないことについても批判がある。目的が宗教的意義をもたないこと、効果が宗教に対して援助・助長、圧迫・干渉にいたっていないとの立証を被告側に負わせるべきではないかとの意見もあろう。

津地鎮祭訴訟最高裁判決の目的の認定に関しても問題があるといえよう。最高裁判決は、起工式＝神式の地鎮祭について工事の安全を願うという世俗的目的でなされたとしたが、工事の安全は祈願の目的であり、市の目的は工事の安全祈願を神式で行うことであった。最高裁判決の発想では、病気平癒、家内安全、試験合格等の現世利益を願う参拝もすべて宗教的意義をもたないこととなる。津の地鎮祭は、市が主催したものであり、工事関係者が主催する地鎮祭への市長参列とは同列に扱えないともいえる。

重層信仰についてのとらえ方も大きな問題があるといえる。判決は「元来、わが国においては、多くの国民は、地域社会の一員としては神道を、個人としては仏教を信仰するなどし、冠婚葬祭に際しても異なる宗教を使いわけてさしたる矛盾を感ずることがないというような宗教意識の雑居性が認められ、国民一般の宗教的関心度は必ずしも高いものとはいいがたい」として、これを政教分離緩和の根拠としているのである。そこでは少数ではあるが、純粋な宗教意識をもっている人たちが無視されているといえる。

目的効果論は、多くの問題点がある。しかし、目的効果論自体は、すでに判例の上で確立されているといってよい状態であり、これを無視して議論はできない状況である。

2　自衛官合祀訴訟最高裁判決

目的効果論は、宗教的人格権を否定した自衛官合祀訴訟判決（一九八八年六月一日）[5]において最高裁自身が確認をすることになった。自衛官合祀訴訟最高裁判決はいう。県隊友会に協力した地連職員の具体的行為の宗教とのかかわり合いは間接的であり、「その意図、目的も、合祀実現により自衛隊の社会的地位の向上と志気の高揚を図ることにあったと推認され……どちらかといえばその宗教的意識も希薄であったといわなければならないのみならず、その行為の態様からして、国又はその機関として特定の宗教への関心を呼び起こし、あるいはこれを援助、助長、促進し、又は他の宗教に圧迫、干渉を加えるような効果をもつものと一般人から評価される行為とは認め難い」。

神社参詣道路工事事件最高裁判決（一九八八年一二月一六日）でも、地元住民の要請によって、参詣のための通路としても利用されている公共施設である道路の改良工事へ公金を支出したことが、津地鎮祭訴訟最高裁判決の趣旨に徴して憲法八九条違反でないとされた。また、大阪地蔵像訴訟最高裁判決（一九九二年一一月一六日）では、大阪市が町会に対して地蔵像建立・移設のため市有地を無償使用させた行為についてその目的、効果に鑑み、宗教とのかかわり合いがわが国の社会的・文化的諸条件に照らし信教の自由の確保という制度の根本目的との関係で相当とされる限度を超えるものとは認められず、憲法二〇条三項あるいは八九条の規定に違反しないとされている。

3　下級審における目的効果論の展開

目的効果論についての下級審の具体的判断は、相当の幅があるといってよいが、紙幅の関係で若干のものを紹介するに止める。[6] 箕面忠魂碑移設訴訟大阪地裁判決（一九八二年三月二四日）では、「過度のかかわり」のテストが付け加えられたことが注目される。判決は、忠魂碑の移設やそのための土地の使用貸借について、その目的が宗教的意義をもつと評価されてもやむを得ないものであり、その効果も宗教活動に対する援助、助長、促進になることが明らかであるとし、さらに、碑の移設や用地の使用貸借について、その費用の多額なことや継続的関係が生じていくことに照らして、市は宗教施設に対し過度のかかわりをもったといえるとした。

愛媛玉串料訴訟松山地裁判決（一九八九年三月一七日）では、「目的」の客観的側面が重視され、玉串料支出について支出者の主観的意図とは別に靖国神社の祭神に対して畏敬尊崇の念を表するという一面が含まれてこざるを得ないとし、また、経済的な意味は別にして、精神的側面からみると「象徴的」な役割の結果として靖国神社の宗教活動を援助、助長、促進する効果を有するものとした。同判決は、さらに注目すべきことに各人の信仰の如何にかかわらず、靖国神社の祭神に対して畏敬尊崇の念をもつのは当然であるとの考え方が定着すると、いわゆる宗教的少数者の信仰の自由を踏みにじる結果を招きかねないとし、このような結果が生じるのを防ぐことが政教分離の目的であるとの認識を示している。長崎忠魂碑に関する長崎地裁判決（一九九〇年二月二〇日）も、「目的」についての客観的把握を行っていると評価できる。岩手靖国訴訟仙台高裁判決（一九九一年一月一〇日）も、公式参拝はその目的が宗教的意義をもち、その行為の態様からみて、特定の宗教への関心を呼び起こし、その直接的影響だけでなく、潜在的な影響および間接的、潜在的動向を総合考慮すれば、政教分離原則に照らし相当とされる限度を超える、との判断を示した（敗訴した住民側が上告しなかったので、この判決は確定した）。

以上は、違憲判決の例であるが、合憲判決は数多い。例えば岩手靖国訴訟盛岡地裁判決（一九八七年三月五日）は社交的儀礼論（玉串料支出は戦没者の慰霊のため社交的儀礼としてなされた贈与であり、宗教的行事にあたらないから憲法二〇条三項に抵触するものでないとした）を中心に合憲判決を示し、愛媛玉串料訴訟高松高裁判決は、玉串料支出についてその額が零細であり、社会的な儀礼の程度にとどまっているとの認識を示した。大嘗祭訴訟鹿児島地裁判決（一九九二年一〇月二日）も知事の大嘗祭への参列を「儀礼的行為」とした。

注目すべきことは、合憲判決の中に国家神道（体制）はすでに消滅をしたとし、政教分離を緩和させる見解が登場していることである。例えば箕面遺族会補助金訴訟大阪地裁判決（一九八八年一〇月一四日）では、戦後において国家神道体制はすでに消滅をしたのであるから、忠魂碑の意味合いも変化し、忠魂碑は宗教的意味を失い単なる記念碑となったとして、結果として政教分離を緩和する判断を導いている。大分抜穂の儀訴訟大分地裁判決（一九九四年六月三〇日）も同様の判断を示している。

国家神道が消滅してしまったとして政教分離を緩和する見解については、慎重なアプローチが必要であろう。現在、国家神道（体制）について従来の理解を見直す議論も登場している。[7] 国家神道についてのこれまでの理解には問題がないわけではなく、実証的歴史研究に基づいて是正していくべきところを是正するのは当然のことといえる。しかし、そのような研究が、国家神道体制の抑圧性をことさら軽視するための一つのイデオロギーとして機能し、結果として政教分離を形骸化するようであれば話は別であろう。なお、大嘗祭関連訴訟においては天皇の象徴的地位を強調する（そのような地位に敬意を払うことを正当化する）ことによって違憲の主張を退ける判決も存在していることに注意しなければならない。

4　愛媛玉串料訴訟最高裁判決

最高裁は、愛媛玉串料訴訟判決（一九九七年四月二日）において目的効果論による初めての違憲判決を示した。[8] 同判決は、目的効果論をとりながらも玉串料奉納は社会的儀礼にすぎないものではなく、県のかかわりは、特定の宗教への関心を呼び起こすものといわざるをえないとした。目的に関して客観的把握も加味し、また、効果については「印象」をも問題にした。憲法制定の経緯に照らせば、玉串料奉納は相当数の者がそれを望んでいるとしても、憲法上許されるものではないと判示していることも注目すべきであろう。愛媛玉串料訴訟最高裁判決は、国家神道消滅論に対して消極的な立場をとっていると考えられる。津地鎮祭訴訟最高裁判決が戦後の変化を強調し、そのことをもって政教分離原則を緩和したが、愛媛玉串料訴訟最高裁判決はそのような手法をとっていないのである。[9]

愛媛玉串料訴訟最高裁判決の後、注目すべき下級審判決がいくつか出されている。例えば十和村神社修復費事件高知地裁判決（一九九八年七月一七日）、新宮村の観音像設置についての松山地裁の違憲判決（二〇〇一年四月二七日）、自治会神社費事件佐賀地裁判決（二〇〇二年四月一二日）等である。紙幅の関係でそれらの内容については紹介できない。

二　政教分離と信教の自由の「対抗的」関係

近年、政教分離原則を信教の自由との「対抗的」関係において援用する例が生じている。それは日曜授業参観をめぐる東京地裁判決（一九八六年三月二〇日）で問題になったが、判決は、宗教行為に参加する児童（キリスト教の教会の日曜学校に参加していた）について参観日の授業出席を免除することは、宗教、宗派ごとに右の重複・競合の日数が異なるところから、結果的に、宗教上の理由によって個々の児童の授業日数に差異を生ずることを容認することになって、公教育の宗教的中立性を保つ上で好ましいことではないとし、原告らの被る不利益は原告らにおいて忍受すべき範囲にあるとした。

このような問題に関して、より典型的な形で現れたのは、教義上闘うこと、さらには格闘技を拒否している「エホバの証人」に関するいわゆる神戸高専事件である(10)。

宗教上の理由から剣道実技を拒否した学生についての神戸高専による留年・退学処分の執行停止を求めた事件の大阪高裁決定（一九九一年八月二日）はいう。学生（抗告人）に対し、不利益な取扱いをしないよう神戸高専（ないしその校長である相手方）に要求することは、「神戸工業高専らに対して、抗告人らの宗教上の信条を強要することになって、神戸工業高専のような公立の学校に要求される宗教的な中立性を損なうことにもなる」「学校側としては、特定の宗教を信仰する者の有無を問わず、平等に授業を実施し、平等に評価すべきことも、教育を受ける権利を保障した憲法二六条や、平等原則を定めた憲法一四条、さらには政教分離原則を定めた憲法二〇条の趣旨から当然に要請されているところであ」る。この事件の原審である神戸地裁決定も同旨であった。

退学処分の取消しを求めた事件の神戸地裁判決も同様の趣旨である。これらの判決においては、本来信教の自由を支えるはずの政教分離原則（公立学校の宗教的中立性）が、それを抑制する機能をもたされて援用されていることが注目されるのである。

しかし、退学処分取消訴訟神戸地裁判決は、大阪高裁判決によって否定され、高裁のその判断はさらに最高裁によって維持された。退学処分取消訴訟最高裁判決（一九九六年三月八日）は、本件各処分は、被上告人（学生）に信仰上の教義に反する行動を命じたものではなく、その意味では、被上告人の信教の自由を直接的に制約するものとはいえないが、しかし、被上告人がそれらによる重大な不利益を避けるためには剣道実技の履修という自己の信仰上の教義に反する行動を採ることを余儀なくされるという性質を有する、といい、さらに「信仰上の真しな理由から剣道実技に参加することができない学生に対して、代替措置として、例えば、他の体育実技の履修、レポートの提出等を求めた上で、その成果に応じた評価をすることがその目的において宗教的意義を有し、特定の宗教を援助、助長、促進する効果を有するものということはできず、他の宗教者又は無宗教者に圧迫、干渉を加える効果があるともいえないのであって、……学生が単なる怠学のための口実であるか、当事者の説明する宗教上の信条と履修拒否との合理的関連性が認められるかどうかを確認する程度の調査をすることが公教育の宗教的中立性に反するとはいえないものと解される」とした。そこでは目的効果論が援用されていることにも注意すべきであろう。

政教分離制は信教の自由確保のために存するから、最高裁の結論は支持されるべきものである。この事件について、信教の自由と政教分離が緊張関係に立っているとはしないで、身体的理由からどうしても体育の実技を受けられない場合と同様に考えることができるであろうか。確かにそうすれば政教分離を緩和することが避けられるかもしれない。しかし、信仰は変えられるし、場面によって信仰を内面に抑えて対応を変えることが可能な場合もあるから、そのような場合と本件を同列に議論はできないであろう。本人の意思がかかわる問題と意思によってもどうしようもない問題は別に考えるべきであろう。

宗教も複雑な社会にある限り、問題は簡単でなく、様々のレベルで国家と一定の関係をもたざるをえない面があることも事実である。宗教立の学校に対する公費助成、宗教的価値ももつ文化財の補修への公費による援助、国公立病院で宗教的な慰めを求める患者への配慮（いわゆるホスピスやビハーラの問題を含む）、社会生活の中で自己のアイデンティティとして宗教的文化や伝統を維持したいというマイノリティへの配慮等を考えた場合、その理由を吟味した上で政教分離について柔軟な解釈をすべきだとする主張も理解できる一面がある。

このような点に配慮しながらも憲法の政教分離の原点を維持していく方途が追求されるべきであろう。憲法の成立の基礎となった事柄と現代国家が配慮の対象としなければならない事柄とはやはり区別されるべきである。憲法の政教分離が、国家神道を否定して成立したものであることはいうまでもない。そのことは、憲法の基底となっており、解釈を規定するものといえよう。靖国神社問題のような国家神道体制にかかわる問題と国家が国民の利益・人権の実現のため直面する問題（宗教立の学校への公費助成や国公立の病院におけるホスピス等の問題）とはやはり質が異なるといわざるをえない[11]。後者は政教分離原則の上に立って様々な自由や利益をどう調節するかの問題であるが、前者は憲法の政教分離の根底を危うくする問題である。政教分離に関する問題にも異なるレベルのものがあり、何が問われているのかを見極めなければならないといえよう。

三　展　望

最近、北海道砂川市の空知太神社および富平神社にかかる住民訴訟についての最高裁判決が出された（二〇一〇年一月二〇日）。この最高裁違憲判決は、従来の目的効果論とはやや異なる判断基準によったとされている。宗教的活動というよりは積み重なった経緯と状況についての判断が求められたから、目的については従来の判断方法はとっていないが、効果に関しては判断しており、目的効果論が完全に放棄されたとはいえないであろう。[12] 事実、最高裁はその後、白山神社の事件では目的効果基準による判断を示している。

日本国憲法は、政教分離制と信教の自由を一体のものとして規定しているが、政教分離制は信教の自由を確保し、より豊かにするためのものである。そのように理解することは、信教の自由の現代的展開を導くであろう。前述のとおり自衛官合祀訴訟最高裁判決は、宗教的人格権を否定した。中曽根靖国参拝訴訟でも宗教的人格権の主張がなされたが、裁判所は自衛官合祀訴訟最高裁判決に則ってこれを認めなかった。小泉訴訟でも同様の主張がなされたが、最高裁判決は、小泉元首相の靖国参拝は祭神らに向けられたものであり、原告らに向けられたものでないとして原告・上告人らの権利侵害はないとされた（しかし、下級審判決の中には参拝については政教分離違反の疑いがあるとした例もある）。これらを見れば、宗教的人格権が認められる可能性は乏しいように考えられよう。

しかし、政教分離制の下では、すでに述べたように、宗教は私事として位置づけられる。そこからは、一人ひとりが自由に宗教生活を送ることが保障されよう。個人が自らの信念、信仰に従ってその人なりに生きること、すなわち個人の信仰生活の自由が妨げられないことが要請されるのである。[13]

現在、「プライバシーの権利が広く認められるようになっている（憲法上の根拠は一三条に求められる）。特にそれを「私生活の自由」としてとらえる考え方は、信教の自由の新しい展開を考える際に重要な意味をもつように思われる。[14] 政教分離制の下では宗教は私事として位置づけられるが、宗教は個人の私的領域の最深部のものとして、個人の「魂」の根拠として最大限尊重されなければならない。ここで政教分離制の下での宗教の私事性の原則は、個人の尊重、尊厳の原理に由来するプライバシーの権利の保障と接点をもつことになる。宗教が私事として他人の干渉から自由なものとして位置づけられるなら、宗教に対する強制や禁止を超えて「信仰生活の自由」ないし「宗教的ライフスタイルの自由」（それは信教上・宗教上の自己決定権を含むものと解せられる）をそこに認めることも可能であろう。そのような「信仰生活の自由」は、すなわち宗教的プライバシー権と同義であり、宗教的人格権として議論されたものに重なるといえよう。

信教の自由の新たな展開については、憲法二〇条三項の意味も吟味されるべきである。同条同項は政教分離の規定と解されているが、「国及びその機関は、宗教教育その他いかなる宗教的活動もしてはならない」という文言は制度的保障のレベルを超え、個人に向けられた宗教教育等の具体的宗教行為をも禁止していると解せられる。そうだとすると、憲法二〇条三項は、個人がそれらから自由であることを保障する人権規定であるともいえるのである[15]。

いずれにしても政教分離論を信教の自由拡大に結びつける議論はこれからも追及していかなくてはならないであろう。もちろん、そこには多くの困難があろうが、以上に示唆した点も含めていくつかの可能性が展望できるように思われるのである。

（1）　代表的な憲法教科書、例えば芦部信喜『憲法』（岩波書店、二〇一一年）等を参照。なお、以下、紙幅の関係で注は最小限に抑えることをお断りしておきたい。

（2）　政教関係については、相沢久『現代国家における政治と宗教』（勁草書房、一九六九年）等を参照。政教分離制に関しては友好的分離と敵対的分離に分ける見解が示されている。信教の自由は、今日、一応普遍的な権利として承認されている。しかし、信教の自由を宣言する国際人権規約も政教分離について触れていないことに注目すべきであろう。

（3）　これを近代人権宣言・立憲主義の淵源とするかどうかについては、周知のとおりイェリネックとブトミーの論争がある。イェリネック（初宿正典訳）『人権宣言論争』（みすず書房、一九八一年）参照。

（4）　津地鎮祭訴訟と目的効果論については、ジュリスト六四八号所収の他数多くの文献があるが、ここでは紹介できない。アメリカにおける目的効果論の展開については、諸根貞夫「アメリカにおける政教分離条項解釈の審査基準に関する覚書」元山健ほか『平和・生命・宗教と立憲主義』（晃洋書房、二〇〇五年）等を参照。

（5）　自衛官合祀訴訟最高裁判決についてもジュリスト九一六号所収の論文等多くの文献があるが、紹介できない。なお、同判決における伊藤裁判官の少数意見は、宗教的人格権＝宗教的プライバシー権について示唆深いものであるように思われる。

（6）詳しくは、拙著『政教分離裁判と国家神道』（法律文化社、一九九五年）第一章参照。
（7）例えば、葦津珍彦『国家神道とは何だったのか』（神社新報社、一九八七年）参照。
（8）愛媛玉串料訴訟最高裁判決についてもジュリスト一一一四号、法律のひろば五〇巻七号、法学教室二〇三号等多くの文献があるが、ここでは参照することができない。
（9）このことについて、拙稿「愛媛玉串料最高裁判決とその後」（宗教法二一号）参照。
（10）神戸高専事件についての筆者の見解については、「剣道履修拒否と信教の自由――「エホバの証人」神戸高専事件をめぐって」（龍谷法学二五巻一号）参照。
（11）平野武・齊藤稔『宗教法人の法律と会計』（晃洋書房、二〇〇一年）三〇頁以下参照。
（12）目的効果論が万能でないことを最高裁が認めたことは事実であるが、このことについては、様々な角度から検討が必要であろう。なお、空知太神社事件最高裁判決を受けて、多くの自治体で公共施設等に宗教施設が設置されている事例を調査しているが、予想以上にその数が多く、また、迅速な解決が困難な場合も少なくないことが問題となっている。政教分離を緩和させない方法で解決を目指す努力が求められよう。
（13）拙稿「現代日本における信教の自由の展開」（龍谷法学三七巻三号）参照。
（14）東大医科研輸血事件最高裁判決（二〇〇〇年二月二九日）は信教上の自己決定権を認め、患者＝エホバの証人の信者への無断輸血を不法行為となるとしたが、信教上の自己決定権も宗教的プライバシー権の一環をなすものと考えることができる。
（15）憲法二一条二項「検閲は、これをしてはならない」という規定から国民の検閲されない自由が導かれるように、憲法二〇条三項から、国民の一定の自由が導かれるであろう。そのような自由の内容は、同条同項の文言からすると、宗教教育だけでなく、個人が特定の宗教を受け入れるように働きかけられない自由、布教されたり、特定の宗教へ誘導されない自由、宗教的に意味づけられたり、宗教的評価を加えられない自由も含まれると考えられる。拙著『信教の自由と宗教的人格権』（法蔵館、一九八九年）参照。

表現の自由の今日的課題
――個人情報保護制度との関係において

小林直三

はじめに

日本国憲法二一条一項では「集会、結社及び言論、出版その他一切の表現の自由は、これを保障する」と定めている。もちろん、その前提として、同一二条では、日本国憲法が保障する諸権利について、「国民は、これを濫用してはならないのであつて、常に公共の福祉のためにこれを利用する責任を負ふ」としており、また、包括的人権規定とされる同一三条でも、「立法その他の国政の上で、最大の尊重を必要とする」としながらも、それは「公共の福祉に反しない限り」としている。したがって、表現の自由の保障も無制限のものではなく、一定の制約がなされるものと考えられる。

そうした表現の自由の制約原理の一つとして、プライヴァシー権があげられる。日本でプライヴァシー権が紹介されたのは、英米法に関する戦前の末延三次論文(1)が初めてである。しかし、本格的に議論されたのは一九五〇年代以降で、警察の犯罪捜査の手段として電話盗聴等がなされたこと(2)を背景にしており、五一年には、雑誌「法律時報」でも「プライヴァシーの法理」の特集が組まれた(3)。そして、七〇年代以降、情報化社会を背景に米国の学説展開を受けて、「自己についての情報をコントロールする権利(4)」との定義が通説化する。しかも、情報化のすすむ現代社会では、そうしたプライヴァシー権の保護の重要性は、ますます大きくなっている(5)。

しかし、その一方で、表現の自由の保障が重要であることは間違いない。したがって、プライヴァシー権が表現の自由の制約原理として機能するからといって、それによって安易に表現の自由を制限してよいわけではない。ところが、近年、個人情報保護の観点から、必要以上に表現の自由が制限されているように思われる。では、表現の自由の保障とプライヴァシー権の保護とのバランスは、どのように考えていけばよいのだろうか。情報化のすすむ現代社会において、どのようにしてプライヴァシー権とバランスを保つのかは、まさに、表現の自由の保障が直面する大きな課題だといえるだろう。

そこで、本稿では、表現の自由の保障とプライヴァシー権の保護とのバランスに関して、検討していきたい。検討にあたって、本稿では、まず、問題となる具体的事例として、個人情報保護制度を取り上げ、次に、その問題を解決するために、プライヴァシー権概念に関して考えていきたい。

一　表現の自由と個人情報保護法

日本では、二〇〇三年に、いわゆる個人情報保護法関連五法が制定され、形式的には個人情報保護のための法整備がなされた。そのなかでも、最も中心となるのは、個人情報の保護に関する法律（以下、個人情報保護法、または法）である。これは、「高度情報通信社会の進展に伴い個人情報の利用が著しく拡大していることにかんがみ……個人情報を取り扱う事業者の遵守すべき義務等を定めることにより、個人情報の有用性に配慮しつつ、個人の権利利益を保護することを目的とする」ものである（法一条）。

この法律の対象となる個人情報取扱事業者（以下、事業者）とは、「個人情報データベース等を事業の用に供している者」である。ただし、他の関連法で定められる者（国の機関等）や「その取り扱う個人情報の量及び利用方法からみて個人の権利利益を害するおそれが少ないものとして政令で定める者」は除かれる（法二条三項）。そして、政令（個人情報の保護に関する法律施行令。以下、政令）では、「その事業の用に供する個人情報データベース等を構成する個人情報によって識別される特定の個人の数……の合計が過去六月以内のいずれの日においても五千を超えない者」としている（政令二条）。したがって、具体的には、過去六か月以内のいずれの日においても五千件以上の個人情報を取り扱っている民間の事業者が、対象とされている。そして、対象となる事業者には、個人情報の目的外使用や第三者提供の禁止等が義務付けられている。また、主務大臣は、事業者に報告を求めたり、是正のための命令を発することができる。しかも、その報告や命令には法的拘束力があり、それらに従わない場合についての罰則規定も設けられている。

これらの仕組みは、一見すると、プライヴァシー権保護に資するものと評価できるかもしれない。しかし、他方で、表現の自由の保障という点では、いくつかの問題が指摘できる。

まず、この法律では、報道機関が報道目的で用いる場合等は、義務規定から外している（法五〇条一項）。しかし、他方で、それら義務規定の対象から外された事業者については、「個人データの安全管理のために必要かつ適切な措置、個人情報の取扱いに関する苦情の処理その他の個人情報の適正な取扱いを確保するために必要な措置を自ら講じ、かつ、当該措置の内容を公表するよう努めなければならない」としている（法五〇条三項）。つまり、報道機関等は、法的義務から外されてはいるが、その代わりに、一定の努力義務が課されているのである。こうしたことは、一見すると、適切なように思われるかもしれない。しかし、この法律では、政治家等の個人情報も一般の人たちのそれと同様に保護の対象としており、表現の自由に対する委縮効果、とくに、民主的プロセスにおいて重要な位置を占める報道機関のそれも考え合わせるのなら、たとえ努力義務であったとしても、こうした規定をおくことには慎重であるべきだと思われる。

さらに、個人情報保護法は、その基本理念として、「個人情報は、個人の人格尊重の理念の下に慎重に取り扱われるべきものであることにかんがみ、その適正な取扱いが図られなければならない」としている（法三条）。そして、この「基本理念は何人も対象としている」が、そうした「適正な取り扱いかどうかを証明するのは、困難なケースが少なくない。つまり、だれからその情報を取得したのかや、取得した経緯について説明し、適正さを立証しようとすればそれは、取材源の秘匿という記者の倫理と正面から対立することになる」(6)。

日本では、刑事裁判での記者の取材源に関する証言拒否について、一九五二年の最高裁（大）判決(7)では、憲法二一条の「規定の保障は、公の福祉に反しない限り、いいたいことはいわせなければならないということである。未だいいたいことの内容も定まらず、これからその内容を作り出すための取材に関しその取材源について、公の福祉のため最も重大な司法権の公正な発動につき必要欠くべからざる証言の義務をも犠牲にして、証言拒絶の権利までも保障したものとは到底解することができない」とした。つまり、憲法二一条の保障、すなわち、表現の自由の保障に記者の取材源の秘匿は含まれないとしたのである。

しかしながら、民事裁判で「職業上の秘密」について尋問を受けた場合の証言拒否に関して、二〇〇六年の最高裁（三小）判決(8)では、「保護に値する秘密についてのみ証言拒絶が認められると解すべきである」とした上で、「保護に値する秘密であるかどうかは、秘密の公表によって生ずる不利益と証言の拒絶によって犠牲になる真実発見及び裁判の公正との比較衡量により決せられるというべきである」としている。また、「報道機関の報道は、民主主義社会において、国民が国政に関与するにつき、重要な判断の資料を提供し、国民の知る権利に奉仕するものである。したがって、思想の表明の自由と並んで、事実報道の自由は、表現の自由を規定した憲法二一条の保障の下にあることはいうまでもない。また、このような報道機関の報道が正しい内容を持つためには、報道の自由とともに、報道のための取材の自由も、憲法二一条の精神に照らし、十分尊重に値するものといわなければならない」とし、「取材の自由の持つ上記のような意義に照らして考えれば、取材源の秘密は、取材の自由を確保するために必要なものとして、重要な社会的価値を有するというべきである」とした。そして、「証人は、原則として、当該取材源に係る証言を拒絶することができると解するのが相当である」としている。

もちろん、この一九五二年判決と二〇〇六年判決には、形式的には、刑事訴訟法の解釈と民事訴訟法の解釈といった違いがあるが、しかし、鈴木秀美は、この二つの判決の結論の違いは、「最高裁の取材の自由についての理解が異なっているためだと考えられる」と主張している(9)。

鈴木も指摘するように、実際、一九六九年の段階で、すでに最高裁（大）判決(10)は、「報道機関の報道は、民主主義社会において、国民が国政に関与するにつき、重要な判断の資料を提供し、国民の『知る権利』に奉仕するものである。したがつて、思想の表明の自由とならんで、事実の報道の自由は、表現の自由を規定した憲法二一条の保障のもとにあることはいうまでもない。また、このような報道機関の報道が正しい内容をもつためには、報道の自由とともに、報道のための取材の自由も、憲法二一条の精神に照らし、十分尊重に値いするものといわなければならない」としており、（取材の自由を憲法二一条で保障する表現の自由そのものと評価したわけではないが）取材の自由を重視する判断を示している。つまり、表現の自由に関する最高裁の理解は、一九五〇年代の「いいたいことはいわせなければならないということ」に過ぎないとするものから、六〇年代末には「報道のための取材の自由も、憲法二一条の精神に照らし、十分尊重に値いする」ものへ変遷しているのである。そのことからすれば、鈴木がいうように、二〇〇六年の最高裁判決は、表現の自由における「取材の自由」の意味づけの変化を踏まえて理解すべきであって、一九五二年の最高裁判決に対して、取材源の秘匿の重要性を示したものだと評価すべきだと思われる。

以上の理解を前提とすれば、「個人情報は、個人の人格尊重の理念の下に慎重に取り扱われるべきものであることにかんがみ、その適正な取扱いが図られなければならない」とする個人情報保護法の基本的理念が、報道機関も含めて対象とされ、記者の取材源の秘匿と抵触するおそれがあることは、憲法上の大きな問題だといえるだろう。

二　プライヴァシー権の概念化の新たな方法としてのプラグマティック・アプローチ

それでは、こうした個人情報保護法の問題の本質は、どこにあるのだろうか。筆者は、プライヴァシー権概念の理解にあると考えている。個人情報保護法では、秘匿性の高いプライヴァシー情報だけを保護するのではなく、広く個人識別情報（以下、個人情報）を保護の対象としている。さらに、公的存在であっても一般人であっても、同じ扱いとしている。つまり、個人情報保護法では、問題の具体的なコンテクストに関わりなく、一律的に保護を考えているのである。

しかし、秘匿性の高くない個人情報まで保護の対象とすれば、その分だけ、表現の自由の制限となりかねないし、また、公的存在であっても、一般人と同じ扱いとなることは、たとえ報道機関等が義務規定から外されていたとしても、委縮効果も含めて考えるのなら、政治的な報道の自由を著しく制約しかねないものである。したがって、表現の自由とのバランスを考えるなら、そもそも、そこで問題となっているプライヴァシーとは何であるのか、プライヴァシー問題を引き起こすプラクティスはどのようなもので、その有害性（不正）とは如何なるものか、そして、保護すべきものは何なのか等に関して、詳細に考えていかなければならないはずである。しかし、従来のプライヴァシー権の概念化の方法は、それらを十分に把握できるものではなかったように思われる。

プライヴァシー権に関する米国の著名な研究者の一人であるD・J・ソロブによれば、これまで「多くの研究者は、同一の価値をもつ統一的概念としてプライヴァシーを語ってきた(11)」。しかし、そうした形でプライヴァシー権を概念化できたとしても、「その『プライヴァシー』の概念は、判例や立法形成を導くには、あまりに曖昧とし過ぎている」[12]。つまり、そうした方法では、プライヴァシー問題を引き起こす様々なプラクティスの意味や、その有害性（不正）等を、必ずしも明らかにできないのである。それにもかかわらず、曖昧とした形でプライヴァシー権を概念化し、それを表現の自由の制約原理として用いるのなら、前述のような問題を生じてしまう。

そこで、ソロブは、そうした従来の方法に代えて、プラグマティック・アプローチ[13]を提唱している。ソロブによれば、それは、「プラグマティズムで繰り返されるいくつかの考えから出てきている」もので、「コンテクストへの依存性と偶発性を承認し、ア・プリオリな知識を拒絶し、そして、具体的なプラクティスに焦点を当てるもの」であり、そのため、この「プライヴァシーを概念化する作業に対するアプローチでは、プライヴァシーの抽象的概念を明らかにしようとすることから始めるべきでなく、その代わりに、特定のコンテクストにおけるプライヴァシーを理解することに集中しなければならない」。そもそも、ソロブにとって、プライヴァシーの「概念は、『作業仮説（working hypotheses）』であり……具体的なシチュエーションとの相互作用を通じて、具体化されなければならない」ものである。そのため、ソロブは、「私のアプローチは、抽象的にではなく、特定のコンテクスト内でのプライヴァシーを概念化するものであるために、それは、トップ・ダウンというよりも、ボトム・アップから始めることになる」としている[14]。

ソロブは、プライヴァシー問題を引き起こす具体的な「プラクティス」に焦点を当てる。ソロブによれば、「われわれは、問題の特定の類型や問題となる特定のプラクティスに焦点を当てることで、プライヴァシーを概念化すべきであり、それらのすべてを結ぶ公分母を探そうとすることによって、そうすべきではない」のである。そして、「もし、プライヴァシーが、特定のプラクティスの問題の相互連結されたウェブとして概念化されるのなら、プライヴァシーの概念化の活動は、そのウェブのタイポグラフィを図示すること（mapping）から成り立つべきである」としている[15]。

では、こうしたプラグマティック・アプローチに従えば、プライヴァシー権は、具体的に、どのように概念化されるのだろうか。近時、ソロブは、プライヴァシー問題に関する新しい分類を行っている。それは、この問いに対するソロブの回答だといえるだろう。そこで、ここでは、ソロブの行った分類をみておきたい。

ソロブは、プライヴァシー問題を引き起こすプラクティスを四つの基本グループに分類する。すなわち、情報収集（information collection）、情報処理（information processing）、情報流布（information dissemination）、そして、侵入（invasion）である。それぞれのグループは、いくつかのサブグループからなっている。すなわち、情報収集は、①監視（surveillance）と②尋問（interrogation）のサブグループに分けられ、情報処理は、①集積（aggregation）、②個人識別（identification）、③安全性の欠如（insecurity）、④二次的使用（secondary use）、⑤排除（exclusion）に分けられている。また、情報流布は、①守秘義務違反（breach of confidentiality）、②公表（disclosure）、③暴露（exposure）、④アクセスのし易さの向上（increased accessibility）、⑤ブラックメール（blackmail）、⑥無断使用（appropriation）、⑦歪曲（distortion）に分けられ、そして、侵入（invasion）は、①イントリュージョン（intrusion）と②決定に対する干渉（decisional interference）に分けられている。

さて、まず、個人情報保護法が取材の自由との関係で問題となるのは、主に第三者提供の禁止である。すなわち、前述のように、個人情報保護法では、政治家や官僚等の公的存在であっても、一般人と同様に、その個人情報の第三者提供を原則的に禁止している。しかし、そうした個人情報の第三者提供は、本当にプライヴァシー侵害のプラクティスとして評価すべきだろうか。

ソロブの分類を踏まえるなら、一般人の個人情報の第三者提供は、「公表」や「暴露」等の情報流布に関わるプラクティスであり、原則として、プライヴァシー侵害を構成するものだといえる。[16] それに対して、政治家や官僚等の公的存在に関する報道機関や市民による情報収集は、「監視」にあたるプラクティスである。もちろん、国家等が一般人の個人情報を収集するコンテクストでの「監視」は、原則として、プライヴァシーを侵害するプラクティスだといえる。それは、監視される者に不快を感じさせるだけではなく、しばしば、監視される人たちの自由や創造力を阻害し、行動を躊躇わせる冷却効果を持つものである。

しかし、市民や報道機関が政治家や官僚等の公的存在の個人情報を収集するコンテクストの「監視」は、民主的な社会においては、むしろ、要請されるものであって、プライヴァシー侵害を構成するものだと評価すべきではない。なぜなら、それによって、政治家や官僚等の公的存在の行動を躊躇わせる冷却効果が生じるにしても、民主的社会では、決して不当なことだとはいえないからである。そして、報道機関による政治家等に対する「監視」のプラクティスがプライヴァシー侵害から外れるのなら、それに関わる取材源の秘匿も、個人情報の適正な取扱いの要請から外れることになるだろう。

このように、プライヴァシー問題を引き起こす具体的なプラクティスに焦点をあてて、プライヴァシー権を概念化することで、保護すべき個人情報とそうではないものとを区別し、表現の自由とプライヴァシー権との適切なバランスを示すことができるものと思われる。また、そうすることで、報道機関の取材源の秘匿とのバランスも適切に考えていくことができるのではないだろうか。その意味で、表現の自由とプライヴァシー権との適切なバランスを考えるにあたって、ソロブのプラグマティック・アプローチは、プライヴァシー権の概念化の方法として、妥当なものだと思われる。

むすびに

情報化のすすむ現代社会では、プライヴァシー権の保護の必要性は、ますます高まっている。しかし、その一方で、表現の自由の保障も重要であることは間違いない。したがって、プライヴァシー権によって、安易に表現の自由を制限してよいわけではない。ところが、近年、個人情報保護の観点から、必要以上に表現の自由が制限されている。そこで、本稿では、表現の自由の今日的課題として、表現の自由の保障とプライヴァシー権の保護とのバランスに関して、検討した。

日本では、二〇〇五年に個人情報保護法が成立した。これは、プライヴァシー権保護の観点からは、一定の評価ができることかもしれないが、しかし、表現の自由の保障という点では、いくつかの問題が指摘できるものでもある。すなわち、この個人情報保護法では、報道機関等は、義務規定から外されているものの、その代わりに、一定の努力義務が課されており、かつ、法律の基本的理念については、他の事業者と同様に適用を受ける。また、この法律では、政治家等の個人情報も一般の人たちのそれと同様に保護の対象としている。

本稿では、こうした問題の本質をプライヴァシー権概念の理解にあるとした。従来、プライヴァシー権は、同一の価値をもつ統一的概念として理解されてきた。そのようにプライヴァシー権を理解するのなら、個人情報保護制度でも、問題の具体的なコンテクストに関わりなく、一律的に保護を考えることになり易いものと思われる。しかしながら、表現の自由とのバランスを考えるなら、そもそも、そこで問題となっているプライヴァシーとは何であるのか、プライヴァシー問題を引き起こすプラクティスはどのようなもので、その有害性（不正）とは如何なるものか、そして、保護すべきものは何であるのか等に関して、詳細に考えなければならない。しかし、従来のプライヴァシー権の概念化の方法は、それらが十分に把握できるものではなかったように思われる。

そこで、本稿では、プライヴァシー権の概念化の方法として、従来の方法に代えて、米国のD・J・ソロブの主張するプラグマティック・アプローチを妥当なものだとした。このアプローチに従えば、一般人の個人情報の第三者提供は、「公表」や「暴露」等の情報流布に関わるプラクティスとして、原則として、プライヴァシー侵害を構成するものと評価できる。それに対して、政治家や官僚等の公的存在に関する報道機関や市民による情報収集は、「監視」にあたるプラクティスとして、プライヴァシー侵害を構成しないものと評価することができる。

このように、このアプローチに従ってプライヴァシー権を概念化することで、表現の自由とプライヴァシー権との適切なバランスを示すことができるものと思われる。もちろん、ソロブのプライヴァシーの分類は、なおも検討すべきところがあるだろうし、そもそも、プラグマティック・アプローチに従えば、プライヴァシー権概念は、あくまで作業仮説であり、これからも検討をし続けなければならないものである。しかしながら、このアプローチによるプライヴァシー権の概念化は、表現の自由とプライヴァシー権との適切なバランスを示し、個人情報保護制度のあり方を考えていくにあたって、一つの可能性を示すものだといえるのではないだろうか。

（1）末延三次「英米における秘密の保護（一）・（二・完）」法学協会雑誌五三巻一一号（一九〇〇年）一頁、同五三巻一二号（一九三五年）五〇頁。
（2）東高決一九五三年七月一七日判例時報九号三頁参照。
（3）法律時報三一巻六号（一九五一年）。
（4）佐藤幸治「プライヴァシーの権利（その公法的側面）の憲法論的考察――その比較検討（一）」法学論叢八六巻五号（一九七〇年）一二頁。
（5）かつては、菅野孝久のように「我国の不法行為法において、『プライバシィ』という概念は確立していないし、確立する見込みもなく、将来ともこの概念を使用するべきではない」（菅野孝久「『プライヴァシィ』概念の機能の検討」ジュリスト六五三号（一九七七年）六〇頁、とする見解もあったが、「現在では、その侵害が不法行為となることについては異論がない」（幾代通『現代法学全集20Ⅱ　不法行為』（筑摩書房、一九七七年）九二頁）とされ、さらに、「この権利は……公法の領域でも妥当すべきものと解されるに至った」（佐藤幸治『現代法律学講座5　憲法〔第三版〕』（青林書院、一九九五年）四五三頁）とされている。
（6）臺宏士「個人情報保護法と表現・報道の自由」駒村圭吾・鈴木秀美編『表現の自由Ⅱ』（尚学社、二〇一一年）六三頁。
（7）一九五二年八月六日刑集六巻八号九七四頁。

（8）二〇〇六年一〇月三日民集六〇巻八号二六四七頁。
（9）鈴木秀美「取材源の秘匿と表現の自由」高橋和之他編『憲法判例百選Ⅰ〔第五版〕』（有斐閣、二〇〇七年）一五七頁。
（10）一九六九年一一月二六日刑集二三巻一一号一四九〇頁。
（11）Daniel J. Solove, *A Taxonomy of Privacy*, 154 U. Pa. L. Rev. 477 (2006) at 480.
（12）*Id.* at 482.
（13）ソロブのプラグマティック・アプローチに関しては、拙稿「プライバシー権の概念化と新たな分類――プラグマティック・アプローチとその具体化」大阪経済法科大学法学研究所紀要四〇号（二〇〇七年）二七頁も参照のこと。
（14）Daniel J. Solove, *Conceptualizing Privacy*, 90 California Law Review 1087 (2002) at 1127-1129.
（15）*Id.* at 1130. なお、ソロブは、いわゆる還元論には反対している。なぜなら、プライヴァシー問題を引き起こすプラクティスには、それぞれ、類似点があり、それらを家族的類似性によって、一つのプライヴァシー権として概念化することが可能だからである。還元論については、*See*, William L. Prosser, *Privacy*, 48 California Law Review 383 (1960).
（16）ソロブは、「暴露」を、特定の身体的・感情的属性を他者へ晒すことだとして、「公表」と区別している。そのため、「暴露」は、真実の情報の流布という点で「公表」と類似するが、しかし、「暴露は、ある人の性質あるいはパーソナリティの評価に用いられ得る重要な新しい情報を、めったに明らかにしない」点で異なるとしている（*Supra* note 11 at 536）。たとえば、われわれが排泄することはすでに知られたことであり、そのシーンは新たな情報を明らかにしないが、それを晒されることは著しい侵害となるだろう。また、ソロブは、次のように述べている。すなわち、「ほとんどの人々は、暴露された被害者のことを劣った、あるいはあまり文明化されていないと観ないだろうけれども、被害者はそう感じてしまう」。そのため、「暴露は社会に参加する能力を妨げる」。ソロブによれば、「このことは公表と対照的である。公表での情報は、しばしば、ある人の見られ方を変えるものである。公表は、社会的制裁や非難のレッテル貼りを通じてコントロールするパワーである。暴露は、異なる形で、人々から尊厳を剥ぎ取ることで機能する」（*Id.* at 537）。なお、ソロブは、「歪曲」を、他者から判断される方法に対する操作だとして、歪曲は評判に関わる情報の拡大という点で公表と類似するが、しかし、「歪曲」は、情報が誤りであったり、あるいは誤解を招くものである点で、「公表」と異なるとしている。

死刑廃止論の歴史と現状

村上一博

はじめに

死刑制度を存続すべきか、それとも廃止すべきか。死刑の存廃をめぐる議論の歴史は、長くかつ多様である。しかし、歴史は、行きつ戻りつ、幾度もの起伏を繰り返しながら、少しずつ、廃止の方向に向かって歩んできた。

今から二〇年余り前になるが、一九八九年一二月一五日に、国連総会において、「死刑廃止を目指す市民的および政治的権利に関する国際規約第二選択議定書」（いわゆる死刑廃止条約）が可決され、九一年七月に発効したことは、国際社会が、いよいよ全世界的な死刑廃止の実現へ向けて、舵を切ったことを示す画期的な出来事であった。以来、わが国でも、死刑廃止（あるいは執行停止）を求める様々な運動が継続的に展開されてきたが、依然として、わが国はこの条約を批准しておらず、死刑制度が存続したままである。司法統計でみると、第一審・控訴審と上告審を合わせた死刑判決数は、オウム真理教事件の影響もあって、一九九〇年代後半から急激に上昇（厳罰化）したが、二〇〇七年をピークに下降し、殺人罪の有罪件数に占める一審の死刑判決の割合についても、ここ数年は低下傾向にある（『司法統計年報』や日弁連ホームページなどを参照）。

死刑をめぐる議論や研究は、枚挙にいとまがなく[1]、一〇年前に刊行された憲法研究所編『日本国憲法のすすめ——視角と争点』にも、脇田吉隆「死刑は残虐な刑罰か」が収録されている[2]。そこで、本稿では、少し視点を変えて、わが国の主要な死刑廃止論の歴史と現状について考察してみることにしたい。

一　前近代における死刑停廃

わが国では、八世紀前半に、唐律を継受した大宝・養老律が、斬・絞二種類の死罪を定めていたが、七二五（神亀二）年一二月に、聖武天皇が詔を発し、恩赦によって死刑囚に対する減刑を行った。この減刑措置が実施されたのは、七二九（天平元）年二月までの三年余りにすぎなかったが、その後、嵯峨天皇の八一〇（弘仁元）年に、薬子の乱によって藤原仲成が誅殺されてからは、死刑判決が下されても、別勅で、一等を減じて遠流に処すという慣行が定着して、後白河天皇の一一五六（保元元）年に、死刑がなければ刑の懲粛さを保てないという藤原通憲の請をうけて、源為義らが保元の乱によって斬首されるまで、二六代三四六年間にわたって、死刑が執行されなかった。

このように、奈良平安朝において死刑が廃停止された理由について、かつては、①日本人の温和な国民性、②殺戒や慈悲といった仏教の人道主義思想、③儒教の恤刑思想などが強調されたが、[3]近年では、④死刑と遠流の区別が流動的な固有法的思想や、⑤神道的な怨霊畏怖の思想に求める見解が有力である。[4]したがって、後説によれば、奈良平安朝の現象は、いわゆる死刑廃止ではなく、律令所定の死刑執行を忌避した結果にすぎないということになるが、理由の如何はともかく、たとえ形式的・消極的な理由であったとしても、死刑がおよそ三五〇年もの長期間にわたって執行されなかったという事実が、世界史上稀有のことであることに変わりはない。[5]

二　明治大正期の死刑廃止論

幕末から明治維新にかけて制定された、いわゆる律型刑法の系譜に属する、仮刑律（慶応四年）・新律綱領（明治三年一二月）・改定律令（明治六年）においても――その執行方法は斬首から絞首へと変化したとはいえ――死刑制度は維持されたが、新たに、ベッカリーアやベンサムなどの名前を挙げながら、西欧の死刑廃止論を紹介する、神田孝平・津田真道ら啓蒙主義思想家が登場してくる。

1　植木枝盛

しかし、西欧思想の紹介ではなく、自説として理路整然と死刑廃止論を展開した日本人としては、植木枝盛が最初であろう。「国ニシテ死刑ヲ行フモノハ人殺シヲ増殖セシムルモノナリ、人殺シノ種子ヲ繁茂セシムルモノナリ、決シテ人殺シノ数ヲ減ズ可キモノノニ非ザル也‥縦令人殺シノ増多スル見付アルトモ死刑ハ暴ナルガ故ニ之ヲ廃スベキナリ、之ヲ行フベカラザルナリ……死刑ヲ設ケテ以テ人ヲ畏懼セシメ、以テ人殺シヲ減ズルノ効益ト……死刑ヲ行フガ為メニ国家ノ人民ニ殺戮ノ精神ヲ養成セシメテ益々大罪ヲ犯ス者ヲ増殖セシムル弊害トヲ比スレバ」、前者の「効益ハ甚ダ少小ニシテ」、要するに「死刑ハ害多クシテ利少キヲ知ルベシ……所以ニ言ク、万国ノ政府ハ死刑ヲ廃ス可シト」(6)。このように述べて、植木は死刑の畏懼（威嚇）効果を否定し、さらに立志社私擬憲法草案として知られる一八八一（明治一四）年八月の「東洋大日本国国憲案」四五条において、「日本ノ人民ハ何等ノ罪アリト雖モ生命ヲ奪ハ（レ）ザルベシ」と定め(7)、死刑の即時全面廃止を求めたのである。

2　ボワソナード

植木より早い時期に、明治政府に対して、死刑の廃止を提言していた御雇法律顧問がいた。「日本近代法の父」と称えられるボワソナードである。ボワソナードは、一八七五（明治八）年五月、司法省に拷問廃止の建白書を提出したのに続いて、一八七七（明治一〇）年には、司法省に「死刑廃止意見書」を提出した。この意見書は亡失して内容の詳細は不明であるが、「絶対的正義と社会的利益の観点から」主要な死刑存置論の論拠を論破した死刑全面廃止論であったと考えられている。この建言は明治政府の採用するところとはならなかったが、ボワソナードは、刑法典（明治一五年施行）を起草するにあたって、強盗や通貨偽造などすべての財産犯・強姦致死・故殺について死刑を定めず、また政治犯——とくに内乱罪の首魁と外患罪——について、死刑に代えて無期流刑を規定した（政治犯に関わるボワソナード原案はその後否定され、公布された規定では、内乱罪の首魁と教唆者、外患罪、暴動を起こして殺人または放火した者について、死刑が規定された）。政治犯について死刑を廃止した理由について、ボワソナードは、①「賢明」（威嚇的効果がなく、かえって逆効果となること）、②「衡平」（行為の不道徳性を欠くものを、社会的害悪のより大きいものによって償おうとすること）、③「法論理」（政治犯の加罰性は、未遂犯ないし欠効犯の状態にとどまった場合に限定されること）の三点を挙げている。[8]

3　小河滋次郎

明治二〇年代に入ると、主に大日本監獄協会（矯正協会の前身）の機関誌を舞台にして、行刑の実務家や学者が、相次いで、死刑廃止論を展開するようになる。なかでも、小河滋次郎は、徹底した死刑廃止論者として知られる。一九〇〇（明治三三）年に、浅草本願寺内の講習院で行った講義「廃死刑論」では、次のように言う。「刑罰主義は学者が各々其見る所を異にして」いるが、絶対主義と相関主義に大別される。「相関主義の内でも刑罰は改良を目的とするものである、懲戒を目的とするものである、社会の保存を目的とするものである、防衛を目的とするものであると云ふ様な防衛主義とか保存主義とか懲戒主義とか威嚇主義とか種々の区別がありまして、此点から観察しまして、死刑と云ふものは、どの絶対的正理主義或は復讎主義と言ひまするか、其正理主義から申しましても、死刑は道理に合はぬもので、又相関主義で無論死刑は囚人を改悛することも又懲戒することも出来ず、社会の保存が果して死刑に依て保たれたかと云ふに、決して死刑を余計執行することになれば風教を害し人間は益々殺伐になつて来て、益々犯罪者は多くなる結果を見る、防衛主義にも合はぬ」、結局のところ「死刑はどの主義にも合はぬと云ふことを見出すことが出来るのであります」[9]。小河は、教育刑主義の立場から、死刑廃止を訴えたのである。

4　留岡幸助

小河とほぼ同時期、新島襄門下のキリスト教社会事業家として知られる留岡幸助もまた、教育刑主義の立場から、死刑の廃止を主張した。留岡は、「人を殺さばその者をも殺すべし」とする刑罰主議に対して「吾人は絶対的に主義としては不完全の人類が同じ不完全なる人類を刑罰するの権利なしと信ず」るがゆえに受容できないとして、復讎主義・威嚇主義・防衛主義・時期尚早論などの死刑存置論を逐一批判したのち、「我国に於ても姑息偏狭の死刑存立説に加担することなく、残酷にも人命を奪ふの死刑を全廃して刑事社会の一大汚点を拭はざるべからず、死刑存立は吾人何れの点より観察するも適正なる理由を発見するに苦しむなり」と述べ、「死刑豈に其れ廃止せずして可ならんや」と結論した[10]。

5　花井卓蔵

明治期から大正期にかけて活躍した死刑廃止論者と言えば、刑事弁護士として著名な花井卓蔵の名前も逸することはできない。明治三〇年代に入ると、一八八二（明治一五）年刑法改正案の審議のなかで、死刑廃止ないし減死刑論が、しばしば展開されるようになる。一九〇〇（明治三三）年の第一四回帝国議会には、安藤亀太郎・高須賀穣・根本正・五十野譲が、国事に関する罪・放火罪・偽証罪・船舶覆没罪・往来通信妨害罪・兇徒聚衆罪等について死刑を廃止する（皇室に対する罪・謀殺の罪・強盗殺人の罪・祖父母父母に対する罪には死刑を存置する）法案を提出し、翌年の第一五回帝国議会（貴族院）の刑法改正案特別委員会でも村田保と三好退蔵が死刑の廃止を主張し、さらに一九〇二（明治三五）年の第一六回帝国議会（衆議院）の刑法改正案の審議では、花井卓蔵が減死刑の提案を行い、安藤亀太郎ら三名が、復讐を禁じながら法律で死刑を認めて「人を以て人を殺す」のは「如何にも国法に於てあるまじきこと」と述べて、今度は全面的な死刑廃止法案を提出、その後、一九〇七（明治四〇）年の第二三回帝国議会でも、花井卓蔵が、死刑廃止論ならびに無期刑廃止論を強く主張した。「国家が刑罰権を実行するに当つて人の生命を絶つにあらざれば……刑罰の本義と云ふものを遂行し能わずと致しましたならば、国家の権力は宗教道徳の感化力にも及ばぬと云ふことを証明するものと私は信ずる……私は斯の如き権威なき刑罰あるを欲しない……権威なき刑罰を国家自ら之を用いるにあらざれば刑罰の目的を達し能わずと云ふが如き、誠に刑法の権威なきことを告白し、自ら死刑なる刑罰を存置する理由を否定するものである……死刑を存すると云ふことを以て実に国家の一大恥辱として、刑罰観念の基礎を崩すものと私は断言」する。統計からみても、刑事政策から見ても、特別予防としても一般予防としても死刑存置の必要がないことは明白であり「死刑と云ふものは私人の罪悪を懲らさんがため国家自ら罪悪を犯すもの」に他ならない。「誠に刑罰は正理公道の要求するところを基礎とし、社会の秩序を保ち、犯人の悔善を保すと云ふこと以外には、何等の目的をも有さないから、どうか死刑廃止と云ふ本員の修正説に同意を表されんことを希望致します」。花井は、このように述べて、死刑さらには無期刑も廃して、三〇年以下の有期刑に代えるべきだと主張したのである[11]。しかし、こうした一連の死刑廃止法案の提出にもかかわらず、帝国議会で可決されることはなかった。

三　昭和戦後期から現代の死刑廃止論

太平洋戦争での敗戦ののち、日本国憲法の制定など戦後の民主化政策のなかで、死刑廃止論も新たな展開を見せる。

1　正木　亮

この昭和戦後期に、弁護士として帝銀事件などの弁護活動を通して実践的な死刑廃止運動に取り組んだのが、正木亮である。一九五五（昭和三〇）年には、運動の拠点として、「刑罰と社会改良の会」を結成、機関誌『社会改良』を発行した。「死刑廃止論の中にもいろいろの論拠があり、その一は人間が人間を殺してはならぬという宗教的、人道的立場に立つもの。その二は刑罰経済の原則に立つもの。そしてその三は誤判のあり得ることを前提とするものとがあるが、この第三番目の理論こそ最高裁の鉄則、生命尊重の理論に相通ずるものといえよう。」「刑罰を設けることで犯罪が押えられると考えることは、全く一つの、そして一時的に気やすめ」にすぎず、「きつい刑罰を設けさえすれば犯罪が防げると考えることは為政者の無知であり、責任の逃避である。」「私は死刑制度はなくしたい。しかし、それが廃止出来ないとしても、死刑囚と被害者との遺家族に対する救済、いわばその面の社会保障制度を考えな」ければならない。「今日人々は死刑制度を無批判にささえ過ぎている。それ自体が犯罪の温床であることに思いを致し……国家自らが人殺しの役人を抱えるような非文明を避けねばならない[12]」と、正木は主張したのである。

2　菊田幸一

正木亮と「刑罰と社会改良の会」の後を承けて、「犯罪と非行に関する全国協議会（ＪＣＣＰ）」の中心メンバーの一人として、現在も活発な死刑廃止運動を展開しているのが、菊田幸一である。菊田は言う。「わたくしは、死刑は道徳的な『罪悪』であると考えている……数万年におよぶ人類の歴史において死刑は残された人間の弱さの象徴であり、未開社会の遺物である」。「死刑制度は究極的には感情の問題であり、単に統計や政策に結びついた理論ではないともいわれる。そのような声の前に死刑が虚構と不条理を混在させたまま存続しつづけることをわたくしは許せない」。「死刑には人間としての感情のかけらもない……人間のもつ名誉や尊厳を完全に払拭した死があるのみである。国家に許される処罰は、あくまでも人間の権利のなかで行なわれるべきであって、凶悪な犯罪者が人間の権利をこえたことを根拠に、その犯罪者よりも品位を落としてまで国家が人を殺すことが許されてはならない」と断言する。(13)

3 団藤重光

最後に、現代の代表的な死刑廃止論者として、著名な刑法学者で最高裁判所判事を務めた団藤重光の見解を紹介しておこう。団藤は、自らの刑法理論の骨格を形成する、主体性の理論、それから派生する人格責任論や動的刑罰理論が、本質的に、死刑と矛盾すると言う。思想的系譜で言えば、「ベッカリーアの系統やトルストイのヒューマニズムの系統と、近代派の教育刑思想の系統と両法につなが」り、刑罰論では「受刑者の主体性を認めるところの教育刑論」であり、違法性論では、「犯罪に対する社会的反響の変動」を考慮する立場から、「かりに死刑制度を存置するにしても、死刑の宣告まではよいとして、最小限度において、死刑の執行だけは認めるべきでないという結論にならざるをえない」。また、主体性の理論は、必然的に実践的なものと結びつかざるを得ないことから、抽象的・哲学的議論だけでなく、氏自身の実務経験を踏まえて、とくに誤判可能性の見地――この問題こそが、「最後に断然廃止論に踏み切ることになったきっかけ」だと告白している――から死刑廃止論を展開する。死刑事件の場合、事実認定の問題が「独特な形をとって現れて来」る、つまり、「万一誤判があった場合の救済」という点で、死刑以外の事件の場合と「決定的な違い」がある。「事実だとすれば死刑以外にないというような極度に悪い情状の場合に、事実認定に一抹の不安があるという理由で死刑を無期懲役にするという理屈は、現行法上では成立し」ないから、裁判官は「死刑制度がある以上は、何とも抜け道のない立場にたたされることになる」と言うのである。[14]

4　死刑廃止論の分類

以上、僅か八名にすぎないが、近現代におけるわが国の代表的な死刑廃止論を紹介した。三原憲三は、わが国における死刑存置論の根拠は、民族的法律観念（民族確信・応報的観念）、威嚇力（抑制力・犯罪抑止力、一般予防的観点）、社会契約説、国民性と社会状態を理由とする見解に、また死刑廃止論の根拠は、①人道主義・宗教的見地、②威嚇力の不存在、③誤判の回避・救済、④被害者賠償を理由とする見解に、それぞれ分類できるとしている。[15]上にみた八名の見解から明らかなように、大局的には、死刑廃止論の根拠は、その比重を、②→③④へと移してきたと言えるが、①については、内容を微妙に変えながら、常に死刑廃止論の基調にあることが分かる。

む　す　び

周知のように、日本国憲法は、三六条において「残虐な刑罰」を禁止しながら、死刑を前提とした一三条・三一条をおいている。そのため、「一応死刑は合憲」と解釈せざるをえないが、生命剝奪刑である死刑が、「残虐な刑罰」にあたることは明白であるから、「死刑は、運用上なるべく避ける方がよく」、さらに、人道主義的にも、刑事政策的にも、憲法改正により廃止されるべきものと言わなければならない。[16]田畑忍は、三一条が死刑存置の建前を取ったことを「日本国憲法の一つの欠点」と認めたうえで、死刑は、「その執行手段の如何にかかわらず、厳密なる意味においてすべて残虐なる刑罰であり、無期徒刑また然りである」から、これらを「正当視」することは許され難いとしている。[17] 死刑は、違憲とは言えないが、死刑判決およびその執行は、極力回避すべきなのである。

死刑をめぐる判例としては、最高裁判所が、一九四八（昭和二三）年に、「生命は尊貴である。一人の生命は全地球よりも重い。死刑はまさにあらゆる刑罰のうちで最も冷厳な刑罰……尊厳な人間存在の根元である生命そのものを永遠に奪い去るもの」であるとしながら、「まことにやむを得ざるに出ずる究極の刑罰」であり、憲法も「刑罰として死刑の存置を想定し、これを是認したものと解すべきである」から、死刑は合憲であると判断し、さらに、四人の裁判官の補足意見が、将来、「死刑もまた残虐な刑罰として国民感情により否定されるにちがいない」と述べたことは周知の通りである。[18] この判決は、将来的に、国際的な動向も踏まえて、「国民感情」の高まりによって、死刑が「残虐な刑罰」として廃止される可能性を示唆したものと解されてきた。[19]

しかし、最近の「国民感情」についてみると、二〇一二年三月の山口県光市母子殺人事件の最高裁判決のように、被害者家族の心情を慮るべきだとの国民感情に押されるかたちで、事件当時未成年であった加害者に対して、死刑判決が下される事例が見られ、また三月二九日には、小川敏夫法相が、政府の行ってきた世論調査で死刑容認派が八五％を超えたことを根拠にして、三人の死刑執行に踏み切った。世論調査――その内容と方法それ自体に問題がある――を論拠にして、死刑判決と執行の責任を、「国民感情」に転嫁することは許されない。[20] 最高裁判決のように、死刑の合憲・違憲判断（さらには死刑執行）を「国民感情」に委ねるという解釈姿勢は、甚だ危ういと言わなければならない。

国際的人権団体アムネスティ・インターナショナルによると、二〇一二年三月現在、死刑廃止国は一四一カ国に達しており、二〇一一年に死刑を執行したのは、中国・イラン・アメリカ合衆国など、僅か二〇カ国にすぎない。死刑廃止は、もはや世界の趨勢なのである。とりわけ、死刑判決の誤判再審が相次いでいるわが国において、死刑の廃止（少なくとも停止）は、緊要の課題である。

（1）ここでは、とりあえず、辻本義男編著『史料・日本の死刑廃止論』（成文堂、一九八三年）、三原憲三『死刑廃止の研究』（成文堂、初版：一九九〇年、第六版：二〇一〇年）、同『死刑存廃論の系譜』（成文堂、初版：一九九一年、第六版：二〇〇八年）、団藤重光『死刑廃止論』（有斐閣、初版：一九九一年、第六版：二〇〇〇年）の四冊だけを挙げておこう。
（2）脇田吉隆「死刑は残虐な刑罰か」上田勝美編『日本国憲法のすすめ（視角と争点）』（法律文化社、二〇〇三年）一〇四―一〇五頁。
（3）布施弥平治『日本死刑史』（日東書院、一九三三年、修訂：巌南堂、一九八三年）など。
（4）梅田康夫「律令以降の刑罰」牧英正・藤原明久編『日本法制史』（青林書院、一九九三年）八八―八九頁など。
（5）ちなみに、一二世紀半ばから、一九世紀半ば（江戸時代の終り）まで、死刑廃止について、特に目立った議論は見出されない。わずかに、尾張藩主の徳川宗春が、「慈忍」を本旨として、その治世下の一〇年間、死刑を執行しなかったことなどが知られている程度である。
（6）植木枝盛「世界ノ万国ハ断然死刑ヲ廃ス可キヲ論ス」愛国新誌二〇・二二号（一八八一年一月）、『植木枝盛選集』第三巻（岩波書店、一九九〇年）二〇九―二一五頁、辻本義男編著・前掲書（注1）二一―二六頁。
（7）『植木枝盛選集』第六巻（岩波書店、一九九一年）一〇四頁。
（8）大久保泰甫『日本近代法の父　ボワソナアド』（岩波新書、一九七七年）一一七―一二〇頁など。ちなみに、団藤重光は、ボワソナードが、特に②の説明の中で、内乱罪と戦争とを結びつけながら死刑廃止論を展開していることから、戦争放棄を定める日本国憲法の「精神」は「死刑をも否定するところまで本来行くべきであろう」と述べている。
（9）小河滋次郎「廃死刑論」監獄協会雑誌一三巻二・三号（一九〇〇年二・三月）。なお、小河『刑法改正案ノ二眼目――死刑及刑ノ執行猶予』（明法堂、一九〇二年）の第二章を参照。
（10）留岡幸助「死刑廃止論」六合雑誌二三九号（一九〇〇年一一月）・監獄協会雑誌一三巻一二号（同年一二月）、『留岡幸助著作集』第一巻（同朋舎、一九七八年）五六二―五六五頁。
（11）倉富勇三郎・平沼騏一郎・花井卓蔵編『刑法沿革綜覧』（一九二三年）一七八九―一八一四頁、辻本義男編著・前掲書（注1）七七―八六頁。
（12）正木亮『死刑――消えゆく最後の野蛮』（日本評論社、一九六四年）一三一―一三三頁、同『現代の恥辱――わたくしの死刑廃止論』（矯正協会、一九六八年）も参照。
（13）菊田幸一『死刑――その虚構と不条理』（三一書房、一九八八年）一―二頁。
（14）団藤・前掲書（注1）二四二頁以下。
（15）三原・前掲書（注1）参照。

(16) 上田勝美『憲法学』(評論社、一九七五年)一四二—一四三頁。同『立憲平和主義と人権』(法律文化社、二〇〇五年)六八頁。
(17) 田畑忍『改訂憲法学原論』下巻(有斐閣、一九五七年)四二八頁、同『憲法学講義』(憲法研究所出版会、一九六四年)一六三—一六四頁。田畑は、花井卓蔵の見解に言及している。
(18) 最大判一九四八年三月一二日刑集二巻三号一九一頁以下。
(19) 一九九三年最高裁判決の補足意見において、大野正男裁判官は、死刑廃止国の増加と国連総会で採択された「死刑廃止条約」が発効したことなど「多くの文明国家において、国家が刑罰として国民の生命を奪う死刑が次第に人間の尊厳にふさわしくない制度と評価されるように」なり、「死刑が残酷な刑罰に当たると評価される余地は著しく増大した」との認識を示している。
(20) 菊田幸一『死刑と世論』(成文堂、一九九三年)など、参照。

家族生活における人権保障の課題
――DV問題にみる夫婦の非対称性と民法二条の可能性を考える

立石直子

はじめに

既知のように、戦後、日本国憲法においては、国政における個人の尊重（一三条）と性別による差別の禁止（一四条一項後段）に並び、二四条一項では夫婦の同権が、また同条二項では家族生活に関する法律は個人の尊厳と両性の本質的平等に立脚して制定されるべきことが定められた。これを受け、一九四七年、明治民法の改定作業が行われ、民法二条にその解釈原理として個人の尊厳と両性の本質的平等が明記された。また「家」制度を廃止するため、民法第四編および五編は全面的に改正された。このときから六五年以上が経過するなかで、家族生活における人権保障、とりわけ夫婦の平等は確立されたのだろうか。憲法二四条は、「婚姻及び家族に関するその他の事項」について、個人の尊厳と両性の本質的平等に立脚した法律の制定を義務づけたが、家族生活の規範をなす親族法・相続法の分野では、夫婦の氏（民法七五〇条）や再婚禁止期間（同七三三条）、非嫡出子の相続分差別の問題（同九〇〇条四号但書）など、現行法においても憲法二四条の理念が実現したとはいえない。それどころか、個人の尊厳と両性の平等を実現するための家族法改正さえ頓挫している。

法律上の課題だけではない。現代の家族における人権問題のなかで、最も深刻であるのは家族内で起こる暴力の問題であろう。児童虐待、夫婦間の暴力（＝ＤＶ）、高齢の親への虐待といったファミリー・バイオレンスは、「しつけ」「夫婦喧嘩」などの言い訳の下、長い間社会で許容されてきた。それらが文字通り「暴力」とされ、場合により「犯罪」であるという認識は、ごく最近のものである。家族内で起こる暴力は、弱い者が標的となる。構造的な弱者である子どもや高齢者にとって、ファミリー・バイオレンスがある家庭は、安全な生活を脅かし、生命の危険さえある。(1) しかしながら、被害者は私的扶養のなかにあり、その空間を逃げ出すこともままならない。また、被害者に迫る危険に対し、行政や司法による救済は届きにくい現実がある。

一方、夫婦間の暴力になると、その理解は一層難しい。なぜなら、親子関係とは違い、夫婦は別離により他人に戻ることが可能な関係である。通例、被害者は成人であり、常に急迫性のある暴力のもとにいるというわけではないため、被害者自身が自らの意思で逃げることもできると考えられがちである。(2) また、ＤＶ防止法六条でも、医師その他の医療関係者がＤＶ被害者を発見した場合、守秘義務が免除され、配偶者暴力相談支援センターまたは警察に通報することができるが、「その者の意思を尊重するよう努めるものとする」（同条二項）と定められている。これは、児童虐待防止法六条において、「児童虐待を受けたと思われる児童を発見した者」に「福祉事務所若しくは児童相談所に通告しなければならない」と定められているのに比べ、対照的である。(3)

日本国憲法では、一三条・一四条により、個人の尊重と性別による差別の禁止が明記されるとともに、二四条により、私的な領域である家族関係においてもこれが徹底されている。その意味では、法律にみる夫婦観は「対等」「同権」な男女二人であり、妻は夫に対し、あるいは夫は妻に対し、構造的弱者ではない。家族法においても、夫婦は対等であることが前提とされ、特に離婚法おいては夫婦の自治が尊重され、国際的にも数少ない協議離婚が認められている。

しかしながら、ＤＶ関係にある夫と妻は、「対等」「同権」な関係ではありえない。ＤＶは夫婦やパートナーなど関係性のなかで起こる暴力であり、構造的なものである。被害者は恐怖から加害者に従属的にならざるをえず、自ら権利主張ができない状態に置かれる。今後の人生に対して、自己決定の力を削がれていることもある。そして、暴力の影響は一過性のものでなく、長期間に及ぶ場合もある(4)。筆者は、DV被害者の救済に関わる民間機関でインタビュー調査を進めてきたが、被害者が被害について相談をすること、加害者のもとから避難すること、離婚手続、その後の生活の再建など、あらゆる場面において、被害者の精神状態や夫婦の非対称性に留意した対応が求められる。司法においても、法解釈や法の運用の場面で同様の視点が必要となる(5)。

本稿では、家族生活における人権保障、とりわけ男女平等の実現の妨げとなっている例として、夫婦間の暴力の問題を取り上げたい。そこで検討するのは、DV被害者と加害者のように、非対称な当事者間の「自治」が内包する問題である。そのうえで、私法上、個人の尊厳と男女平等を実現するための原理として、民法二条の可能性について考えてみたいと思う。

一　DV被害からみる夫婦の非対称性

1　夫婦間暴力の実態

警察庁の発表(6)によると、二〇一〇（平成二二）年中の配偶者からの暴力事案の認知件数は三万三八五二件となっており、前年比二〇％増の数字である（二〇〇八年二万五二一〇件、二〇〇九年二万八一五八件）。認知件数は、二〇〇一年一〇月にDV防止法が施行されて以来毎年伸びているが、暗数の現れと考えられる。被害者のうち女性比率は九七・六％であり、三〇歳代の割合が高い。被害者と加害者が現に法律上の婚姻関係にある割合は七二・五％と高く、婚姻関係解消後が一一・六％である。警察の対応としては、被害者が住所を知られないようにするための措置（住民基本台帳事務において被害者の現住所を知らせないための手続、加害者による捜索願の不受理）が最も多く、被害者の危険を回避するために、加害者に居場所を特定されないよう援助していることがわかる。すなわち、婚姻関係あるいは内縁関係（二〇〇四年以降はＤＶ防止法改正により元婚姻関係、元内縁関係も含む）において暴力があるため、一方配偶者にとって、他方配偶者に自分の居所を知らせることが、自らの安全を脅かすというのである。また、二〇一〇年度の犯罪統計によると、配偶者による加害に対する検挙件数は、殺人として四九件、傷害として一一七〇件にのぼっている。同年の傷害検挙件数は全体で一万九三五〇件である。つまり、傷害検挙件数の約六％が、配偶者による加害なのである。同じく、殺人件数は一〇二九件。このうち四・七％がＤＶによるものとなる。

また、ＤＶ防止法上、各都道府県に設置されている配偶者暴力相談支援センターへの相談件数は、二〇一〇年度の実績として、来所による相談が二万一八二二件、電話による相談は五万件を超える。相談件数の女性割合は九九・一％であり[7]、加害者との関係は婚姻の届出があるものが八三・三％、離婚済であるものが九・一％となっている。

そのほか、ＤＶ防止法は一〇条において保護命令制度を定める。これは、配偶者からのさらなる身体に対する暴力により重大な危害を受けるおそれが大きいとき、被害者が裁判所に申し立てることにより、裁判所が、被害者への接近禁止命令や住居からの退去命令を命じる制度である。裁判所からの保護命令は、二〇一〇年中、二四二八件発令されている（二〇〇六年以降、二二〇〇〜二五〇〇件台で推移している）。また、近年では、ＤＶを受けてきた被害者が堪えきれず、加害者を殺害する事例も報告されている[8]。

2　離婚当事者の非対称性

このように、夫婦間の暴力の問題はＤＶ防止法施行後も深刻であり、決して特別なものではない。夫婦間の暴力は、時として犯罪として扱われるが、その多くは別居や離婚に伴う家族法上の問題につながる。すなわち、被害者にとって、被害の相談や加害者との別離の決断の後に続くのは、離婚に関する法的手続であることが多い。

夫婦間の暴力は、日本における離婚原因として大きな位置を占めてきた。司法統計によると、二〇一〇年の妻側の離婚調停の申立動機のうち、夫が「暴力を振るう」は一万四五五六件であり、全体の約三割を占める。つまり、年間一万四千人を超える女性が、夫の暴力を理由に、離婚調停を申し立てているのである。夫による暴力は、妻からの申立動機のうち「性格が合わない」に次いで多く、この状況は三〇年以上変化がない(9)。

また、日本の民法では七六三条において協議離婚を認めている。この協議による離婚が日本の離婚全体の約九〇％を占め、この状況は一九六〇年頃から変わらない。協議離婚は、司法機関が関与しないため、夫婦のプライバシーが守れ、安価で簡便な離婚制度であるという点で、離婚の自由を保障する。また、夫婦が対等に、そして自由な意思に基づいて話し合うことが前提とされており、離婚に伴う夫婦財産の清算、子の処遇についての取決めなど、離婚に関わるすべての決定が当事者に任される。その意味において、夫婦の自治が重んじられていると言える。しかしながら、法的な知識や情報力の格差から一方に不利な財産分与が行われたり、養育費や面接交渉など離婚後の子どもをめぐる処遇については、取決め自体が行われないことも少なくない。

とりわけＤＶ事案では、離婚当事者が「被害者と加害者」の関係にある。そこに「協議」という要素が持ち込まれるとき、離婚を求める立場にあることが多い被害配偶者にとっては、「離婚すること」自体が目標となり、離婚に関するさまざまな条件について譲歩したり、夫婦財産の清算や離婚後の子に関する取決め、具体的には親権や養育費、面会交流といった子の成長に不可欠な事柄についての協議が対等に行われない。ＤＶ関係のなかで協議離婚を選択できるケースとは、被害配偶者の安全が保たれ、適切な援助者がついている場合などとなろうが、離婚手続が被害者や子どもの側に恐怖や多大な心理的負担をもたらすことは想像に難くない。

依田精一氏は、明治期から戦後の家族制度改革まで、日本の家族と家族政策を分析するなかで、一九四七年の現行民法への改正について、以下のように述べる。

家族関係の紛争当事者の対立から国家は中立の立場をとった。まず当事者の自治に委ね、当事者で解決のできぬ場合のみ介入する仕組みにした。このような柔軟性のある仕組みがあったので、長期五〇年以上も大きな改正なく安定して過ごせたといえる(10)。

ここでは、国家が家族紛争に立ち入らない点を、「夫婦の自治」「家族の自治」として評価するが、当事者の「自治」に任せた紛争解決は、非対称性が明らかなDV事案などでは、弱者すなわち被害者の側に不利な仕組みとして働くのである(11)。

二　民法二条の可能性

以上、DV関係にある夫婦を例に、現代家族の内部にある人権侵害の実情を捉えてきた。DV問題は、親密圏における性差別や性支配の表徴であり、そこでの家族は個人への人権侵害が許容される「聖域」となり、法は不介入を貫いてきた。すなわち、家族内で起こる暴力は、長きにわたり刑法上の犯罪として認識されず、また、私法の領域においても、特別な評価を得なかった。特に家族法には、弱者の人権を保障するために実効力をもつ規定が少なく、紛争当事者間の非対称性がもたらす問題にも無自覚であった。

現在では、児童虐待防止法やDV防止法が制定され、家族内部で起こる暴力の犯罪としての性格が自覚されつつあるが、それに加えて、家族に関する私法上の紛争においても、個人の尊厳や男女平等の理念が十分反映されなければならないと考える。ここでは、その手掛かりとして、民法二条の可能性について考えてみたい。

1　民法二条の理解

民法では、通則として一条に、公共の福祉による私権の制限、信義誠実の原則、権利濫用の禁止を定めるとともに、民法一条ノ二（平成一六年法律第一四七号による改正後は二条）において、「本法ハ個人ノ尊厳ト両性ノ本質的平等トヲ旨トシテ之ヲ解釈スヘシ（口語化の後は「この法律は、個人の尊厳と両性の本質的平等を旨として、解釈しなければならない。」）」として、個人の尊厳および両性の平等が、民法の解釈基準の一つであることが示されている。民法二条の立法経緯は、次のようなものである。戦後、憲法改正に合わせて民法の大改正が行われたが、その内容は主に家族法の部分であった。しかしながら、財産法の部分も含む民法全体が憲法の精神と無関係ではないことを示すために、二条が定められた。[12] 依田氏は、この条文との関係で、一九四七年改正後の民法、とりわけ家族法の性格を以下のように述べている。

> 新民法は、法形式上は、第一条ノ二に、個人の尊厳と両性の本質的平等を解釈原理として掲げた。また、妻の行為無能力規定を廃止、協議離婚を認めるなど当時の家族法としては世界的にも先進性を誇った。[13]（傍点引用者）

このような評価は、憲法二四条についての評価と重なるが、はたしてこの民法二条は、どのように解釈され、実務においてどのような役割を果たしてきたのだろうか。また民法学では、民法二条について、憲法のどの条文の原理を受けたものと理解されているのだろう。さらに、二条の妥当する範囲をどのように捉えてきたのだろうか。いくつかの基本書で確認してみたい。

四宮和夫・能見善久『民法総則』は、「個人の尊厳（憲法一三条）と男女平等（憲法一四条一項）の基本的な理念は、憲法において規定されているが、民法二条は、これを民法の解釈に際して基準とすべきことを規定する[14]」としており、民法二条を、憲法二四条との関係から言及する表現はみられない。また、民法における男女平等が問題とされてきた場面として、逸失利益に関する解釈、雇用契約の場に加えて、親族・相続の分野を指摘する。さらに、民法二条について、「立法当初においては、単なる理想を謳ったもので、現実に法律の議論で使われることは少ないと思われていた『個人の尊厳』や『男女平等』であるが、静かにではあるが、着実に社会を変化させる基本理念となっている」と述べている。[15]

一方、我妻栄・有泉亨『コンメンタール民法総則』では、民法二条について、憲法一三条・一四条および二四条を取り上げ、「私法の立場から、民法全体がこのような趣旨に則って解釈されるべきことを定めている」と述べる。[16] ここでは、民法二条が、憲法一三条・一四条に加え、二四条の理念をも受けたものであるとする。また、民法二条が妥当する領域について「民法が私法の一般法である関係上、本条は、私法の全領域にわたり通則として作用することを注意するべきであろう[17]」と、本条が民法にとどまらず私法一般の解釈原理となることを示している。[18] また、能見善久編『判例民法1』における民法二条に関する記述では、憲法一三条・一四条一項、二四条に定める個人の尊厳と両性の本質的平等という原理が、民法の解釈において等閑視されないよう「念を押す趣旨で明文化されたもの」とされている。また、個人の尊厳や平等原則は民法自身に体現されているため（民法九〇条や七〇九条など）、民法二条は、個人の尊厳や両性の本質的平等が問題となる場面で、補充的に考慮されるとしている。[19] その他のテキストや注釈書においても、民法二条を憲法一三条・一四条および二四条の要請を受けた条文であると理解するものが多いが、民法二条に関する記述は、他の通則規定に比べ極めて少ない。

これに対し、民法二条について、位置づけから援用場面まで広く検討するのは、大村敦志『民法読解　総則編』である。[20] 大村氏は、これまでの民法学では二条について、「これを親族相続編に適用されるべきものであるとして、民法一条とは独立の、財産法にはほとんど無縁の原理として取り扱ってきた」と述べる。[21] また、その家族法関係において民法二条がほとんど顧みられない理由として、「少なくとも最近にいたるまでは、四七年改正を受けた親族相続編は、それ自体が日本国憲法の理念を体現したものであり、二条を持ち出すまでもなかったということがあげられるだろう」としている(22)。実際、大村氏が言うように、内田貴『民法Ⅰ』でも、民法二条を憲法一三条・二四条の要請を明確にするものとしながらも、親族法・相続法において「解釈上の直接的根拠とされることは少ない」としている(23)。

さらに、篠塚昭次編『判例コンメンタール民法Ⅰ　総則　物権』では、民法二条は「憲法一三条および二四条を民法の中で再確認する規定である」としながらも、「本条は九〇条の公序良俗に関する規定と連動して機能することが多く、九〇条の判例を参照されたい（女子若年定年制は民法九〇条に違反するとされることが多いが、本条の違反と解することも可能であろう）」と述べている(24)。確かに、民法九〇条の公序良俗違反に関する伝統的な類型論では、憲法の認める基本的価値（憲法一四条・二八条など）に反する行為、芸娼妓契約など個人の自由を過度に制限する行為、愛人契約などの家族秩序に反する行為が分類されてきた。その点では、民法二条よりも民法九〇条が、自己決定や個人の尊厳、男女平等を保障する役割を果たしてきたともいえる。このように、民法の解釈基準として個人の尊厳と両性の本質的平等を掲げる二条は、その理解においても、条文の射程についても、民法学における位置づけとして曖昧な点が多い。

2　民法二条が用いられる場面

現行民法への改正から六五年以上が経過するなかで、民法二条が適用される裁判例が無いわけではないが、家族法の領域では、裁判所が民法二条（平成一六年改正前の民法一条ノ二を含む）に直接言及する例は決して多くない(25)。裁判所の判例検索システムに登載される公表事件のうち、民法二条が適用される事例は、その多くが労働事件や損害賠償請求事件であり、家族法関係の事件は出てこない。最高裁で個人の尊厳について言及された事案でも、民法二条（民法一条ノ二を含む）を直接適用ないし参照する事例はない。ただ、その主旨が争われた事件に以下のものがある。一九八七（昭六二）年九月二日の最高裁判決（民集第四一巻六号一四二三頁）は、一定の要件のもと有責配偶者からの離婚請求を認めた名高い判決であるが、ここで最高裁は、「離婚も、道義、社会的規範に照らして正当なものでなければならず、人間としての尊厳を損い、両性の平等に悖るものであつてはならないというべきである。また、婚姻は両性の合意のみに基づいて成立するものであることからすると、それを廃絶する離婚についても基本的には両性の合意を要求することができる」としており、民法二条を援用する趣旨が読み取れる。[26] また、非嫡出子の相続分を定める民法九〇〇条四号但書の合憲性が争われた裁判においては、憲法二四条の個人の尊厳に関する言及が繰り返されるが、あくまで憲法二四条であって、民法二条については触れられていない（最決二〇〇九年九月三〇日〈集民第二三一号七五三頁〉、最大決一九九五年七月五日〈民集第四九巻七号一七八九頁〉）。

そのほか、Lexis Nexis JP の判例検索によると、家族法関係の事件で民法二条（民法一条ノ二を含む）が取り上げられた事件として、相続開始前の相続放棄の効力について判断された東京高判一九七九（昭五四）年一月二四日（東高時報〔民事〕三〇巻一号四頁、判タ三〇号一五八頁）、離婚請求事件である東京高判一九七七（昭五二）年五月二六日（判時八五七号七七頁）、東京高判一九七七（昭五二）年五月二四日（判時八五二号六六頁）がある。これらの事例では、民法一条ノ二（現行二条）が参照条文として示されている。また、非嫡出子の氏の変更をめぐる福島家審一九六七（昭四二）年八月一〇日の事件では、民法だけでなく、家事審判法一条に「個人の尊厳と両性の本質的平等を基本として、家庭の平和と健全な親族共同生活の維持を図ることを目的とする」と規定されていることを理由に挙げ、本妻の反対、反感があるなかでは非嫡出子の父の氏への変更を認めないと判断されている。[27]

おわりに

憲法が制定されてから六五年が経った今、家族関係における人権の問題は新たな局面を迎えている。第二波フェミニズムは、「個人的なことは政治的なことである」という標語を手に、親密圏における暴力を社会問題化させた。憲法二四条は、「家」制度の文脈で役割を果たすだけでなく、公私二分論のもと、これまで隠ぺいされてきた家族内の人権侵害に対しても、その先進的な価値観はなお有効であると思われる。本稿で取り上げたDV問題は、夫婦の非対称性を示す確たる課題であるが、現代の家族関係において個人の尊厳や夫婦の平等が問われる場面は少なくない。

また、憲法二四条がそのまま投影された民法二条についても、あらためてその可能性を検討する必要があると考える。この点については、山本氏の見解が注目される。山本氏は、民法の内容は憲法の要請を実現するものでなければならず、民法の各条文は憲法に適合的に解釈されるべきであり、直接民法に規定がない場合でも、憲法の要請に従った補充的な解釈が要請されると言う。そして、憲法二四条の理念を受けた民法二条を、「憲法上の根本原理によって民法の内容が方向づけられることを規定したもの[28]」と説明する。現在、民法二条が用いられる場面は、他の通則規定と比べあまりに僅少である。紙幅の制約もあり、本稿で検討できたことは限られるが、今後、男女共同参画社会の実現の過程で、私的空間における男女平等が問われる場面や家族にまつわる人権侵害を救済する理念として、民法二条の存在が評価されることを期待したい。

(1)　児童虐待、高齢者虐待の現状は深刻である。二〇一〇年度中に全国の児童相談所が対応した虐待に関する相談件数は五万五一五四件である（厚生労働省「平成二二年度福祉行政報告例の概況」）。また、全国の警察本部が二〇一一年中に摘発した児童虐待事件は三八四件（前年比九・一％増）、死に至った児童は三九人（前年比六人増）であった。また、二〇一〇年度に、養護者による高齢者への虐待について、市町村に相談・通報された件数は二万五三一五件であり、前年度より八・二％増加している。これらについて、高齢者虐待の防止、高齢者の養護者に対する支援等に関する法律における事実確認の結果、虐待であると判断された事例は、一万六六六八件である（厚生労働省「平成二二年度高齢者虐待の防止、高齢者の養護者に対する支援等に関する法律に基づく対応状況等に関する調査結果」による）。

（2）　米国の心理学者レノア・E・ウォーカーによるDVのサイクル論では、DV加害者の行動は常に暴力的であるばかりでなく、「緊張の蓄積期」「暴力の爆発期」「ハネムーン期」といったサイクルがあると説明される。レノア・E・ウォーカー（斉藤学訳）『バタードウーマン―虐待される妻たち』（金剛出版、一九九七年）参照。

（3）　立法経緯として、被害者の意思を無視して医師に通報義務を課すと、DV被害者が通報を嫌い医師にかからないおそれがあると考えられたためと説明される。DV防止法の注釈および立法経緯の解説については、南野知惠子ほか『詳解DV防止法二〇〇八年版』（ぎょうせい、二〇〇八年）参照。なお、諸外国においては、他の犯罪と同様に、DV被害についても被害者の意思にかかわらず、警察への通告や逮捕が義務づけられる場合もある。

（4）　DV被害者の暴力の影響については、内閣府男女共同参画局「配偶者からの暴力の被害者の自立支援等に関する調査」（二〇〇七年四月公表）ほか、澤田いずみ研究代表「夫婦間暴力における夫と離別した女性の健康状態と暴力の長期的影響に関する研究」（科研費研究課題番号一五五九二二三二）などがある。

（5）　DV事案における被害者や子どもの精神状態への配慮の必要性については、立石直子「DV事案における離婚と子の処遇――被害者と子どものために必要な視点とは」（財）法務研究財団研究事業「ドメスティック・バイオレンス問題に対する行政・司法の対策・比較法研究」（研究代表・町村泰貴）の報告書として刊行予定）を参照。

（6）　二〇一一年三月一〇日警察庁発表「ストーカー事案及び配偶者からの暴力事案の対応状況について」http://www.npa.go.jp/safetylife/seianki/h22_stdv.pdf 参照。

（7）　DV防止法三条により、各都道府県に配偶者暴力相談支援センターの機能を果たす施設の設置が義務づけられている。具体的な施設としては、福祉事務所や保健所がその機能を果たす割合が半数であるが、売春防止法上の各都道府県に設置される婦人相談所や、女性センターが業務を担っていることも多いため、男性被害者の相談の受け入れは課題の一つである。

（8）　DV被害者によりDV加害者を殺害する事件では、事後の自らの危険を考え、就寝中などを狙い確実に殺害しようとするため、殺意も明確である事例が多い。また、加害者から暴力を受けている最中に反撃により殺害に至るケースは稀で、それゆえ、正当防衛も成立せず最も悲惨な結末を招いてしまう。『朝日新聞』二〇〇八年五月二三日朝刊記事「夫に殺意を抱く妻たち」は、DVが背景にある妻の夫殺害事件について取り上げる。
(9) ここでの申立ての動機は、申立人の言う動機のうち主なものを三つ選択する重複集計である。また、二〇一〇年の夫による離婚調停の申立てのうち、妻が「暴力を振るう」を理由とするものは一四三四件である。
(10) 依田精一『家族思想と家族法の歴史』(吉川弘文館、二〇〇四年)二三二頁。
(11) 同趣旨の指摘に、水野紀子「比較法的にみた現在の日本民法——家族法」広中俊雄・星野英一編『民法典の百年Ⅰ』(有斐閣、一九九八年)六五一頁以下、同「家族法の弱者保護機能について」鈴木禄弥先生追悼・太田知行ほか編『民事法学への挑戦と新たな構築』(創文社、二〇〇八年)六五一頁以下など。
(12) 民法二条の立法経緯については、谷口知平＝石田喜久夫編『新版注釈民法(1)〔改訂版〕』(有斐閣、二〇〇二年)二二五頁以下参照。
(13) 前掲書(注10)二三二頁。
(14) 四宮和夫・能見善久『民法総則〔第7版〕』(弘文堂、二〇〇五年)一一頁。
(15) 同前一二頁。
(16) 我妻栄・有泉亨〔清水誠〔補訂者〕〕『コンメンタール民法総則〔第三版〕』(日本評論社、二〇〇二年)四八頁。
(17) 同前四九頁。
(18) もっとも、我妻博士は、民法二条(当時の一条ノ二)を「近世の自由主義的法思想の一表現」とし、民法一条が定める他の通則とセットで理解すべきだとしている。
(19) 能見善久編『論点体系 判例民法1総則』(第一法規、二〇〇九年)五七頁以下。
(20) 大村敦志『民法読解 総則編』(有斐閣、二〇〇九年)。
(21) 同前二二頁以下。
(22) 同前二三頁。
(23) 内田貴『民法Ⅰ総則・物権総論〔第4版〕』(東京大学出版会、二〇〇九年)四八九頁。
(24) 篠塚昭次編『判例コンメンタール民法Ⅰ総則 物権〔増補版〕』(三省堂、一九八三年)二一頁。
(25) なお、家事事件ではないが、民法の解釈基準として二条の「個人の尊厳」が主張された事例として、札幌高裁二〇〇七年六月二八日(訟務月報五四巻六号一三六二頁)がある。ここでは、控訴人により、国家賠償法附則六条および民法七〇九条または七一五条の具体的解釈基準として、民法二条に定める「個人の尊厳」を旨とすべきことが主張されている。なお、この事件は、第二次世界大戦中、中国から強制的に連行され、劣悪な生活環境及び労働条件等の下で労働を強制されたことについて、控訴人が国および当時の使用者に対し謝罪広告の掲載と慰謝料を求めた事例。

(26) ただし、この判決では、有責配偶者からの離婚請求の是非を、民法一条二項の信義則から判断している。

(27) なお、民法二条は民事事件全般に活用されていない。その理由について、松本氏は、家族や労働以外の分野では「従来、このような人間としての個人の尊厳を解釈基準として問題にするような事例があまり浮上してこなかったため」と述べる。松本克美「民法一条ノ二の可能性——戦後補償との関連で」法と科学三四巻（二〇〇四年）一五四頁。

(28) 山本敬三『民法講義Ⅰ総則〔第三版〕』（有斐閣、二〇一一年）六二〇頁。そのほか、山本敬三「憲法システムにおける私法の役割」法律時報七六巻二号（二〇〇四年）六四頁以下参照。

生存権保障の現状と貧困に対する憲法学の課題

武川眞固

一　問題の所在

日本社会における格差・貧困をめぐる生存権保障の問題動向は、この十年あまり顕著に現れた現象であり、その原因は一国内だけにとどまらず、国際的なグローバル化のなかで起きているところに、その現代的な特質と問題の本質がある。

第一は、貧困や格差の拡大のなかで生存権危機としての現実態、特に構造改革と生存権保障の問題状況――その危機とその本質について、社会的排除や社会的剥奪（→人間的生存の剥奪）や自立[1]などのキーワードを通して、その現象を示している社会構造を解明しつつ、生活保護裁判などの生存権保障の現状と問題点を明らかにする。第二は、現代の貧困化問題に対する生存権保障の実現と課題について、憲法学ではどのような問題が提起されているのか。特にこの国のあり方、その方向性は、憲法解釈レベルにとどまらず、最近の新たな国家像（→新たな「福祉国家型」構想などの提起）も踏まえて憲法学レベルで、人権として生存権保障の枠組みとその課題について明らかにしていきたい。

二　現代の貧困化と生存権保障の危機と現状

1　現代の貧困・格差の広がりとその生存権保障の危機

憲法二五条は、日本国憲法制定時点で、戦後日本の国家像をどのように形成していくかという歴史的な課題のなかで、「社会（文化）国家」像を意識した日本人の発案によって、間接的に憲法規範化された条項[2]であるが、戦後、この憲法二五条をはじめとする社会権のもとで、生存権保障は現実に機能してきたのであろうか。人間裁判として提起された「朝日訴訟」を通して、戦後の社会保障の水準、すなわち生活保護基準を一定度引き上げてきたという到達点があった。また年金併給制限規定の不合理性を裁判で提起した「堀木訴訟」も幾つかの社会保障のあり方について一石を投じてきた。しかし、そのような裁判の動向のなかで、現代の格差・貧困問題が俎上してきたのは、一九九〇年代末~二〇〇〇年代にかけての社会福祉基礎構造改革推進やそれ以降の新自由主義に基づく構造改革路線である。いわゆる小泉内閣による構造改革は、市場原理の導入と競争原理を持ち込んだ結果、様々な格差や貧困という現象を生み出してきた。これらの構造改革は、第一に経済のグローバル化の流れ、既存の国家や社会の改革を推進する過程で、企業の競争時代と多国籍企業の形成し、国内の構造改革が進むという状況を生み出してきたこと、第二に政治改革を梃子として、九条改憲の策動と国際貢献をシェーマとして、自衛隊などの海外派兵などの策動が展開されたこと、第三に構造改革によって、憲法二五条の生存権保障が切り崩されるという状況に直面したことなどである。[3]生存権保障レベルでは、企業の競争激化は、一つに、労働市場において労働者のリストラや労働条件の切り下げ策を推進し、二つめに、企業に賦課される法人税や社会保険料の負担軽減策や福祉の切り捨てを推進し、三つめに、経済活動などをはじめとした規制緩和策などに現れていた。特に、年金や医療などの生存権保障や働く条件などの雇用などに財政が伴うことを考えると、この流れは、「構造改革」の矛盾の現出であり[4]、規制緩和策は、単に雇用だけでなく、中小企業の経済活動やそこで働く労働者の生活保障さえ、奪うものになりかねない要素をもっていた。二〇〇六年には、「ワーキング・プア」・「ネット・カフェ難民」という言葉が生み出され、本格的に格差・貧困化という現状が社会的に提起されることになる。

生存権保障の危機レベルから、格差・貧困を把握する上で重要な論点は何かというとそれは、次元の異なる問題であるが、例えば、格差の問題は、所得の格差、資産の格差、生活水準の格差というようにその基準が問題となる。二宮厚美のいう「現代日本の複合的・連動的な格差社会の構造[5]」に示されている。また、笹沼弘志によれば「単なる経済的な困窮という意味での貧困でなく、社会保障などの権利保障からの排除、安全安心対策という治安国家化・監視社会化による地域社会からの隔離・排除という現実[6]」それは「重層的な社会排除の仕組み[7]」でもあった。現実には、格差を生じさせている社会は、不平等の社会状態である。この不平等な社会をなぜ作っているのか。これは構造改革で自己責任の問題で片付けられ、格差を生み出してきたのである。ここでは、民主主義レベルの観点からすれば、それに反する格差が問題になる。その意味で、この構造改革による雇用とか、所得とか、社会保障とかのレベルで、それぞれ縮小化（「小さな政府」）されてきており、経済的かつ社会的な格差が進み、貧困化が、その深刻化となって現出しているところに問題があり、生存権保障条項をはじめとして社会権条項の脆弱化が放置されている状況でもある。

貧困問題は、社会的な剥奪のなかで人権論レベルで検討していくと、生存権的自由の剥奪を意味している。つまり、自己責任ではどうしても回避できない事由が存在し、衣食住の不自由が存在している状態である。格差問題が平等というレベルで侵害を生み出しているが（「社会的排除」）、貧困問題は、まさしく生存する自由を剥奪している状態であり（「社会的剥奪」）、その意味で生存権だけでなく、憲法上の働く権利保障とか、職業選択の自由という憲法上の自由が奪われているところに特質がある。その流れでみると格差と貧困の問題は、前者は不平等という側面で、後者は不自由という側面で把握することができる。なぜこのような社会的状況を生み出したのか。特に、格差や貧困問題が提起されるのは、九〇年代後半、特に生存権危機として認識される状況に直面したのは、社会保障や労働・雇用という側面である。この問題は、従来は社会保障レベル、高齢者や障害のある人および生活困窮者の問題として顕著に提起されてきたが、その意味で「相対的貧困」の放置は政策レベルの問題ではあるにせよ、政府が貧困と生活水準の困窮性との関連で把握してこなかったという問題があった。そのような事情を踏まえて、次に生存権保障の現状と問題点を明らかにする。

2 貧困問題の顕在化と生存権保障——その現状と問題点

二一世紀に入って、格差問題から貧困問題へ展開してきているが、なぜ貧困問題が顕在化してきているのか。すでに検討したように構造改革の結果として、高齢者や障害のある人を中心として、従来の社会保障としてセーフティ・ネットを擦り抜ける人々、社会のなかで、社会保障の外に排除される人々が増大しているところに現代的な貧困化と人間的尊厳の侵害という現象が現出している。特に二〇一一年三月東日本大震災後、津波・原発事故等で多数の人々を失い、家や財産を失った人々の生存権保障支援が十分行き届いてない現状（→生存権保障の危機）にあり、憲法二五条に基づいたセーフティ・ネットの機能や役割の重要性が改めて問われている。

第一は、貧困と生存権保障の現実はどのような状況にあるのだろうか。国際的な社会保障の水準は、二〇一〇年のOECD調査(8)によれば、日本は欧米諸国に比べて「相対的貧困率」が高く（加盟三十四カ国中、ワースト六位）、可処分所得に占める支出が高く、貧困化傾向であることが示されている。特に、社会保障費のなかで、企業が負担すべき社会保険や年金負担分の割合は先進諸国と比較して低い状況にある（例えば社会保険料負担分は、一七％で欧米先進諸国は、二七％前後である）。このことだけでなく、雇用や年金も含めて、生活を支える支援やサービスの水準が低いというところにその現実態がある。「相対的貧困率」の年次推移（厚生労働省二〇一〇（平成二二）年「国民生活基礎調査」[9]）でみると、「相対的貧困線」は、一二四万円で、「相対貧困率」は、一六・〇％に上昇している。特徴として、①高齢者の男女とも、二〇一〇年値でみると二〇〇七年より下がっているものの、依然として、一八％水準にあり、高齢期の男女格差も拡大傾向にあること（単独女子で四七％、単独男子で二八％という高い水準）。②二〇代では、男性の方が女性より高い値になっていること。③勤労世帯と子どもの貧困率は上がっていること。④母子家庭（三〇・三％）・父子家庭（二八・四％）での貧困率は、平均で二九％で高い水準であり、子どもの世帯では、母子家庭では、四八・〇％であり、父子家庭では、五一・一％でいずれも高い状況にある。以上の動向は、憲法二五条が描く「福祉国家」像を形成する生存権保障という状況になっているのか。それは不十分であり、福祉政策の後進性を示しているといわざるを得ない現実がある。すでに二〇一〇年に、政府は「社会保障と税の一体改革」（案）を発表し、一二年に国会に上程し推し進めようとしている。この改革は、国と地方自治体の財政悪化、生活保護制度利用者の増加（↓実際には、貧困率からすれば、受給率は二％にすぎない）、高齢社会と年金取得者の増加などを理由として、なかでも生活保護制度運用の後退と改悪、年金制度の抜本的改革などを柱として提起している。この改革は、今日的な状況に立つとき、積極的な改革ではなく、「福祉国家」像を後退させる内容をもっている。

生存権保障の現状の周辺的な問題はどうであろうか。それは、①非正規労働者の増加の問題、一九九九年「労働者派遣」制度の改悪があったが、二〇〇八年、非正規労働者（派遣労働、有期雇用、パートタイム等）が一七九三万人へ増加し、逆に、正規労働者は、三三四八万人に減るという現状で、若年層と女性労働者の非正規労働者が増えている点にある。②最低賃金制度が機能していない問題、最低賃金が低額にとどめられ、フルタイムでも生活保護基準以下になっている現状にある。③「ワーキング・プア」層の増加問題、労働の結果、この人達の収入が生活保護基準に達しない状況にある（二〇〇九年で年収二〇〇万円以下の人々が一一〇〇万人、貯蓄残高ゼロ世帯が二〇一〇年二二・三％、自殺者数は、一四年連続三万人超えというような現況にある)。④失業率の高水準の問題、二〇〇九年五・七%—三六一万人、二〇一〇年四・六%—二九八万人という水準にあり、東日本大震災後、二〇一一年四月段階で、四・七%—三〇九万人にあり、増えている状況にある。⑤さらに経済的な格差が進行している問題等、[10] 例えば、大都市と地方での平均賃金の格差、平均賃金で年収レベルで七〇万円〜一〇〇万円前後の格差を生み出している。このような貧困・格差の現状の動向に対する生存権保障レベルでのセーフティ・ネットとして機能するのは、生活保護や社会保険等であるが、現実には「水際作戦」や生活保護抑制など行政のスタンスは違憲的な状態により生存権侵害を形成している状況[11]にある。

生活保護制度が憲法二五条のナショナル・ミニマムの制度として意義を有しているが、雇用や社会保険等の第一セーフティ・ネットで支えることから第二セーフティ・ネットとして生活保護制度が存在している。

生存権保障に係る生活保護制度の現状はどうであろうか。①生活保護制度利用者の増加問題、すなわち、同制度利用者は、二〇〇二年一二四万人であったのが、構造改革後二〇一〇年一九七万人、二〇一二年三月現在で二一〇万人という水準で増えており、受給率一・六%で、保護費も三兆円に達している。貧困率でこの水準は、一九五〇年以来二〇〇万人を超えており、特に、大震災後、急増している点にその貧困の深刻さがある。②生活保護制度の利用者問題では、失業と就労のミスマッチという問題も連動していると言われているが、現実は、就労意欲や自立困難な人々を支援する受け皿が不十分であることが指摘されている。労働の側面で言えば、社会的扶助であり、社会保険であるが、そこでさえ支えることができない状態が存在し、最後の生活保護さえ、抜け落ちるという点で「すべり台」社会[12]になってしまっている現状も存在する。③生活保護制度の利用者問題では、不正受給などモラルハザードなどの問題(二〇一一年度厚生労働省発表—一二八億円の不正受給付額『朝日新聞』二〇一二年三月二日)があるが、高齢者の場合は無年金などによる生活問題があり、年金よりは生活保護制度利用という問題を投げかけている。しかし、問題の本質は、「適正化」(生活保護法一二三号通達)や「不正受給」の厳格化の名のもとでの生存権保障の財政削減化にあり、生活困窮者への利用抑制を促している点で法的機能不全に陥っている。その意味で、生活保護制度の問題は、貧困問題を背景にして、その貧困ラインという生活実態に依拠した生存権保障の主体とその内実を具体化する作業が重要であり、その検討が不十分であり、十分説得する論理をもっていなかったという法律学（憲法学）レベルの問題があったと思われる。

第二は、生存権保障として生活保護裁判とその現状と問題点はどこにあるのか。生存権保障の問題として、生活保護老齢加算や母子加算をめぐる裁判が提起されている。この生活保護老齢加算制度は、一九五九（昭和三四）年に生活保護受給者が未拠出の老齢福祉年金者と同一水準で加算する制度として設けられ、六〇年より実施されたものである。それが改訂され、高齢者の事情により加算算定されてきたが、二〇〇三（平成一五）年「専門委員会」で特別需要はないとして、老齢加算が提起され、〇六（平成一八）年四月より老齢加算は廃止されるに至った。同上の廃止された生活保護受給者は、この老齢加算の廃止に伴う減額についての保護変更処分の取消しを求めて提訴した。

生活保護をめぐる新聞報道については、二〇〇五年北九州市で阻まれた生活保護、要介護者の孤独死、この報道は、厚生年金を担保にお金を借り入れ、利子が払えず、一万円の年金で生活できず、電気、ガスが止められ、生活が困窮化した。しかし､福祉事務所へ生活保護申請がうまくできなかった事例である（『朝日新聞』二〇〇五年五月二五日西部版）。また〇六年には京都市での母子無理心中（息子が認知症の母親を絞殺）が起き、京都地裁審理のなかで本人は、生活保護相談をしたが、福祉事務所でアドバイスはなく、はねつけられた事例がある（『朝日新聞』二〇〇六年七月二一日）。生活保護相談件数が多く福祉事務所に寄せられているが、申請は半数にも満たないことが指摘され、一二年に入って、一月札幌市、二月にさいたま市・立川市・台東区で、三月に立川市などで相次いで五件の餓死、孤立死などで中・高齢者が亡くなるという悲惨な出来事が起きている。

生活保護老齢加算をめぐる裁判では、一つは、憲法二五条でいうナショナル・ミニマムとしての「健康で文化的な最低限度の生活」と人間的尊厳性という内容が問われていること。もう一つは保護内容の不利益の変更を制限・禁止している生活保護法五六条の違反性を主張している。生活保護老齢加算をめぐる裁判は、現在全国で九件(京都・秋田・広島・新潟・福岡・東京・青森・兵庫・熊本等)提訴されているが、ここでは、福岡高裁判決を中心にして生存権保障の内実について検討してみたい。

本件は、七〇歳以上の高齢者に支給されていた「老齢加算」の廃止は、憲法二五条のナショナル・ミニマムとしての「健康で文化的な最低限度の生活」水準に違反するのか。また不利益な制限や禁止を規定している生活保護法五六条に違反するのかということを求めた。同裁判第一審では、老齢加算を廃止しても、著しく不合理な点は認められず、憲法二五条に違反し、生活保護法五六条にも違法ではないとして、原告の主張を退ける判決を下した[13](二〇〇九年福岡地裁判決)。しかし、二〇一〇年福岡高裁では、①生活保護は、恩恵ではなく、法的な権利であること、②老齢廃止の際に、受給者の不利益を考慮しておらず、激変緩和措置を検討されていないものであり、正当な理由はない、廃止による減額処分は取り消すという判断を示した。③加算廃止は、著しく妥当性を欠くものであり、正当な理由はない、廃止による減額処分は取り消すという判断を示した。ただし憲法二五条違反については、判断[14]を避けた。同様な裁判である〇七年の東京地裁判決では、「憲法二五条は抽象的・相対的概念であり、厚生労働大臣が保護基準を定立にあたり、合目的的な裁量にゆだね、……大臣の裁量権の範囲の逸脱……もしくは裁量権の濫用がない限り、違法とはいえない」とし、「保護基準の変更にあたり、……その不利益変更に正当な理由があったかどうかが判断されるべきで、その限度で生活保護法五六条の規定は保護基準の変更においても適用される。」したがって、「本件は、保護基準本体が問題ではなく、……その裁量権の範囲や逸脱又は濫用にあるとはいえない」として、いずれも合憲であるという判断[15]を示した。この事例の控訴審も憲法二五条でいうナショナル・ミニマムとしての最低限度の生活水準を下回らないという判断[16]を判示している。二〇一二年二月二八日生活保護最高裁判決も原告敗訴で、「老齢加算廃止の過程や手続きに誤りはなく違憲・違法ではない」とし、「判断過程で裁量権の逸脱などはない」

という門前払いの「合憲」判決であった（『朝日新聞』二〇一二年二月二九日）。

老齢加算が上記の理由に基づいて廃止され、なおも憲法二五条でいう「最低限度の生活」を維持できるとする判断は何か（生活保護法との関連）、低所得層の実態と比較の有効性や「最低限度の生活」の確定が可能なのか。また保護基準と「最低限度の生活」との関連性などの問題について、吟味する内容が提示されているのではないかと考えられる。

三　現代の貧困化と憲法学の課題

1　憲法二五条からみた新たな「福祉国家」像の構築化と枠組み

現代の貧困化に対する憲法学レベルの課題として国家像の構築化の課題が提起されているのではないか。すでに検討した現代の貧困化の様相と生存権保障の現状から、貧困・格差問題は憲法学の射程に入れて検討する場合、資本主義社会の経済のしくみと内容を踏まえた歴史的な視点が重要である。現代の貧困・格差問題も、グローバルな視点でみていくと、本秀紀がいうように「グローバル格差社会」を考える上で「グローバル民主主義」との関連で考えることが必要であり[17]、生存権保障という日本国憲法レベルで検討する場合、「格差社会」を変革するには、新たな「福祉国家」像を構想する場合の条件を提示している。現代の貧困も、格差社会もこのグローバルな構造のなかで形成され、既存の秩序を超えることができない閉塞的な現状にある。最近では、憲法二五条からの新たな「福祉国家型」構想の提示し、諸原則・制度に基づく「社会保障基本法」・「社会保障憲章」の提言（案）について提示されている[18]。問題解決の方向性は、一国の経済だけではもはや憲法二五条がめざす「福祉国家型」構想の実現は不可能に近いという状況にあり、現実の新自由主義的な国家では、いまの貧困から抜け出すことは困難であり、、この現状から抜け出す鍵はどこにあるのか。それは、本の言葉を借りれば、「グローバル民主主義」の構築化であり、新たな「福祉国家型」構想であろう。また、構造改革の結果としての格差・貧困問題を現出させたわけであるが、そこから国家の所得再配分のあり方、あるいは財政的な統制というような問題が提示され、その枠組みをどのように提示していくのかという課題に直面している。「グローバル民主主義」を構築すべき、国際社会の秩序として制御・統制していく役割を求め、その担い手を形成していく「福祉国家型」構想を日本国憲法レベルで具体化すること、すなわち、主権・人権・民主主義などをはじめとした理念の具体化を担保とする条件を形成していくことが必要である。

2　貧困化に対する生存権保障の実質化とその展望

現代の貧困化の深刻さは、すでに述べた「相対的貧困率」の到達点からも明らかであり、生活保護制度をめぐる裁判でも、生活困窮者の「最低限度の生活」の要求が人権としての生存権保障の観点から提起されている。①現代の貧困や格差問題に対する憲法学レベルの課題としては、貧困を含めた「格差社会」把握の導出とその克服アプローチの方法が不可欠である。なぜその問題が重要なのかといえば、貧困を克服すべき道筋の鍵を握っているからである。その意味で最近いわれている「社会的排除」や「社会的剥奪」(→「人間的関係性の貧困化」)という視点および自立・支援のあり方の実効性を含めて検討していく課題が提起されていること。②生存権保障のあり方、例えば生活保護制度にかかわる裁判を通してみても、憲法二五条にいう「最低限度の生活」水準の内容が十分示されていないという現状(→生活困窮者の生活実態とナショナル・ミニマムの水準等)を踏まえ、一方で生活保護法では「最低限度の生活」理念の枠組みが規定されていても、その立法的実効性が伴わない現実は生存権保障条項を脆弱化させ、放置しているのではないか。その意味で憲法二五条論だけでなく、一四条論(平等論)や一三条論(自己決定・人格的自律権)との関連性で把握していく必要性や西原博史がいう生存権の権利主体[19]やその内容の内実を深めるための枠組みを検証していくことが必要ではないか。③生存権保障を実現していくための人権論の枠組みとして、生存権だけでなく、教育権や労働権を含めた社会権の総体へ人権侵害および行政上の適正手続の権利侵害が社会的排除や剥奪によって人間的な生存が奪われているところに現代の特質がある。その意味で社会権レベルの再構成が課題となる。現代の貧困問題において、生活困窮のある人への社会的排除や社会的剥奪を通してみると、生きる権利が基本的な領域で排除・差別されている状況がある。笹沼がいうように格差社会と社会的排除を正当化する「自立した個人の選択と自己責任」[20]の批判は正当性を有するものであり、その論理で拘束しているものから解放しなければならず、その意味で、こうした自立を克服すべき社会権の論理が課題として提示されているのではないか。貧困問題は、国家の政策レベルの問題としても、憲法学レベルでは、生存権保障を含めた実現は、雇用、年金、医療あるいは介護まで含む社会保障問題を射程に入れながら、その実現のための枠組みが必要であり、それは社会的排除を克服すべき人権として社会権論の提示が不可欠ではないか。つまり、生存権保障だけでは、社会的排除や剥奪から個人の生きる生命の営為を獲得することはできない。その貧困を克服すべき成熟した社会を実現するためには、社会権の再構築化――その内容が問われているのであり、今後の憲法学の課題として残されている。

（1）　福原宏幸「社会的排除／包摂論の現在」同編『社会的排除／包摂と社会政策』（法律文化社、二〇〇七年）一一頁以下、西原博史「貧困・差別問題と憲法学」戒能通厚ほか編『法創造の比較法学』（早稲田大学、二〇一〇年刊）一一六頁。

（2）　武川眞固「憲法二十五条のルーツと日本国憲法制定の意義――「憲法研究会」草案と先人達の営為」『高田短期大学人間介護福祉学科年報』第二号（二〇〇六年）一〇―一九頁。

（3）　渡辺治『憲法二十五条と九条――その力と可能性』（かもがわ出版、二〇一〇年）一九九頁以下、渡辺治・二宮厚美・後藤道夫・岡田知弘編『新自由主義か、新福祉国家か』（旬報社、二〇〇九年）一〇一頁以下参照。

（4）　渡辺・二宮・後藤・岡田・同前三九頁。

（5）　二宮厚美『格差社会の克服――さらば新自由主義』（山吹書店、二〇〇七年）三九頁。

（6）笹沼弘志「格差社会と社会的排除――立憲主義の危機と社会権の可能性」法律時報七七九巻八号（二〇〇七年）八一頁。
（7）同前八二頁。
（8）経済協力開発（ＯＥＣＤ）編著『図表でみる世界の主要統計（ＯＥＣＤファクト・ブック）〔二〇一〇年版〕』（明石書店、二〇一一年）二三六―二三七頁。
（9）厚生労働省「平成二二年国民生活基礎調査」二〇一〇年（http//w.w.w. mhlw.go.jp/tou-kei/saikin/hw/k-tyosa/k-tyosa10/2-7.html参照。
（10）生活保障問題対策会議監修　尾藤廣喜・小久保哲郎・吉永純編著『「生活保護改革」ここが焦点だ』（あけび書房、二〇一一年）五頁。
（11）日本弁護士会連合会生活保護問題緊急対策委員会編著『生活保護法的支援ハンドブック』（民事法研究会、二〇〇八年）参照。
（12）湯浅誠『反貧困―「すべり台社会」からの脱出』（岩波新書、二〇〇八年四月）参照。
（13）福岡地裁判決「判例未登載」『朝日新聞』二〇〇九年六月四日西日本版参照。
（14）福岡高裁判決判時二〇八五号七五頁以下。
（15）東京地裁判決判時二〇一四号四八頁以下。
（16）東京高裁判決判時二〇八五号四三頁以下。
（17）本秀紀「グローバル格差社会と憲法学の課題」全国憲法研究会編『憲法問題』20（三省堂、二〇〇九年）一〇二―一一五頁。
（18）福祉国家と基本法研究会＝井上英夫・後藤道夫・渡辺治編『新たな福祉国家を展望する』（旬報社、二〇一一年）一一頁。
（19）西原博史「自治と自律と社会権――生存権の権利主体の立ち位置をめぐって」『季刊　企業と法創造』（早稲田大学ＣＯＥ）六巻四号（二〇一〇年）八〇―九二頁。
（20）笹沼・前掲論文（注6）八二頁以下参照。

教育を受ける権利をめぐる現状と課題

木幡洋子

一　第二次大戦後の日本の教育——民主化から逆コースへ

第二次世界大戦を経験した人類は、一九四八年の世界人権宣言で「人類社会のすべての構成員」の固有の尊厳を認めて人権を尊重することに自由と平和の基礎を見出し、それを宣言した。それは、近代以降の人権の発展の中で一つのエポックメーキングなできごとであり、人類がその存続のために「人権及び基本的自由の普遍的な尊重及び遵守」を宣言したのであった。占領下の日本では、こうした人権への認識の高まりと共鳴するかのように日本国憲法が制定され、政治的な抑圧から解放された民主主義への動きは、教育においては教師たちによる苦い懺悔の気持ちとともに新たな時代を迎えることになった。それを象徴するのが、旧教育基本法の制定であった。

もっとも、アメリカの日本に対する政治的思惑は一九五〇年の朝鮮戦争を機に一転し、日本は逆コースの時代へと入っていくことになった。「日の丸」「君が代」の復活は、軍国主義教育に加担し、教え子を戦場に散らした教師たちにとり妥協できない脅威であり、五一年一月には日教組は「教え子を再び戦場に送るな」というスローガンを採択したのであった。けれども、その後、五〇年代には教員の勤務評定が始まり、「ガイドライン」とされていた学習指導要領は、文部省により法的拘束力を有するという解釈が示され、逆コースを辿っていった。そして、学習指導要領は、微妙な文言の変化によって「君が代」を教育現場に復活させていった。七八年の学習指導要領では「斉唱することが望ましい」であったが、八九年には「斉唱するよう指導するものとする」に変わり、さらに、九九年の国旗国歌法制定によって斉唱の義務化と強制への道が開かれることになったのである。[1]

こうした教育の民主化に対する逆コースが進むなかで、日本も世界不況のなかで経済的な低迷を続けることになった。その打開のために選択された新自由主義は、日本という国の構造を小さな政府へと転換することを目論み、その顕著な改革への動きは橋本行政改革（一九九六年）と小泉構造改革（二〇〇一年）においてみられた。小泉改革では、郵政民営化に象徴されるような急激な構造改革が断行されたが、周到な議論と準備を欠いたこうした規制緩和は、過激な競争と労働者の労働環境の悪化を招き、重大な人命軽視の現象が起きている。運輸関係では、タクシー事故やバス事故、そして大量輸送の鉄道においても労働者に過重なノルマを課すことから重大事故が起きており、人命という人権の源泉を経済が軽々と侵食することが端的に示されている。[2]こうした経済優位の発想の前で人権が容易に侵食され、なおかつ為政者に人権意識の麻痺が生じることは教育においても同様である。

教育における規制緩和の議論は、一九八五〜八七年にかけて設置されていた臨時教育審議会における「教育の自由化」に関する議論を端緒とするが、九八年からの「規制緩和推進三か年計画」において自己責任原則と市場原理に基づく経済社会という方向性が明確になり、二〇〇〇年には「三か年計画」のまとめである「規制改革についての見解」（規制改革委員会）において、規制改革の遅れている教育分野における改革の推進が提言された。さらにその後、規制改革委員会の後続機関として〇一年に設置された総合規制改革会議は、〇二年の同会議による第二次答申において、医療・福祉・教育・農業の四分野への株式会社の参入を可能にする法改正を提言し、市場原理に基づいた消費者概念を教育にも導入している。[3]こうした国の構造改革が進められるなかで、〇一年には中央教育審議会に「教育振興基本計画の策定と新しい時代にふさわしい教育基本法の在り方」について文部科学大臣が諮問し、〇三年三月二〇日に中央教育審議会が答申をしている。[4]そこで明らかにされたのが、教育による国際競争力の強化、新しい「公共」の創造、日本の伝統・文化を尊重する日本人の育成という新たな視点であり、教育基本法はこうした視点をもとに〇六年に改正されることになった。

二　教育改革と新たな公共性

1　自民党政権下の教育改革

経済の立て直しを目した新自由主義に基づく改革は、一九九〇年代からの義務教育改革にも波及していった。年表に見られるように、九六年から二〇〇五年までの間に、義務教育改革に関する中央教育審議会からの答申が矢継ぎ早に出されている。(5) 一九九七年の答申では、「先行き不透明な厳しい時代」において「個性的な人材や創造的な人材を育成することは、我が国が活力ある社会として発展していく上で不可欠」だとして、国の発展に資する人材育成の必要性を答申している。同時にまた、選択の機会の拡大とそれに伴う自己責任にも言及している。九八年の答申では、第四章（二）の小学校以降の学校教育の見直しの項において、自己責任とならび、伝統文化、わが国や世界が直面している課題について学校で学ぶ必要性が述べられている。こうした答申の延長上に二〇〇三年答申があり、①自己実現を目指す自立した人間の育成、②豊かな心と健やかな体を備えた人間の育成、③「知」の世紀をリードする創造性に富んだ人間の育成、④新しい「公共」を創造し二一世紀の国家・社会の形成に主体的に参画する日本人の育成、⑤日本の伝統・文化を基盤として国際社会を生きる教養ある日本人の育成、という教育の目標が示された。こうした目標を受け、〇五年には「新しい時代の義務教育を創造する」という答申が出され、国家戦略として①学力主義、②教員の質向上、③分権化、④教育条件整備があげられた。こうした教育の構造改革を伴った改革を背景に、〇六年教育基本法が制定されることになる（表1参照）。

表1　義務教育改革に関する中教審答申年表

年月日	中教審答申
1996年7月19日	21世紀を展望した我が国の教育の在り方について（第1次答申）
1997年6月1日	同　（第2次答申）
1998年4月1日	新しい時代を拓く心を育てるために（中間報告）
6月30日	同　（答申）
9月1日	今後の地方教育行政の在り方について
2002年11月14日	新しい時代にふさわしい教育基本法と教育振興基本計画の在り方について　（中間報告）
2003年3月20日	同　（答申）
5月15日	今後の初等中等教育改革の推進方策について
8月7日	初等中等教育における当面の教育課程及び指導の充実・改善方策について（審議の中間まとめ）
10月7日	同　（答申）
2005年10月26日	新しい時代の義務教育を創造する（答申）

こうした一連の流れのなかで語られる「新しい公共性」とは何かを知るためには、改革のなかでの教育の位置づけを確認する必要がある。二〇〇三年答申は、「これからは、国や社会の問題を自分自身の問題として考え、そのために積極的に行動するという『公共心』を重視する必要がある」と述べ、さらに、「公共」の精神を育成することが、「二一世紀の国家・社会の形成に主体的に参画する日本人の育成」において必要であることを明言している。さらに、〇五年答申では「変革の時代であり、混迷の時代であり、国際競争の時代である」ことを前提に、義務教育の根幹を保障することで「国家・社会の存立基盤がいささかも揺らぐことのないようにしなければならない」と述べ、教育による国家の国際競争力の向上への期待を明らかにしている。こうした答申で語られている新しい「公共」が何を意味しているのかを、これまでの「公共」をめぐる議論をもとに確定するには困難が伴う。公法学、政治哲学、法哲学などにおいて論じられてきた「公共性」概念は多義的であり、共通の理解を得ないまま各自が独自に「公共性」について論じているとの指摘[6]は的を射たものだからである。さらに、〇九年の民主党への政権発足に際して、鳩山首相が行った施政方針演説で用いている「新しい公共」の概念も加わり、定義が一層困難になっている。けれども、自民党

政権時代に目指された教育改革が、国際競争のなかでの国の存立、維持、繁栄を支えることのできる国民を育成することに着目していることは、「公共性」に関する多彩な論議に惑わされることなく、[7]事実として認識しておく必要がある。

つまり、二〇〇三年中央教育審議会答申は、自民党政権下で断行されていった一連の改革の延長上での教育改革について述べているのであり、そこでの教育における「新たな公共性」は、新自由主義のもとで日本の構造を市場化し、「国民的競争国家」[8]を担うことのできる人材を育成することで国際的競争力を獲得しようとする方向性をもっているということである。そのための具体的な実施内容が、公教育費支出の抑制、規制緩和（株式会社の参入・学校選択制・特区など）、競争原理の導入であり、新自由主義のもとで日本の構造を市場化し、国際的競争力を「国民的競争国家」[9]を担うことのできる人材を育成することで獲得しようとする方向性をもつ。これに対し、権力を国民がコントロールする方向として、市場経済への再考を含めた民主主義化、[10]ガバナンス[11]といった議論が必要になっている。

2　民主党政権下の「新しい公共」と世界の動向

自民党政権に対する不信から、二〇〇九年には半世紀以上にわたって政権を握っていた自民党から民主党へと政権が交代した。鳩山首相は、同年一〇月二六日の施政方針演説で「新しい公共」について次のように述べている。

　私が目指したいのは、人と人が支え合い、役に立ち合う『新しい公共』の概念です。『新しい公共』とは、人を支えるという役割を、『官』と言われる人たちだけが担うのではなく、教育や子育て、街づくり、防犯や防災、医療や福祉などに地域でかかわっておられる方々一人ひとりにも参加していただき、それを社会全体として応援しようという新しい価値観です。[12]

表2 「新しい公共」関連年表

年月日	内閣	事　項
1998年10月―11月	小渕	イギリス：ブレア首相と非営利セクターとの間でコンパクト締結
2008年4月18日	福田	中教審答申「教育振興基本計画について―『教育立国の実現に向けて』
2009年9月16日		民主党政権誕生
10月26日		鳩山首相施政方針演説の最重要課題としての「新しい公共」
2010年1月25日		「新しい公共」円卓会議開催（内閣総理大臣決定）
2月4日	鳩山	文科省「『熟議』に基づく教育政策形成の在り方に関する懇談会」設置
4月17日		文科省「熟議カケアイ：文科省政策創造エンジン」開始
6月4日		円卓会議「新しい公共」宣言（内閣賛同）
10月22日		「新しい公共」推進会議設置（内閣総理大臣決定）
11月12日	菅	政府の取組に対する「新しい公共」推進会議からの提案
2011年6月6日		第2期教育振興基本計画の策定について（諮問）
7月19日		文科省「熟議に基づく政策形成展開―さらなる推進に向けて
2012年1月12日	野田	「新しい公共」推進会議再開

この施政方針演説では、「新しい公共」は新たな価値として位置づけられ、翌年の一月二六日は「新しい公共」円卓会議が設置され、民主党政権下での改革の方向性とそれを実現する制度についての議論が開始された。また、二月四日には文部科学省が「『熟議』に基づく教育政策形成の在り方に関する懇談会」を設置し、四月一七日は、新しい民主主義の在り方の社会実験として「熟議[13]カケアイ：文科省政策創造エンジン」のサイトが始動している。「新しい公共」概念の出現を教育に着目して整理したのが「新しい公共」関連年表（表2）であるが、二〇〇八年の福田内閣時代の教育振興基本計画において用いられた「国民的競争国家」形成のための概念が、円卓会議や熟議という国民の参加と討議により形成される「公共」を指す概念へと変貌をしていっているのをみることができる。特に、熟議カケアイは日本では初めての大規模な討議デモクラシーの社会実験であり、国民が担う「新しい公共」という価値が創造されている過程をみることができる[14]。政治の混迷のなかで、一一年九月に発足した野田内閣においては「新しい公共」推進会議が中断されていたが、一二年一月には再開され、野田首相は「市

民と協働しながら行政サービスを変えていく」ことが「新しい公共」の意義であり、鳩山元首相から菅前首相へと受け継がれてきたものを「私もしっかりバトンを受け継いでいきたい」と述べている。[15]

こうした市民との協働の試みの先鞭としては、年表の筆頭に掲載した一九九八年のイギリスのブレア政権におけるいわゆる「第三の道」[16]の実践として締結されたコンパクト（Compact）がある。[17]コンパクトは、行政とＮＰＯが協働するための法的拘束力をもたない紳士協定であり、覚書としての意味しかもたないが、官民協働の先進事例であり民主党の政策にその影響をみることができる。また、新自由主義による極端な市場原理に対する修正の試みが、世界的規模での企業の協定としてGlobal Compactという概念のもとに二〇〇五年に国連で始まっている。このコンパクトでは一〇の原理[18]が企業に求められ、人権、環境、労働者に対して企業が有する責務と汚職に関与しないことが求められている。日本企業からは三井住友生命が参加しているが、他の国のＣＥＯがネットワークへの参加による変革を述べているのに対し、ＣＥＯ主導による継続的な変革を述べていることが特徴的である。[19]日本における民主主義の理解度を表しているともいえ、世界的な民主主義に向けての挑戦のなかで、日本企業の独自のあり方を示しているともいえる。

3　「新しい公共」と教育

「新しい公共」の意味は多義的であり様々に論じられている。けれども、その基底にあるものは、代表民主主義の制度疲労という現実とそれに対する民主主義の新たな形を求めた模索だといえる。もっとも、日本の場合は、先のGlobal Compactにおける日本企業の姿勢をみてもわかるように、トップダウンの体質からくる民意を封殺するための概念としての「公共性」の用法もあり、注意深くみていかなければならない。そうした注意を払いながら、ここでは教育改革における「新しい公共」の意味についてみてみることにする。

「新しい公共」は、自民党政権のもとでの中央教育審議会の答申にみられるように、国民が一丸になって国際競争に勝つことができるための、国民統合のための価値として当初は用いられていた。けれども、民主党政権が誕生することで、「新しい公共」は民意を政治に反映する官民協働のシステムの創造を内包することが顕在化していった。こうした民主主義再生の政治的な試みは、討議デモクラシーの手法として、アメリカの討議型世論調査や市民陪審、ドイツのプラーヌンクスツレ（Planungszelle）などが、すでに一九七〇年代にはみられ、九〇年代半ばには国際的に普及していっている[20]。民主党政権において用いられるようになった「熟議」も、討議デモクラシーの手法であり、日本の民主主義を国民の参加による討議によってその正統性を取り戻し、再構築しようとする試みだといえる。こうした熟議が、文部科学省により、日本としては初めての社会実験として教育政策創造のための「熟議カケアイ」サイトを構築することで制度的に進められたことは、政権が交代した大きな成果であろう[21]。二〇一二年二月には、第二期教育振興基本計画に連携する熟議開催の呼びかけが行われている。

こうした民主主義の実現のためには、それを担うことのできる国民の育成が不可欠である。政治的な対立においては、往々にして大きな価値対立が生じることがあるが、そうした価値対立がある場合であっても、構成員が決定を尊重し従うことができる正統性を民主主義は有していなければならない。そのためには、立場が異なる者同士が、決定を「民意の反映」だと納得することが必要である。そのためには、こうした民主主義の正統性を担うことのできる国民へと育つことが保障されなければならない。この点、自民党政権時代に改正され、逆コースの時代と同様の戦前への復古に用いられる危険性を内包している改正教育基本法ではあるが、旧法八条の文言は新法の一四条にそのまま継承されている。その「良識ある公民として必要な政治的教養は、教育上尊重されなければならない。」という文言は、「日本国憲法における平和と民主主義という人類普遍の原理を実現する国をつくっていく時代の主権者の育成[22]」を保障する主権者教育において、民主主義を実現する資質の育成が保障されなければならない、と解釈されるべきであり、その解釈に沿った運用が求められている。そうした資質には、相手の主張に耳を傾ける、相手を尊重する、情報に基づいて判断する、冷静に発言する、などがあり[23]、こうした資質の育成が主権者教育として保障されることが、新たな教育権保障として求められている。

三　政治的混迷の時代における教育を受ける権利の危機

国政における政権交代後、日本の政治状況は不安定な状況が続いている。こうした安定を欠くなかで、教育においては、君が代斉唱に関する職務命令や大阪府教育行政条例制定といったトップダウンの教育行政がみられる。いわゆる君が代訴訟では、二〇〇六（平成一八）年九月二一日東京地裁判決が職務命令を憲法一九条、旧教育基本法一〇条違反としている以外は、すべて合憲判決であり、教師には職務の公共性（憲法一五条二項、地方公務員法三〇条・三二条）により職務命令に従う義務があると判示している。これらの合憲判決には、教師の思想信条の自由が公務員であることを理由として剥奪されるという問題点は無論あるが、本質的な論点は、主催者の教育を受ける権利への侵害であろう[25]。戦前の軍国主義教育のために利用された歴史をもつ君が代に対する政治的教養としての歴史的意味や現代的論争を覆い隠した一方的提示を教員に行わせ、その職務命令に反した教員を処罰し、子どもや親に潜在的カリキュラムとして一方的に君が代の価値を教え込んでいることは、親や子どもの主権者として必要な政治的教養を阻害し、教育権を侵害していることであり、教師に対しては、主権者教育を保障する自由を奪っていることになる。また、訴訟が提起されるほどの価値対立があることは、熟議民主主義の観点からは、熟議をつくした社会的合意を形成し、日本の民主主義を正統性あるものとする努力が政治的に求められていることを示している。

大阪府と大阪市は、民意を標榜しつつ、人権に無配慮なトップダウンの改革を行っている。しかも、それが熟考されたものとはいえないことは、大阪府教育行政条例の教育基本条例からの変遷をみても窺うことができる。より端的には、職員に対する組合関係アンケートが、労働基準局から不当労働行為だと指摘されたことにみられる。憲法一五条からは、政治家は全体の奉仕者であり、また九九条により憲法を遵守する義務を負う。そうした政治家の意味を府民・市民に情報として伝えているのか、また、府民・市民に府政／市政についての十分な情報を提供しているのか、さらに、府民／市民の熟議を政治に反映させているのか、自治体トップの公務員としての責任に対する自覚の乏しさは、地方自治における民主主義を危機に陥れる可能性が高い。民間の力を活用した改革が必要であることは国政も地方自治も違いはない。もっとも、これらの改革は日本に民主主義を再構築し、憲法の三大原理を時代のなかで実現しようとする試みのなかで考えるべきであり、それこそが日本国憲法による要請である。そして、その要請は、日本の民主主義社会の担い手である主権者が育つことで実現されるため、教育において民主主義のルールを教えることは教師の教育権であり、そうした教育を受けることこそが、現代の日本における教育を受ける権利の保障であり、それを保障することは国に課された憲法上の要請だといえる。

（1）　一九九九年の国旗国歌法制定の際には、小渕首相（当時）は「また、法制化に伴い、学校教育における国旗・国歌の指導に関する取り扱いを変えるものではないと考えており、今後とも、各学校における適切な指導を期待するものであります。」（一四五―衆―本会議―四一号一九八九年六月二九日）と回答している。また、内心の自由と国歌との関係について、辻村政府委員は「国歌の例について申しますれば、いろいろな指導を受けた後、しかし、やはり自分としては歌いたくないというような児童がいる場合に、無理強いしてこれを斉唱させるというようなことになりました場合には、やはりこの内心に立ち入らないということにかかわってくるのではないか、こんなふうに理解をいたしております。」（一四五―衆―内閣委員会―一一号一九九九年七月一日）と回答している。

（2）　二〇〇五年四月に起きたJR福知山線脱線事故では一〇七名の死者が出たが、このとき分割民営化を行った橋本龍太郎元首相は後悔の言葉を述べたという（『産経新聞』二〇〇五年一二月二一日）。タクシーでは規制緩和の弊害が著しく二〇〇九年には「特定地域における一般乗用旅客自動車運送事業の適正化及び活性化に関する特別措置法」が成立した。また、二〇一二年四月に死者七名を出した関越道のバス事故も背景には規制緩和による過当競争があり、国の役割の再考が求められよう。
（3）以上の教育における規制改革の動向について、坂本幸一「教育における規制改革の経緯と課題（資料）」『レファランス（国立国会図書館調査及び立法考査局）』五三巻一一号（二〇〇三年）二五頁参照。
（4）全文は以下のURL参照。http://www.mext.go.jp/b_menu/shingi/chukyo/chukyo0/toushin/030301.htm[accessed 2012-04-25]
（5）後期中等教育と高等教育については一九九〇年と一九九一年に答申が行われているが、その後、二〇〇〇年までは義務教育改革に関する諮問と答申が中心になっている。
（6）晴山一穂「公共性概念に関する一考察」『専修法学論集』一〇六号（二〇〇九年）五三頁、五五頁。
（7）「公共性」概念については、一九九〇年のハーバーマス『公共性の構造転換 新版』の刊行以降、日本においても議論が活発になっているが、「公共」を冠した論文数は九〇年代後半には急増しているという。山口定「新しい公共性を求めて」山口定・佐藤春吉・中島茂樹・小関素明編『新しい公共性』（有斐閣、二〇〇三年）一―二頁参照。近年では、森英樹「憲法と公共・公共性・公共圏」森英樹編『市民的公共圏形成の可能性――比較憲法的研究をふまえて』（日本評論社、二〇〇三年）二頁がハーバーマスと樋口憲法学を軸に議論状況を整理している。また、晴山・前掲論文（注5）は、既存の公共性概念に共通する概念として①国家の公共性　②事物・事務の公共性　③公共空間としての公共性があると整理している。こうした公共性についての議論は、憲法学においては、民主主義の正統性とそれを支える国民＝主権者にとっての公共という文脈で整理され、民主主義と国民主権という憲法原理の現代的意味を明らかにするという方向性をもつべきだと思われる。
（8）粕谷信次「グローバリゼーションと『社会的経済』――グローカルな、新たな『公共性』を求めて、あるいはハーバーマスとの批判的対話」『経済志林』七〇巻四号（二〇〇三年）一二七頁、一五九頁。
（9）同前。
（10）イギリスにおける「第三の道」とハーバーマスの市民的公共圏が該当する。こうした「公共性」について、野平慎二「教育の公共性と政治的公共圏」『教育学研究』六七巻三号（二〇〇〇年）二八一頁、渡邊国昭「教育における『新しい公共性』について」『佛教大学大学院紀要』三三号（二〇〇五年）一七九頁参照。
（11）新たな公共性の背景を地方分権の視点から探るものとして、山本隆・村上真・森裕亮「ローカルガバナンスと新たな公共性（上）」『社会科学』七三号（二〇〇四年）五九頁、植野妙実子「教育目的と公共性」『日本教育法学会年報』三四号（二〇〇五年）四〇頁を参照。植野は、「（二〇〇三年）答申における新しい『公共』とは、こうしたガバナンス論と重なりあっている。」（同四七頁）ことを指摘している。
（12）国会会議録、一七三―参―本会議―一号二〇〇九年一〇月二六日参照。

(13) 熟議の英訳は deliberation であるが、これは討議デモクラシーをも意味し、その語源はラテン語でその後英語、フランス語、イタリア語、スペイン語などにおいても同様に政治的な意味の語として継承されているという。篠原一編『討議デモクラシーの挑戦』(岩波書店、二〇一二年)vi頁参照。

(14) 二〇一一(平成二三)年七月一九日付で公表された『熟議に基づく政策形成展開~さらなる推進に向けて』では、「熟議民主主義といえる段階に至っているかは様々な見方があろう」としながら、熟議システムを議論と成果物の質を高める方策の検討が必要だとまとめている。同前二一頁参照。

(15) 会議録の以下のサイト参照。http://www5.cao.go.jp/npc/shiryou/pdf/8-gijiroku.pdf [accessed 2012-4-30]

(16) イギリスの 第三の道はアンソニー・ギデンズによって提唱され、市場原理による効率と社会民主主義による社会的公正を同時に達成しようとした。アンソニー・ギデンズ(佐和隆光訳)『第三の道——効率と公正の新たな同盟』(日本経済新聞社、一九九九年)参照。

(17) ブレア政権におけるコンパクト(契約)の意義について、永田祐「ブレア政権のボランタリーセクター政策」『医療福祉研究』二号(二〇〇六年)四二頁、四五—四六頁参照。

(18) United Nation Global Compact の以下のサイト参照。http://www.unglobalcompact.org/AboutTheGC/TheTenPrinciples/index.html [accessed 2012-4-30]

(19) Compact Quarterly の以下のサイト参照。http://www.enewsbuilder.net/globalcompact/ [accessed 2012-4-30]

(20) 篠原・前掲書(注13)二四三頁参照。

(21) サイトでの議論ではなく全国各地で実際に集まって討議を行うリアル熟議は、二〇一一年度には多い月には一二回実施されている。http://jukugi.mext.go.jp/library_view?library_id=308 [accessed 2012-4-30]

(22) 永井憲一「君が代訴訟には主権者教育権論を」『季刊 教育法』一七〇号(二〇一一年)一一頁、一二頁参照。

(23) こうした資質は、討議デモクラシーが成立するための人間像を分析すると一層明瞭になると思われるが、ここでは「熟議五箇条」としてあげられているものをもとにまとめた。五箇条とは、①発言する前に、資料やほかの人の発言をよく読んで理解しましょう。②発言するときに、毎回、挨拶からはじめましょう。③発言するときに、簡潔に、分かりやすく伝えましょう。④発言するときに、人を傷つけない発言を心がけましょう。⑤議論の途中で、教官は感想、感想、考えの変化なども投稿しましょう。http://jukugi.mext.go.jp/beginner/ [accessed 2012-4-30]

(24) 判例タイムス一三五四号(二〇一一年)五一頁:二〇一一(平成二三)年最高裁判決のまとめ、および同一三六四号(二〇一二年)九四頁:二〇一一年高裁判決のまとめ参照。また、二〇一二年には一月一六日と二月九日に最高裁判決が出ている。判例に対する検討としては、奥野恒久「教育と思想・良心の自由――『君が代』訴訟最高裁判決をてがかりに」龍谷法学四四巻四号（二〇一二年）一一三五頁参照。

(25)　永井・前掲論文（注22）一二―一三頁参照。永井は、職務命令は、親、教師、子どものすべてに対する憲法二六条違反だと主張している。

国際社会からみた日本の人権状況
——婚外子の法定相続分問題をめぐって

大竹秀樹

はじめに

二〇一〇年五月に日本の第三回定期報告を審査した「子どもの権利に関する委員会」(以下、子どもの権利委員会と略称)は、同年六月に採択した最終見解(Concluding observations)のなかで、日本の「いくつかの法的措置にもかかわらず、婚外子(children born out of wedlock)が今なお相続を定める法律において婚内子(children born in marriage)と同等の権利を享受していない[2]」と指摘した。そして、いかなる差別をも禁止した「子どもの権利条約」第二条に反するとして、委員会は「包括的な差別禁止法を制定し、そしていかなる理由によるものであれ子どもを差別する法律をすべて廃止することを[3]」勧告した。

婚外子の相続分に関する問題は、国際人権条約実施機関において今までに九回取り上げられ、いずれの場合においても婚外子差別規定の廃止が日本政府に勧告されている。自由権規約委員会では三回(一九九三年一一月第三回報告審査、一九九八年一一月第四回報告審査、二〇〇八年一〇月第五回報告審査において)、社会権規約委員会では一回(二〇〇一年第二回報告審査において)、女性差別撤廃委員会では二回(二〇〇三年八月第一回報告審査、二〇〇九年八月第二回報告審査において)そして子どもの権利委員会では三回(一九九八年六月第一回報告審査、二〇〇四年一月第二回報告審査、二〇一〇年六月

第三回報告審査において）である。

国内裁判においては、一九九三年六月二三日および一九九四年一一月三〇日に東京高裁が本件規定を差別的であり違憲と判断した。近年では二〇一一年八月二四日に大阪高裁が違憲の決定を行った。しかし、最高裁判所では、一九九五年七月五日の大法廷による合憲決定以来、二〇〇三年三月二八日第二小法廷判決、同月三一日第一小法廷判決、二〇〇四年一〇月一四日第一小法廷判決あるいは二〇〇九年九月三〇日第二小法廷決定など、補足意見や一ないし二名の違憲の少数意見はあるが、僅差で合憲判断が下されている。ところが、これら高裁の違憲判断あるいは最高裁の補足意見や少数意見には共通する特徴点があることに気づく。それは、日本が締約国となっている国際人権条約を引用して自説を補強していることである。

例えば、一九九三年東京高裁決定は、本件規定は「憲法一四条一項にいう『社会的身分による経済的又は社会的関係における差別的取り扱い』に当る」とした上で、「国際連合による『市民的及び政治的権利に関する国際規約』二四条一項の規定の精神」および「近々批准することが予定されている『児童の権利に関する条約』二条二項の精神等にかんがみれば、適法な婚姻に基づく家族関係の保護という理念と非嫡出子の個人の尊厳という理念は、その双方が両立する形で問題の解決が図られなければならないと考える(4)」と述べている。また、一九九五年の最高裁大法廷決定の際に補足意見を述べた大西勝也裁判官は多数意見に同調するが、以下のように述べて「立法政策として改正を検討することを」示唆した。すなわち、『市民的及び政治的権利に関する国際規約』（以下、自由権規約と略称）（二四条・二六条）や子どもの権利条約（二条）に言及して「非嫡出子の相続分をめぐる諸事情は国内的にも国際的にも大幅に変容して、制定当時有した合理性は次第に失われつつあり、現時点においては、立法府に与えられた合理的な裁量判断の限界を超えているとはいえないとしても、本件規定のみに着眼して論ずれば、その立法理由との関連において合理性は、かなりの程度に疑わしい状態に立ち至ったものということができる(5)」と述べた。

本稿では、婚外子の相続分を定める本件規定が国際人権条約実施機関でどのように審査されたかについて考察したい。紙数の関係で自由権規約委員会と子どもの権利委員会における審査内容に限定する。

まず、一九九五年最高裁決定からみていきたい。

一　一九九五年最高裁大法廷決定について

1　合憲理由

本件は、婚外子の代襲相続人のうち一名が家庭裁判所に遺産分割を申し立て、民法九〇〇条四号但書前段の規定を違憲だと主張して均等な分割を求めた事例である。静岡家裁熱海出張所の審判は、「法定相続分割合をいかに定めるかは国の立法政策の問題であり本件規定は合憲であると判断し(6)」たが、申立人はその後、東京高裁に抗告しさらに最高裁に特別抗告した。

本決定では、本件規定を合憲とする一〇名の多数意見、違憲とする五名の少数意見そして四名の補足意見が示された。この特別抗告を棄却した多数意見(7)は、まず、憲法一四条一項は「合理的理由のない差別を禁止する趣旨のものであって、各人に存する経済的、社会的その他種々の事実関係上の差異を理由としてその法的取扱いに区別を設けることは、その区別が合理性を有する限り」認められることを確認した。第二に、具体的な「相続制度をどのように定めるかは、立法府の合理的な裁量判断にゆだねられて」おり、さらに「本件規定を含む法定相続分の定めは、……遺言による相続分の指定等がない場合などにおいて補充的に機能する規定であることをも考慮すれば」本件規定における区別は「立法府に与えられた合理的な裁量判断の限界を超えていないと認められる限り、合理的理由のない差別とはいえ」ないと判断した。そして、本件規定の立法理由は「法律上の配偶者との間に出生した嫡出子の立場を尊重するとともに、他方、被相続人の子である非嫡出子に嫡出子の二分の一の法定相続分を認めることにより、非嫡出子を保護しようとしたものであり、法律婚の尊重と非嫡出子の保護の調和を図ったもの」であるとされた。

したがって、「現行民法は法律婚主義を採用しているのであるから、右のような本件規定の立法理由にも合理的な根拠があ」り、「立法府に与えられた合理的な裁量判断の限界を超えたものということはできないのであって、本件規定は、合理的理由の無い差別とはいえず、憲法一四条一項に反するものとはいえない」と判示した。

2　反対意見の特徴

この多数意見に対して反対意見を表明した裁判官は、「諸事実及び本件規定が及ぼしているとみられる社会的影響等を勘案するならば、少なくとも今日の時点において、婚姻の尊重・保護という目的のために、相続において非嫡出子を差別することは、個人の尊重及び平等の原則に反し、立法目的と手段との間に実質的関連性を失っているというべきであって、本件規定を合理的とすることには強い疑念を表明せざるを得ない(8)」として、本件規定は憲法一四条一項に違反して無効であると結論づけた。その際に反対意見は、本件規定の「合憲性を判断するに当たっては、制定当時の立法目的と共に、その後に生じている立法の基礎をなす事実の変化や条約の趣旨等をも加えて検討されなければならない」と主張し、その具体例として「一九六〇年以降両者を同一に取り扱うように法律を改正することが諸外国の立法の大勢となっている」こと、一九七九年から法務省は両者の相続分を「同等とする旨の改正条項を含む改正要綱試案を発表し」「立法改正作業が継続されている」こと、そして日本が批准する条約として一九七九年の自由権規約二六条と一九九四年の子どもの権利条約二条一項が挙げられている(9)。

3　一九九五年最高裁大法廷決定以降の傾向

前述の一九九三年東京高裁決定や大西裁判官の補足意見は「我が国を取り巻く国際的な環境の変化も見逃すことはできない[10]」と考え、日本が批准した自由権規約や子どもの権利条約に言及したが、この流れは特に九五年の最高裁大法廷決定以来、強まっていると思われる。二〇〇三年三月二八日第二小法廷判決では、反対意見を述べた梶谷玄および滝井繁男両裁判官が、「家族関係および相続をめぐる近時の社会状況の変化は、国内外において著しいものがあり、」この変化が、婚外子と婚内子の区別をなくすことを求め、「本件のような相続分の違いをもたらしている規定の改正を促す大きな理由になっている」という考えを述べている。そして、国際社会において、自由権規約委員会が、日本の第四回報告を検討した結果、同委員会の最終見解のなかで相続権に関する婚外子差別に懸念を有し、自由権規約二六条（すべての子どもは平等の保護を認められる）に従って「我が国が民法九〇〇条四号を含む法律の改正のために必要な措置をとるよう勧告している」ことが紹介されている[11]。

また、同月三一日第一小法廷判決では、深澤武久裁判官が反対意見のなかで上述の自由権規約委員会の最終見解を引用して「このように本件規定が制定された後及び大法廷決定後も日本社会は大きく変容し続け、本件規定の合理性を根拠付けていた諸要素についての社会の評価も変化しており、国際的な批判も生じている[12]」と主張した。なお、本件で補足意見を述べた島田仁郎裁判官は、自由権規約委員会が「相続分の同等化を強く勧告していること等にかんがみ、本件規定については、相続分を同等にする方向での法改正が立法府により可及的速やかになされることを強く期待[13]」した。同様に、二〇〇九年九月三〇日の最高裁第二小法廷の合憲決定においても、竹内行夫裁判官は補足意見のなかで「本件規定の憲法適合性について判断をするための考慮要素」の一つとしてわが国を取り巻く国際的環境の変化を挙げ、「国際連合の自由権規約委員会や児童の権利委員会から嫡出子と非嫡出子の相続分を平等化するように勧告されていること[14]」がその変化を示すものと考え、やはり「立法府が本件規定を改正することが強く望まれている[15]」

と述べた。

以上のように自由権規約委員会や子どもの権利委員会の最終見解を引用する最高裁の反対意見や補足意見をみてきたが、そこからは婚外子について権利の平等化を強く志向するという共通の傾向が窺えよう。前述の一九九三年東京高裁決定が強調しているように「適法な婚姻に基づく家庭関係の保護が、尊重されるべき理念であることはいうまでもないが、他方で、非嫡出子の個人の尊厳も等しく保護されねばならないのであって、後者の犠牲の下で前者を保護するような立法は極力回避すべきであろう(16)」ということである。

この立場は二〇一一年の大阪高裁違憲決定にもみられる。「各最高裁判例における反対意見や一部の補足意見が指摘するとおり、」「法制審議会における相続平等化等を内容とする答申、……国民意識の多様化、市民的及び政治的権利に関する国際規約二八条一項により設置される委員会の意見、諸外国における国際的な区別撤廃の進捗等、国内的、国際的な環境の変化が著しく、相続分平等化を促す事情が多く生じている(17)」。したがって、「抗告人が指摘する条約の規定等も考慮すれば、法律婚を尊重するとの本件規定の立法目的と嫡出子と非嫡出子の相続分を区別することが合理的に関連するとはいえず、このような区別を放置することは、立法府に与えられた合理的な裁量判断の限界を超えているというべきである(18)」と結論している。

二　自由権規約委員会の最終見解

上述のように自由権規約委員会は一九九三年以来、婚外子差別規定の廃止を勧告している。同年一〇月の日本の第三回定期報告を審査した際、本件規定について「日本政府は今後どのようにするのか」という委員からの質問に対して、日本政府は「正当な婚姻による家族を保護するための正当な差別である。高裁判決で違憲と出たが、合憲という高裁判決もあり、まだ、最高裁の判決は出ていない。一九七九年の世論調査でも支持されている[19]」と説明した。委員会は一一月の最終見解において、婚外子（children born out of wedlock）に関する差別的法規に特に懸念を有するとして「婚外子の相続権における差別は自由権規約第二六条と両立しない[20]」と判断した。そして「婚外子に関する日本の法令は修正され、そこに定められている差別的な規定は、本規約の二条、二四条および二六条にしたがって廃止されなければならない[21]」と勧告するとともに「日本政府は差別的な規定を廃止するため世論に影響を及ぼすように努力しなければならない[22]」と注意を促した。

1　第四回定期報告の内容

日本政府は委員会の修正勧告に対して、一九九七年に提出した第四回定期報告書において次のように反論した。すなわち、本件規定は「規約第二六条と両立しないとの趣旨の見解が、第三回報告審査の後で出された。しかしながら、日本政府は非嫡出子（illegitimate child）の法定相続分と嫡出子（legitimate child）のそれを区別することは、非嫡出子に対する不合理な差別を必然的に構成すると考えない[23]」と。さらに、九六年に行った世論調査において現行制度維持が三八・七％、両者の均等化が二五・〇％であり、「現行制度の改善を望む世論の合意が形成されているとは言い難い[24]」と報告した。また、審査の過程でも「法律婚主義が相続立法の基礎であるから、婚外子の相続分は不合理な規定でないと考えている。しかしながら、法務大臣の諮問機関である法制審議会が改正の可能性について審議している。この問題については世論が分裂しており、そして制度としての家族は注意深く大切に育まねばならないので、世論に十分配慮しなければ、どのような決定も行なえない。政府は広報活動を開始し、世論調査の結果は公表する[25]」と答弁している。第四回報告は法律婚に基づく夫婦と彼らの子どもから構成される家族を守る目的から本件規定は制定されたものであり、不合理な差別ではないし、規約二四条や二六条に違反していないという従来の政府見解を繰り返したのである。この報告に対して委員会はどのように対応したであろうか。

2 「法律婚家族保護論」に対する批判

一九九八年一〇月に行われた審査のなかで、数名の委員から批判があった。例えば、ララー（Lallah）委員は相続分に関する婚外子の状況は自由権規約二六条違反であるとした上で、「規約二四条（子どもの権利）により、家族の構成形態がどのようであれ、子どもは家族による特別な保護措置を受ける権利を有すると言われるのは当然である。それゆえ、この家族が婚姻関係にあるか否かという事実は考慮に入れる必要はない(26)」と、日本政府の家族観の狭さを批判した。また、ポカール（Pocar）委員は、相続分における区別は「法律婚の家族を保護するためには合理的であろう、しかし、法律婚の家族であれそうでない家族であれ、家族の保護と家族による子どもの保護を定める規約二三条と二四条との関係では正当ではない(27)」と、日本政府の家族保護という見解に疑問を述べた。ザキア（Zakhia）委員は「たとえ世論がこの区別を承認しても、規約に加入し適用するのは国家以外の何者でもない」と政府の姿勢を批判し、「規約は家族を保護する前に個人を保護するのである(28)」と個人の尊重を強調した。

3 「合理性」に対する批判

ザキア委員はこの区別は「不正であり、平等原則に反すると思われる(29)」と批判した。ポカール委員は、「差別の禁止原則は人権保護の中核に位置する。というのは、この点について委員会と日本政府の間には見解の相違がある。日本国憲法一四条は規約二六条に合致していない。例えば、（一四条は）差別が許されない理由の中に門地はあるが、規約にある出生はない。このことこそが婚外子に対する差別を容易にしている(30)」と指摘した。また、彼は、日本政府が最高裁の合理的区別を認めた判決に言及したため「裁判所は区別化の重大な理由を見つけることを自覚するが、しかし社会的地位の違いに言及している規約の規定を考慮することなく、区別化を追及する目的について考える傾向がある。こうして確立された区別化は、関係する個人が社会の中で差別される根源である[31]」と、合理的であることが規約に違反していないことではないと批判した。

プラド ヴァレホ（Prado Vallejo）委員は、婚外子の相続分規定は規約に合致しない不正義であるから婚外子は救済されなければならないと述べるとともに、日本は、規約と合致しない国内法を規約に調和させなければならないという規約二条の基本原則を十分に考慮してこなかったことに遺憾の意を表明した[32]。シャイニン（Scheinin）委員も一九九三年に「委員会は、相続分の区別は規約二六条と両立しないと明確に述べた[33]」のであるから、「このことが委員会の見解を如何に実施するかについての国内的検討を行なうための出発点となるはずであった[34]」と述べた。メディナキロガ（Medina Quiroga）委員がこれに同意した[35]。

4 委員会の改正勧告

まず、委員会は「第三回定期報告の審査後に出された委員会の勧告が大部分履行されていないことに遺憾の意を表明[36]」した。また、委員会は「人権保護と人権基準は世論（popularity polls）によって決定されない」ことを強調し、「規約上の義務を侵害しているかもしれない締約国の態度を正当化するために繰り返して世論調査の結果を用いることに懸念[37]」を表明した。

婚外子問題については、委員会は「引き続き、婚外子に対する差別について、特に、国籍、戸籍および相続権問題に関して懸念を有する」として、「規約二六条に従い、すべての子どもは同等の保護を受ける権利があるという委員会の立場を再確認し、そして締約国は必要な措置をとり民法九〇〇条四号を含む法制度を改正することを勧告[38]」した。

最後に、委員会は「最終見解を履行する際、締約国は非政府組織を含むあらゆる国内の関係団体と対話することを期待[39]」した。

5　第五回定期報告の審査

委員会の審査は二〇〇八年一〇月に行われたが、本件規定に関する審査内容は第四回審査内容をほぼ繰り返したにすぎなかった。政府は前回同様に「民法の規定については、法律婚により成立する夫婦とその間の子どもからなる家族を保護する目的で設けられた合理的な条文（reasonable provision）である。ただし、第四回定期報告書で述べたように、相続をめぐる社会的状況の変化に応じて制度の見直しを行なうことは必要である[40]」と報告した。

委員会は事前質問の中で、嫡出でない子の相続分に関する差別を撤廃するために法律を改正する意図はあるかと質した[41]が、政府は合理的な根拠に基づく区別化（differentiation）は禁止されていないとして、「個々の区別的待遇（differentiated treatment）の目的や経済的・社会的要因を含む区別的待遇に特有の詳細な諸々の事実を考慮して、区別的待遇が合理的か否かを総合的に判断する[42]」と説明した。また、本件規定の改正問題は「婚姻制度や家族のあり方に関わる重要な問題であり、社会の各層や関係する団体で様々な議論があるので、国民の中にある意見の動向を注視しているのが現状である」と述べたが、本件規定は「法律婚の尊重と婚外子の保護付与との均衡を確保する試みであり、不合理な差別行為ではない[43]」と従来の見解を繰り返した。

審査においては、パーム（Palm）委員がなぜ委員会が勧告したように法律を改正することが出来ないのか質問した[44]。さらに、シーラー（Shearer）委員は、事前質問の回答において「政府はこの差別は不合理ではない、そして世論によって支持されていると」主張しているが、「日本の国際的な約束に照らしてこのような世論を（委員会の勧告を受容するように）誘導する一層の努力が求められている」と政府の意思を質した[45]。しかし、政府の答弁は上述の事前質問に対する回答を繰り返すのみであった[46]。

6　委員会の削除勧告

自由権規約委員会は一〇月に最終見解をまとめた。まず、第四回定期報告審査後に出された委員会勧告の多くが履行されていないことに懸念を示し、「締約国は今回ならびに前回の最終見解において委員会によって採択された勧告を実施しなければならない[47]」と勧告した。そして、委員会は、婚外子が相続権等に関して差別されているという懸念を繰り返し表明し、これは自由権規約二条一項、二四条および二六条に違反するから、民法九〇〇条四項を含む「婚外子を差別するすべての条項を法律から削除しなければならない[48]」と勧告した。

三　子どもの権利委員会の最終見解

1　政府の報告と審査

子どもの権利委員会は、一九九八年の日本の第一回定期報告審査時より婚外子の相続分は特に出生に基づく差別として子どもの権利条約二条（差別の禁止）に違反すると懸念を表明し、関連法規の改正を勧告していた[49]。二〇一〇年に行われた第三回定期報告審査の内容は次のようであった。

第三回政府報告書の中では、「前回の日本の報告（筆者註：二〇〇三年の第二回定期報告を指す）に対する子どもの権利委員会の最終見解において、委員会は婚外子が婚内子と同等に扱われるべきだと勧告した。その結果、両者が同じ方法で戸籍に記載されることを保障するために二〇〇四年に規則が改正された[50]」としか説明していない。婚外子の相続問題については言及されていない[51]。したがって、委員からは「日本は婚外子に対する継続的な差別に対処するためにいかなる手段を講じるのか[52]」、「日本では婚外子が差別されているのは明白である。この状況を救済するためにいかなる行動が取られているか代表に説明を求める[53]」、あるいは「婚外子に婚内子と同等の法的地位を付与するために法律を変更するかどうか[54]」などといった質問が出された。これに対して、日本側は、「法務省の人権擁護機関は、人権相談を通じて適切な助言をしたり、適切な組織を紹介したりして婚外子に対する差別といった人権問題に取り組んでいます[55]」、あるいは「婚外子の相続について、法務省は一九九六年から不均衡を是正するために民法の改正を提案している[56]」と述べるに留まった。

2　委員会の勧告

子どもの権利委員会は最終見解において、「いくつかの法的措置にもかかわらず、婚外子が今なお相続を定める法律において婚内子と同等の権利を享受していないことを懸念する[57]」、したがって、「包括的な差別禁止法を制定し、そしていかなる理由によるものであれ子どもを差別する法律をすべて廃止する[58]」ことを勧告した。

おわりに

以上みてきたように、法律婚を尊重する目的で婚外子の相続分を差別することは正当化できなくなったと言えよう。確かに、委員会の勧告はまさしく「勧告」でしかないであろう。自由権規約委員会が各条文の解釈基準として示した一般的意見（General Comments）の三号[59]によれば、締約国の義務を定めた「規約二条は実施方法の選択を関係締約国に一般的に委ねている」し、また、「実施方法は憲法や法律の制定のみに偏ってはならない」とされている。しかし、委員会は「本規約上の義務は人権の尊重に限定されるのではなく」「締約国の管轄下にあるすべての個人の人権の享有を確保する」ことでもあると考え、このためには個人が自らの権利を享有することができるように国家は特別の活動を求められると述べている[60]。具体的には、個人が規約上の権利について知り、すべての行政・司法機関が締約国の規約上の義務を自覚するため、「規約はすべての公用語で公表されるべきであり、そして研修の一部として規約の内容を関係機関に習熟させる措置が取られるべきである。また、委員会と締約国の協力を公表することも望ましい」とされた。

このような規約二条の積極的解釈に基づけば、日本政府は委員会の勧告を履行するには、差別的法律の改正だけではなく、世論を勧告に沿うように誘導する、あるいは婚外子に対する差別的な慣行を除去するために必要と考えられる措置を講じるところから始めてはどうであろうか。

(1) 民法第九〇〇条四号但書前段（以下、「本件規定」という）は、「嫡出でない子の相続分は、嫡出である子の二分の一」と規定している。
(2) CRC/C/JPN/CO/3 (20 June 2010), p. 6, para. 33.
(3) Ibid., para. 34 (a).
(4) 判例時報一四六五号（一九九三年一〇月一一日号）、五六—五七頁参照。
(5) 判例時報一五四〇号（一九九五年一一月一日号）、七—八頁。園部逸夫裁判官がこの補足意見に同調している。
(6) 同前三頁。
(7) 同前四—六頁。
(8) 同前一〇頁。
(9) 同前九—一〇頁。二六条は法律の前の平等を保障し、法律は出生または他の地位などのいかなる理由による差別に対しても平等かつ効果的な保護をすべての者に保障すると規定する。二条一項は締約国は、その管轄下にある子どもに対し、子どもまたはその父母もしくは法定保護者の出生または他の地位にかかわらず、いかなる差別もなしにこの条約に定める権利を尊重しおよび確保すると規定する。
一九七〇年以降、相続分について差別的規定を設けていた欧米諸国は、法律婚主義を否定することなく相続分の平等化を実現してきた。さらに、ドイツ、スウェーデン、イギリスなどでは「嫡出」・「非嫡出」という名称そのものが廃止された。
(10) 同前八頁。大西裁判官の意見。

(11) 判例時報一八二〇号（二〇〇三年七月二一日号）六三—六四頁。
(12) 同前六六頁。
(13) 同前六五頁。
(14) 家庭裁判月報六一巻一二号、五六—五七頁。
(15) 同前五九頁。
(16) 判例時報一四六五号（一九九三年一〇月一一日号）五七頁。
(17) 判例時報二一四〇号（二〇一二年四月一一日号）二一頁。
(18) 抗告人は、本件規定は自由権規約二条一項、二四条一項および二六条ならびに子どもの権利条約二条に反すると説明している。同前二〇頁。
(19) 詳細については、日本弁護士連合会編『これからの結婚と離婚——自分らしく、あなたらしく』（明石書店、一九九四年）八五頁参照。
(20) Report of the Human Rights Committee Vol. I (A/49/40), p. 25, para. 108.
(21) Ibid., p. 26, para. 114.
(22) Ibid.
(23) CCPR/C/115/Add.3 (1 October 1997), p. 51, para. 199.
(24) Ibid., para. 202.
(25) CCPR/C/SR.1715 (4 November 1998), p. 14, para. 14.
(26) CCPR/C/SR.1714 (18 December 1998), p. 11, para. 37.
(27) Ibid., p. 13, para. 46.
(28) Ibid., para. 48.
(29) Ibid.
(30) Ibid., para. 46.
(31) Ibid.
(32) Ibid., p.11, para. 40 and p. 12, para. 41.
(33) CCPR/C/SR.1715, p. 2, para. 3.
(34) Ibid.

(35) Ibid., p. 7, para. 23. 議長を務めたシャネ（Chanet）委員は最終コメントのなかで、特に個人通報制度、非嫡出子、代用監獄そして死刑などに関する一九九三年の委員会勧告のどれもが実施されなかったため、委員会の審査がやや形式的な行事（somewhat formal exercise）であったという委員会全体の印象を述べている（CCPR/C/SR.1717, p. 7, para. 29.）。

(36) CCPR/C/79/Add.102 (19 November 1998), p. 2, para. 6.

(37) Ibid., para. 7. 女性差別撤廃委員会においても、政府が「差別的法規の撤廃が進展しない説明として世論調査を利用すること」が懸念されている（二〇〇九年に第六回定期報告書を審査した後に出された委員会の最終見解 CEDAW/C/JPN/CO/6, p. 3, para. 17参照）。

(38) Ibid., p. 3, para. 12.

(39) Ibid., p. 7, para. 34.

(40) CCPR/C/JPN/5 (25 April 2007), p. 88. para. 370.

(41) CCPR/C/JPN/Q/5 (23 May 2008), p.5, para. 27.

(42) CCPR/C/JPN/Q/5/Add.1 (23 September 2008), p. 31, Question 26.

(43) Ibid., p. 32, Question27.

(44) CCPR/C/SR.2575 (18 February 2009), p. 7, para. 27.

(45) CCPR/C/SR.2576 (7 November 2008), p. 3, para. 9.

(46) Ibid., p. 5, para. 19.

(47) CCPR/C/JPN/CO/5 (30 October 2008), p. 2, para. 6.

(48) Ibid., p. 9, para. 28. 委員会は国籍の取得、相続権と出生届けを取り上げ、国籍法三条、本件規定および出生届けに際し子どもが嫡出子（legitimate）か否かを記述しなければならないと定める戸籍法四九条二項一号の削除を勧告した。

(49) CRC/C/15/Add.90 (24 June 1998), p. 3, para. 14 and p.6, para. 35.

(50) 二〇〇四年一一月一日から施行された婚外子の戸籍続柄記載に関する戸籍法施行規則の改正を指す。続柄は母が産んだ婚外子の出生順によって、長女（長男）、二女（二男）と記載される。

(51) CRC/C/JPN/3 (25 September 2009), p.3, IV. Civil rights and freedom.

(52) CRC/C/JPN/Q/3 (5 February 2010), p. 2, para. 8.（事前質問）

(53) CRC/C/SR.1509 (25 March 2011), p. 5, para. 27.（Zermatten 議長の質問）

(54) Ibid., p. 7, para. 49.（Koompraphant 委員の質問）

(55) CRC/C/JPN/Q/3/Add.1 (5 May 2010), p. 7, Question 8.（事前質問に対する回答）

(56) CRC/C/SR.1511 (11 October 2011), p. 7, para. 66.
(57) CRC/C/JPN/CO/3 (20 June 2010), p. 6, para. 33.
(58) Ibid., para. 34 (a).
(59) General Comment No.03:Implementation at the national level (Art.2): 1981/07/29
(60) Ibid., para. 1.

III　民主主義をめぐる諸問題

民主主義思想の現在

寺島俊穂

はじめに

一九九〇年代になると、急速なグローバル化の進展によって資本主義が世界的な規模で拡がり、市場化が起こり、従来は非市場的な領域であった福祉や教育の分野においても市場原理が浸透してくるようになった。その結果、社会の画一化・規格化が進み、民主的な社会の基底が揺るがされるような事態が生じている。つまり、新自由主義的改革のなかで民主政治自体も商業的なメカニズムによって動かされる傾向が強くなっているのであり、現在、日本政治において起こっているのは、国民の支持を失った首相が目まぐるしく交代し、政治家はメディアを利用することによってポピュリズム(1)とか劇場型政治と呼ばれる政治状況を現出していることである。政党は、あたかも商品のように政策や候補者を売り込み、耳触りのよい言葉で有権者のニーズに応えていくという手法をとり、有権者のほうも期待感で政党や政治家を選んでいる。さらには、ガバナンスという言葉がさまざまな分野で用いられているように、対決や異議申立てによって問題を明るみに出すのではなく、協調・協働による包摂型の社会が目指され、市民活動やボランティア活動においても経営的視点が重視されるようになっている。

そこで、本章では、民主主義を市民社会に根づかせ、現代世界の課題に対して市民の側から取り組んでいくためには、どのような思想原理が必要なのかを政治理論の立場から明らかにしていきたい。

一　民主主義の思想原理

1　民主主義の論理

古代ギリシアの民主政は、市民が余暇にポリスの運営に直接参加し、公共の仕事を分担して行うことを意味していた。一方、近代の議会制民主主義は、代議制民主主義と言われるように、代表者による権力行使を正当化している。これは、政治体の規模が大きくなり、物理的に直接民主主義が不可能になったことによる。J・S・ミルの『代議制統治論』(2)（一八六一年）におけるように、理性的な自己統治を行ううえで代議政治のほうがむしろ理想的だと考えられたのである。もちろん、歴史的には、人民主権論と議会制度が結合して、国民の意思を代表・代弁する代表者による統治が正統性を得たのである。このように古代と近代の民主主義には大きな違いが存在するが、民主主義には一定の論理があるのだと思われる。

第一に、民主主義とは政治的共同体の全成員の意思が決定において重んじられる政治原理だと言える。言い換えれば、全成員が何らかの形で政治に参加し、参加者の意思が決定に反映されていくことが重要になる。民主政治において重大なのは、集団の意思決定に至るまでの過程（プロセス）だということである。構成員が直接、決定に参加するのが民主主義本来の姿だが、間接的な参加によってでも決定に影響を及ぼすことはできる。この意味では、民主主義は単に頭数を数えるという問題ではなく、参加者全員が納得できるかたちで集団意思を決定することを意味している。民主主義において少数意見の尊重ということが常に求められるのは、少数の人びとの主張が正しいこともあり、数は正義の保証にはならないからである。多数決はあくまでも最終的な決定方法にすぎず、決定に至るまでの話し合い、討議の過程にこそ民主主義の本質があると言える。

第二に、民主主義を支えていく人間の質の問題がある。政治制度が民主的でも、民主主義を否定する決定がなされることはありうる。そのことは、ワイマール・デモクラシーという当時ではきわめて民主的な制度の下で、ナチスが台頭し、政権の座に就き、授権立法（全権委任法）の下でヒトラーの独裁を現出させたことに端的に示される。ナチスを支持したのは多くのドイツ国民であった。民衆が理性を失い、正常な判断力を欠いたとき、民主体制は容易に崩壊の危機にさらされるのである。近代の民主政を支えたのは、自律した市民たちであった。彼らは、近代市民社会の成立にともなって現れた「財産と教養」のある人びとであった。しかし、上からの扇動や操作で動かされやすい大衆政治状況が広がった現代世界では、自律した市民の集合体である公衆のコントロールの下で国民の代表者が議会において理性的に討論するという近代民主主義の原理は、常に形骸化する危険性をはらんでいる。公衆が大衆に転化すると、彼らは政治的な操作の対象になりやすく、民主主義を土台から揺るがすことになりかねないのである。

2　丸山眞男の現在性

戦後日本の代表的知識人である丸山眞男は、民主主義を単に制度や運動の問題ではなく人間精神のあり方を含む問題だと認識した。敗戦直後に丸山が考えていたのは、民主主義を支える精神構造についてである。丸山は、①一人ひとりが独立した人間になることと、②他者を他在として尊重することを、民主主義の精神構造と認識していた[3]。①は、一人ひとりが自律した判断力をもつこと、個人個人が正、不正を判断し、たとえ一人であっても「間違っていると思うことには、まっすぐにノーということ[4]」を意味している。②は他者感覚を表し、他者を尊重し、他者の立場に立って考えることの重要性を表している。丸山が示唆しているように、正義感覚と他者感覚は民主的人格の基軸をなすものであり、市民として身につけていくべき資質だと言えよう。丸山がジョン・ロックに依拠して述べているのは、自由は「理性的な自己決定の能力[5]」であり、「政治社会の多数決による意思決定はつねにそれに先立つ自由討議と慎重な熟慮」[6]を前提にしなければならないということである。

もう一つ重要な点として、丸山に限らないが、戦後日本の民主主義思想の大きな特徴は、民主主義と平和主義を結合した点にある。[7]これは、民主主義を突き詰めていけば、反軍思想に至り、非暴力不服従の地平に至るはずだという認識からである。徹底した民主主義の実現は、憲法九条から引き出されうる非軍事的防衛の採用によって実現できる。[8]なぜなら、軍隊の組織原理は、命令─服従の関係に貫かれており、人間を友敵関係に分け、同盟国以外の外国人を潜在的に敵視する傾向があるからである。軍事的防衛を放棄してこそ、日本国憲法の前文にあるような、国境を越えた信頼関係を築くことができ、民主主義を徹底化していくことができるのである。民主主義と平和主義とを不可分なものと認識し、民主主義を徹底化していくことは、戦後民主主義の思想から積極的に引き継ぐべき伝統の一つである。

二　全体主義以後の民主主義思想

第二次世界大戦後の政治理論は、自由で民主的な体制から独裁が生まれ、民主体制が崩壊して全体主義体制に変わったという歴史的事実に対する深刻な反省から出発したといえよう。プラトンの『ゴルギアス』に登場する政治家や弁論家が巧みな弁論術によって大衆に迎合し、[9]大衆を扇動していたように、政治指導者がそういった大衆操作によって民衆の支持を獲得し、権力を行使しうることは、現代に始まったことではなく、古代ギリシアの民主政から知られていた。古代ギリシアにおいては、民主政は最善政体と認識されていたわけではない。政治思想史的に言えば、むしろ共和主義体制が理想と考えられてきたわけであり、民主体制が全体主義体制に転換したことによって、近代の自由民主主義（liberal democracy）に対する批判的検討がなされ、自由民主主義のオルタナティヴとして共和主義的な民主主義思想が打ち出されることになった。

そのような思想家として、レオ・シュトラウスとハンナ・アレントをあげることができる。二人とも、ユダヤ人としてナチズムに直面し、近代の自由主義や民主主義に対して懐疑的になり、共和主義的な伝統に戻り、現代的に再生させた政治理論家である。

1 古典的共和主義の再評価

レオ・シュトラウスは、共和主義的な伝統のなかでも市民的徳性の問題に戻っているが、それは、ワイマール体制の下で反ユダヤ主義が台頭したのは、近代の自由主義ではユダヤ人問題を解決できないと認識したからである。つまり、自由主義では反ユダヤ主義を解消できないということは、自由主義政治体制は人がどのような思想をもとうと、個人の内面には踏み込めないからである。もちろん、自由主義がナチスの勝利をもたらしたというわけではないが、ワイマール体制の弱さは、自由主義の弱点を克服する公共的徳（市民的徳性）がドイツに十分に根づいていないということにあった。

そこで、シュトラウスは、『都市と人間』（一九六四年）のなかで古代ギリシア・ローマの政治哲学に回帰して、古代的な意味での徳が現代においても重要だと見ている。シュトラウスによれば、近代の自由主義に欠けているのは、精神的卓越への配慮であり、人間が徳を身につけて市民になっていくという道徳的契機である。シュトラウスが市民的徳目と考えているのは、節制、勇気、理知、正義というような古代ギリシア・ローマにおける徳目である。[10] それらは、節約、勤勉など資本主義の経済活動を支える徳目とは違って、政治活動を支える市民的徳目である。シュトラウスがどのような政治体制を望ましいと考えていたかというと、アリストクラシーの要素を民主主義に積極的に注入していくかたちでの混合政体だといえる。アリストクラシーとは、世襲的な貴族制ではなく、ギリシア語の語源どおりに「最善者支配」という意味であり、精神的に卓越した人びととの指導の肯定である。つまり、民主主義のなかにアリストクラシーを組み入れ、独裁や専制に対抗しようとしたわけである。このようなシュトラウスの立場は、エリート主義という批判は免れないものの、人間が市民的実践を通して道徳的・精神的に向上していくことの重要性を喚起しており、現代の市民教育やシティズンシップ論とも通底する問題を提起している。

2　共和主義的民主主義の思想

ハンナ・アレントは、シュトラウスのような「内面の陶冶」といった道徳主義からではなく、むしろ政治とは市民の日常的な営みであり、公共の事柄に関わることはそれ自体に価値があるという観点から、参加に重点をおく共和主義的な政治理論を展開した。彼女の共和主義的な政治理論が展開されているのは、『革命について』（一九六三年）においてであり、彼女はそのなかで代議制民主主義が参加の機会を代表者のみに限定し、市民を政治から閉め出していることを痛烈に批判している。アレントが価値をおくのは、ふつうの人びとが互いに語り合い、行為しうる場である公的空間を統治制度のなかに組み入れ、市民が日々、統治参加者であるという実感をもてるようにすることである。代議制民主主義に対する彼女の批判は、福祉や利害は代表することができるが、行為や意見は代表することができず、市民が直接討議する機会が制度的に奪われている点に向けられていた。

アレントは「権力は人民にあるが、権威は元老院にある」（キケロ）というローマの共和政の原理にならって安定した政体を創設していく行為としてアメリカ革命を高く評価している。[11] また、トマス・ジェファソンの「基本的共和国」の構想や一八～二〇世紀の革命の過程で自然発生的に現れた評議会制度を想起し、政治に加わりたいという意思のある人なら誰でも直接公的問題についての議論に参加できる統治形態として共和政体を理解している。[12] アレントの革命論のなかで重要なのは、共和政治に比べて民主政治は不安定で、公共精神に欠けているという指摘である。アレントによれば、民主政治は、「市民の気まぐれ、公的精神の欠如、世論と大衆的感情に揺り動かされる傾向」があり、世論支配の歪みのしるしは、「市民の全員一致的態度」である。[13] アメリカ合衆国の建国の父たちが共和政治に賛同したのは、「冷静かつ自由に理性を働かせる場合には、いくつかの問題について彼らはどうしても異なった意見をもつことになる」[14] のが当然だからである。このようにアレントが共和政治をポジティヴに評価するのは、情念ではなく理性と判断力による政治だという理由によるが、一九世紀以降、民主主義が共和主義に取って代わり、政治原理として正統性を得ていることは事実なのだから、問題は、民主主義にいかに公共精神を吹き込み、共和主義的に再生させるかということにある。

このような課題に対し、アレントは、公的空間（公共空間）をさまざまなかたちで創出するとともに、権力の基盤を多元的に確保することによって権力の集中（集権化）に対抗することを主張している。現代においては、古代ギリシアのポリスのような小共同体に戻れないことは確かなのだから、大きな政治体のなかでも権力の源を多元的に確保し、ふつうの市民の日常的な政治活動、市民活動によって政治を人間の生活の一部として取り戻していくという意味で、共和主義的原理を民主主義に組み入れることが重要なのである。特にポピュリズムの傾向が強まっている現代の政治状況のなかで、感情や情念に動かされるのではなく理性や熟慮を働かせる政治が必要であり、市民参加と公共精神を重視する共和主義的民主主義を再評価していくべきである。

三　民主的な市民社会の形成

1　公共性と市民社会

アレントの公的空間の復権という問題関心はユルゲン・ハーバーマスに引き継がれ、ハーバーマスの社会理論は現代の公共性論や市民社会論の基礎となった。アレントやハーバーマスの思想は、現代における民主的な政治社会形成に大きな影響を与え続けている。例えば、伝統的な政治概念のなかで特に近年大きな転換をみせたのは、公共性の概念であり、この転換をなしたのが、ハーバーマスの『公共性の構造転換』（一九六二年、邦訳は一九七三年）だったからである。日本国憲法においても日常語でも、公共性の概念は国家と結びつけられて理解されてきたが、一九七〇年代以降、市民運動や市民活動の定着とともに公共性とは、市民がつくり出し、国家を突き抜けていく価値理念（環境、平和、人権）と深く結びついていることが次第に理解されるようになっていった。また、公共性は、公共圏、すなわち「公的な論議の圏」としても理解されるようになり、市民社会における市民相互のコミュニケーションの空間として捉えられていくようになった。

ハーバーマスの『公共性の構造転換』は、一八世紀の市民社会に特有の「公共的コミュニケーション」を「市民的公共性」として概念化した書である。[15] ハーバーマスが Öffentlichkeit（公共圏、公共性）という用語で表したのは、空間的概念であり、公共圏と訳すほうが適切だということになってきたが、共和主義の視点からみれば、公共性とは公共精神をも指す言葉であり、ハーバーマスの公共性概念にもそのような契機は内在していると言えよう。ハーバーマスは、公共性の構造転換を代表的公共性→文芸的公共圏→市民的公共圏→大衆社会における世論操作、というように理解しているのだが、絶対主義体制において国王が国民全体を代表するという意味での代表的公共性は精神的次元を含む概念である。文芸的公共圏とは、演劇や小説の内容について論議する公衆の圏であり、サロンやカフェがその舞台となるのである。人びとが分け隔てなく出会い、意見を交換する空間が形成され、次第に政治的な問題についても討議し、行動する市民がコミュニケーションの圏である公共圏を形成していくようになった。こうして市民的公共圏が下から形成されていくようになるが、二〇世紀になり、メディアが発達し、大衆社会化していくと、市民はメディアによって左右されやすい受動的な存在になっていく、という理解である。

ハーバーマスの議論で重要なのは、「論議し行動する市民」が民主主義を下から支えていくという認識である。このような認識は、ハーバーマスがアレントから継承し、一九九〇年代からの市民社会論の再興にもつながっていくのである。ハーバーマス自身も一九九〇年の『公共性の構造転換』第二版の序文で、自発的結社を基底にして市民社会を捉えなおしている[16]。脱経済化・脱国家化した第三の領域として形成されていく市民社会が多元的で民主的な政治社会を下から支えていくというハーバーマスの認識は、市民社会の潜在可能性を明確化している。もう一つ重要な点として、対等な市民同士の意見交換や情報伝達というコミュニケーション機能がもつ意味である。民主主義において重要なのは、決定に至る過程だしたら、対等な市民が自由にコミュニケーションできる空間を拡げていくことが、さまざまな重要問題を市民の側から創造的に解決していくことにつながるからである。

2　討議空間の創出

一九九〇年代以降使われるようになった熟議民主主義（deliberative democracy）という概念も、市民たちが相互尊重の下で共通の問題について討議する空間を制度的につくり、政治的決定を理性的に行っていくのに役立てようという思想であり、ハーバーマスのコミュニケーション理論の延長線上にある。

自由民主主義が代議制民主主義という制度的な形態をとり、票や支持の獲得を重視し、集計主義的な量の原理で動かされていくのに対し、熟議民主主義とは、慎重に討議し、よりよい決定に到達するという質の問題を重視していると言える。レファレンダムも直接民主主義の一形態であり、住民投票は「諮問型」の住民投票としてであれ、近年、日本においても注目されるようになってきたが、討論の過程よりも民意の表出のほうに重きをおいた制度だと言えよう。これに対し熟議民主主義とは、共同で討議し、討議の過程を通して討議に加わった人びとは熟慮し、そのような熟慮と熟議を行き来しながら、よりよき決定を導いていこうという考え方である。

そのための討議空間は、直接民主主義においても間接民主主義においても、また制度的にも非制度的にも設定できる。熟議は国会などで代表者のあいだでもなされるが、熟議民主主義とは、市民のなかに「ミニ・パブリックス」というランダムに選出された人びとによる討議空間をつくり、政治的重要課題について議論を交わさせ、マクロなレベルでの決定に反映させていこうという構想である。討議には対立や異議申立ての要素も含まれ、何よりも討論の過程で互いに意見が変わりうることが重要である。熟議民主主義の思想は、冷静な判断を市民レベルで形成していくことを重視しているのだと言える[17]。熟議民主主義とは、大衆民主主義やレファレンダム民主主義に対立する概念であり、「熟議により聞こえてくる国民の声は、つねに賢く、傾聴に価するものなのである[18]」という考え方であり、討議の過程を重視している。熟議民主主義は重要な政治的問題の討議を職業政治家のみに委ねず、市民にも開いていこうとしており、世論調査や投票ではなく、「市民討議によって代表制民主主義の〈正統性〉を回復する[19]」ことを目指している。

3　非暴力民主主義への道

ところで、民主主義とは、暴力を用いずに共同の決定をなしていく営みであり、その意味では暴力と無縁なはずだが、民主主義がシンボルとして用いられ、暴力や戦争を肯定する言葉となることもあるので、先に述べた戦後日本の民主主義思想の遺産である民主主義と平和主義の結合は、現代的には民主主義を、非暴力を徹底して追求する立場である非暴力主義と結びつけ、非暴力民主主義として展開していく必要がある。

非暴力とは生活様式であるとともに闘争手段でもあるが、生活様式としての非暴力は、他者を意図的に傷つけないことを意味し、多様な思想を認め、生命を尊重し、簡素な生き方を実践する脱物質主義的な価値観にもつながっている。見知らぬ人びとと出会い、協力する場である市民社会を形成することによって人びとは、生活様式や態度としての非暴力を身につけていくことができる。そのような意味で、市民社会が体現してきた非暴力の文化が民主政治の基底に据えられなければならない。というのも、市民社会の非暴力的な生活様式を拡げていくことにより、暴力や戦争を抑制する力となりうるからである。

一方、闘争手段としての非暴力は、非暴力を有効な闘争手段として計画的かつ有効に用いるべきだとする戦略的非暴力（strategic nonviolence）の立場である。二〇〇三年に始まったイラク戦争のように、戦争によって独裁体制を崩壊させ、民主体制を構築するという矛盾した事態が起こっているので、一九八〇年代以降「独裁から民主主義へ[20]」の転換が非暴力革命によってなされてきたことに注目すべきである。一九九一年のソ連におけるクーデター阻止のように、市民の連帯によってクーデターを未然に阻止することも可能である。実際に、非武装の市民たちは、非暴力闘争を組織することによって独裁体制を打倒し、民主化を実現してきたが、その際重要なのは、人びとの「団結した力」が非暴力革命をひき起こしてきたのであり、その根底には市民のつくりだす権力があるということである。

むすびに

民主主義を徹底化・活性化していくために依拠すべき思想を分析し、それらの潜在可能性について論述してきたが、最後に現代日本の現実のなかでどのような方向に留意すべきかについて述べておきたい。

一つは、民主主義が社会に根を下ろすためには市民社会を強化し、市民間の連帯や協力の関係を強めていくという道である。日本国憲法の下で国民主権や地方自治が認められたが、これらの原理は主権者である国民が不断の努力によって維持しないと容易に弱体化していくものである。民主主義にとって参加と抵抗という二つの契機が重要であり、その意味で一人ひとりの人間が独立した判断力をもち、正、不正の判断をしていかねばならないという丸山眞男の民主主義思想はいまだに色あせていない。もっとも、一人ひとりの抵抗の意思や行動が孤立していたのでは、大きな力を発揮することはできない。市民が協力して行為するときに権力が生まれ、市民が政府の決定に不同意のときは不服従することによって、すなわち多元的に権力の基盤を形成していくことによって民主体制を支えていくことができる。現代日本にはそのような自発的な権力形成のための戦略や理論が欠けているので、欧米の共和主義的な権力論や制度論から学びつつ、市民的実践を積み重ねていく必要がある。

もう一つは、新自由主義が政治や行政にも浸透し、ポピュリズム的な政治状況を生み出していることに対して、思想的対抗原理を構築していく道である。本章で共和主義的民主主義の思想に注目したのは、共和主義にはポピュリズムを抑える機能や経済生活を理性的にコントロールする可能性があるからである。民主主義がポピュリズム、あるいは世論支配の政治に向かう傾向が顕著になっている現代の政治状況のなかで共和主義的に民主主義を捉えなおしていくことは、重要な意味をもっている。自由民主主義が政治参加の機会をエリートに限定してきたのとは対照的に、共和主義的民主主義の思想は、ふつうの市民の公的領域への参加に価値を置き、政治を人間の営みとして取り戻そうとする点で、民主主義を徹底化していく原理となりうるのである。熟議民主主義論が主張するように、相互尊重の下での討議の過程が重要であり、また民主主義は集団的な意思決定としての自治とも深く結びついた概念である。参加と抵抗を軸として人びとの生きる場から民主主義を捉えなおすことが、民主主義を徹底化していく道になるに違いない。

(1)　ポピュリズムとは民衆の欲求に応えようとする直接民主主義的な政治運動を指す言葉だが、現代日本におけるポピュリズム政治は、「マスメディアによる世論の喚起・操作に大きく依存した政治」になっており、ポピュリスト的政治家は、自ら一般国民を代表する「善玉」を演じ、行政機構や官僚を「悪玉」として攻撃する「勧善懲悪的ドラマ」を演出している（大嶽秀夫『小泉純一郎　ポピュリズムの研究——その戦略と手法』〔東洋経済新報社、二〇〇六年〕二頁参照）。

(2)　J・S・ミルは、「理想的に最良の統治形態」は「国民全体が参加する統治である」が、小都市を超えた社会では公共の業務に全員が参加することはできないので、「完全な統治の理想的な型は、代議制的でなければならない」と述べている（「代議制統治論」水田洋・田中浩訳『ミル』世界の大思想Ⅱ—6〔河出書房新社、一九六七年〕二一九—二二〇頁）。

(3)　丸山眞男「デモクラシーの精神的構造」（一九四五年一一月四日付）『自己内対話——三冊のノートから』（みすず書房、一九八八年）

一〇―一一頁参照。
(4) 同前一〇頁（強調は丸山。現代仮名遣いに変更した）。
(5) 丸山眞男「日本における自由意識の形成と特質」（一九四七年）『丸山眞男集 第三巻』（岩波書店、一九九五年）一五四頁。
(6) 丸山眞男「ジョン・ロックと近代政治原理」（一九四九年）『丸山眞男集 第四巻』（岩波書店、一九九五年）一九四頁。
(7) 例えば、丸山眞男「憲法第九条をめぐる若干の考察」（一九六五年）『丸山眞男集 第九巻』（岩波書店、一九九六年）二五一―二八六頁参照。
(8) 久野収「憲法第九条と非武装的防衛力の原理」（一九六四年）『平和の論理と戦争の論理』（岩波書店、一九七二年）一九一頁参照。
(9) プラトン「ゴルギアス――弁論術について」加来彰俊訳『プラトン全集9』（岩波書店、一九七四年）五二―五三頁参照。
(10) Leo Strauss, *The City and Man*, The University of Chicago Press, 1964, pp. 107-110 参照。
(11) ハンナ・アレントは、『革命について』のなかでアメリカの共和政体がどのように構成されていったかに注目し、「自由の構成」として叙述している（『革命について』志水速雄訳〔ちくま学芸文庫、一九九五年〕二二一―二四九頁参照）。
(12) 同前四〇七―四四四頁参照。
(13) 同前三六五頁参照。
(14) 同前三六五頁（『ザ・フェデラリスト』第五〇篇「違憲に対する監察」からの引用）。
(15) 伊藤守「公共性の転換――J・ハーバーマス『公共性の構造転換』」井上俊・伊藤公雄編『政治・権力・公共性』（社会学ベーシックス）（世界思想社、二〇一一年）一七八頁参照。
(16) ユルゲン・ハーバーマス『公共性の構造転換――市民社会の一カテゴリーについての探究〔第2版〕』細谷貞雄・山田正行訳（未來社、一九九四年）xxxviii 頁参照。
(17) 篠原一『市民の政治学――討議デモクラシーとは何か』（岩波新書、二〇〇四年）一六四頁参照。
(18) ジェームズ・S・フィシュキン『人々の声が響き合うとき――熟議空間と民主主義』岩木貴子訳（早川書房、二〇一一年）一〇頁。
(19) 篠原一「終章　若干の理論的考察」篠原一編『討議デモクラシーの挑戦――ミニ・パブリックスが拓く新しい政治』（岩波書店、二〇一二年）二三五頁。
(20) 一九八九年の東欧革命、二〇一〇～一一年の中東諸国における非暴力革命の理論的支柱となったのは、ジーン・シャープの非暴力理論である（Gene Sharp, *From Dictatorship to Democracy: A Conceptual Framework for Liberation*, Green Print Housmans, 2012 参照）。

議会制民主主義と選挙制度

元山　健

はじめに

国会と選挙の制度と機能両面にわたる「政治改革」、さらに二〇〇九年の日本憲政史上初めての「政権交代」、そして今日の政治の混迷とその質の劣化を目の当たりにして、標題の課題を論じることは迷路に入り込むような感がある。かほどに複雑怪奇な政治状況をリアルに踏まえて、大所高所からの憲法原理的見解を示しうるであろうか。真理は発見するには複雑すぎるように思える。真理は発見できるのだろうか。

ここでは、とりあえず最初に、イギリス議会史を念頭において、「議会制民主主義」の諸論を検討する。次に日本の一九九四年以降の「政治改革」について検討する。その際、標題とのかかわりからして、「選挙制度」を中心に政党論を併せて論ずることにしたい。

一　議会主義vs議会制民主主義――イギリス史の視座から

1　議会主義の歴史と特質

議会制の歴史は限りなく古い。その母国といわれるイギリスでは、とりわけ絶対王政たるチュダー朝の諸王は「国王至上法」（一五三四年）を典型とする宗教改革を行うにあたって、あるいは、とりわけ財政を調整するにあたって、間断はあるものの国会を継続的に利用した。もちろんスチュアート朝にいたると国王と国会との対立が激化して、それが名誉革命による議会権力の確立に帰したことは周知のところである。[1]

一八三二年第一次選挙法改革は、産業革命による社会変動を柔らかに受け止める能力をイギリスの政治制度が有していることを証拠だてた。新興ブルジョアジーの包摂と労働階級の排除がなされて、議会政党としてのウイッグとトーリーは、産業資本と金融土地資本の党に発展した。そして、王権の残滓を議会が内閣を介して獲得して議会主義が「確立」した。[2]

一八六七年第二次選挙法改革と一八八五年第三次選挙法改革は、工業労働者と農業労働者の上・中層への選挙権の拡大をもたらしたが、それはブルジョアの支配に役立つ幾つかの安全装置を備えていた。一八七二年秘密投票法、一八八五年小選挙区制の確立・腐敗行為防止法の制定がそれである。腐敗行為防止法すらも、「貧民に飲み食いさせない」で支配を維持するためではなかったか。そして、自由党と保守党は、全国政党をいち早く組織して、政治的ヘゲモニィを確保することに成功した。[3] 選挙権の漸次的拡大は労働者の「包摂」と議会政治への「馴化」を果たした。確かに一八七〇年代の大不況期を境に、未熟練労働者たちの新労働組合運動が勃興し、それは独立労働党を経て、二〇世紀初頭、労働党の創設に結実する。その過程はまた、男子普通選挙権を要求する運動と重なり合う。しかし同時に、その時代の少なくとも前半は労働代表が自由党と結びつく（Lib-Lab）時代とも重なり合っていた。そして、それは（ここでもまた）労働者階級の包摂と馴化の過程を伴っていた。したがって、労働党が二〇世紀に結成されたにもかかわらず、この段階は議会制民主主義への胎動をはらみつつも、なお議会主義の時代、否、グラッドストーンとデスレィリーの活躍する議会主義の黄金期でもあったのである。このようにイギリスの議会は、被支配階級の一方での「排除」と他方での「包摂」と「馴化」を一大特徴として、しかも統治の主たる機関として存続してきたのである。[4]

一八一八年、第一次大戦が終わった。ロシアに地主・資本家のいない国が出現した。イギリスでは、男子普選と女性三〇歳選挙権が成立した。この男女普選の成立が、議会制民主主義の「成立」の始期である。[5]「一人一票」、この単純な、操作なしの選挙権こそが議会制「民主主義」の最低要件である。ただし、「成立」であって、確立ではない。男女が不平等であるうえ、イギリスでは大学選挙区などの複数投票が残存し続けたからである。議会制民主主義が「確立」するのは、したがって第二次大戦後である。このように議会制民主主義の歴史は短い、否、議会主義の古さに比すならば、その歴史は時間的にはまだ「無」に等しい。[6]ちなみに、日本の「議会制民主主義」の「制度」としての「成立」は、日本国憲法（それに先立つ男女平等選挙に基づく制憲議会）の制定にその画期をみることができる。

2　議会制民主主義の展開と「行政国家」の出現

イギリスでは、国王の内政・外交権（行政権）を行使する国王の内閣は、やがて国王と国会の両者に信を得て存立する二元型議院内閣制から、一九世紀末までには国会に専ら信をおく一元型議院内閣制に移行していく。とはいえ、その完成は、一九一一年国会法、一八年男女普通選挙権の成立を待たねばならない。一一年法の成立による貴族院の決定的な権限縮減という成果は、「一元型」の確立の契機であるとともに、実は、ロイド・ジョージ蔵相の「人民予算」といわれる累進課税強化を含む福祉国家の先駆け的予算＝政策に対する富裕＝貴族階級の反対に端を発していたのであった。福祉＝行政の作用と機構の拡大・強化、これが行政国家化の要因の一つである。[7]

しかし、それより大きな要因は、資本主義経済の変質であった。独占資本主義の成立により市場の自律性を喪失した資本主義を国家は下支えすることを迫られ、そのための行政作用と機構が拡大・強化されていった。イギリスの産業「国有化」はその現れである。[8]

興味深いのは、行政権の拡大、本格的な行政国家化の先陣を切ったのが、イギリスでは労働党（当初は自由党の一部としての）であったことである。「一人一票」の民主主義と平等の先頭を切った政党、議会による「社会主義革命」さえ夢見た政党が、第二次大戦後、ようやく選挙に勝利して安定した政治的権力の座に着くや、政治権力の実体を国会から内閣（行政）に引き上げ、国会を政府＝行政権力の批判と統制の場に引き下げる役割を引き受けようとする。勤労人民のための「福祉」は、実現するとともに人民から遠ざかり始める。資本主義は労働党の下支えで生き残り、次の発展を用意する。「行政国家」は社会的諸矛盾が国家において「統一」された国家形態にほかならない。

3　議会制民主主義の再活性化の途——「行政国家」の国民的コントロールの方途

（1）「国民内閣制」論による問題提起

日本国憲法は第四一条で、国会を「国権の最高機関」、「唯一の立法機関」と規定し、その国会両院を「全国民を代表する」「選挙された議員」で組織すると定める。この議会制民主主義は戦前の「弱すぎる議会」への歴史的反省も踏まえて採用されたものである。したがって「議会制民主主義」は、従来、国会中心主義と観念され、その実現が課題とされてきた。これに対して、とりわけ一九九〇年代以降、議会制民主主義を「内閣中心」主義に切り替える必要性が説かれている。一言で言えば、「議会が決定し、行政権が執行する」という「決定—執行」モデルから、「内閣が統治し、議会が統制する」という「統治—統制」モデルへの転換が説かれている。これを「国民内閣制」と称する。(9)

従来、「議会中心」的な議会制民主主義によれば、多様な民意を正確に議会に反映させることに重きがおかれた。しかし、これは他方では、その多様な民意を「政策として実現する」プロセスが議会＝議員（多数派）に握られてしまって、結局のところ国民は政策決定に直接関与しえない。これに対して「国民内閣制」の論者は、国政の中心を占めて、政策の形成と遂行の責任者である首相を国民が議員の選挙を通じて事実上直接に選択することができなければならない、と説く。これによって、事実上、国民が国家基本政策の決定に参加し、その力を背景にして「内閣」が官僚行政をコントロールして、政策を執行させることが可能になるとされる。ここでは首相は大臣の同僚の一人ではありえず、内閣を指導し統括する。内閣は行政を指揮して、政策を執行させ、これを監督する。ここから、「決定する内閣／執行する行政／監督し批判する国会」という構図が浮かび上がる。

この新たな機能的議会制民主主義論の提唱者の高橋和之教授は、その理論的基礎をフランスの諸学説の批判的検討から得られている。このことに留意した上で、実は、一九九四年「政治改革」を主導した政治家たちによって、この「国民内閣制」論に極めて類似した議論が提唱されてきた。それが「ウェストミンスター・モデル」であって、イギリスの現代の議院内閣制に範を求めるものであった[10]。

ここで政界での「ウェストミンスター・モデル」の大合唱に鑑みて、イギリスの状況との落差を紹介しておきたい。①イギリスの典型的な憲法教科書では、Westminster は「国会の所在地」としてしか登場しない。この概念は市民権を得ていないのである。②政治学のテキストにはこの概念が定義付きで登場している。とはいえ、この概念の中核と思われるのは（概して）「責任政府（responsible government）」であって、選挙制度（具体的には小選挙区制）は必須のものとは考えられていないように思われる[11]。後に述べるように、日本の一九九四年「政治改革」において、ウェストミンスター議会が「安定政権」「政権交代」「マニュフェスト選挙」のモデルとして登場し、しかも、実はその中核が「小選挙区」にあると喧伝されたのは、まさにウェストミンスター議会のイデオロギー的利用にほかならなかったのである。

（2）「コンセンサス」と「熟議」

ここでは、別種の議会制民主主義再活性化の理論を検討する。その一は、議会での「コンセンサス」論である。高見教授は国会にひとまず民意を反映させた上で、国会における協議によるコンセンサスを目指そうとされる（「コンセンサス型デモクラシー」論とも称される[12]）。いわゆる「ねじれ国会」が現出しており（憲法規範上もその可能性は元々存在していた）、民意自体がそれ自体として選挙を通じては集約できない現代にあって、「議会主義」のルネッサンスを想起させる主張である。

その二は、「熟議（討議）民主主義」論からの議会制民主主義論である。この議論は、必ずしも「コンセンサス型」デモクラシー論と相容れないわけではない。この主張は、各人の選好は変わりうるという前提の下で、「熟議」によって「公益」を発見・形成しうると考える。[13] しかし、この説を議会制にそのまま適用することにはとまどいを感じる。選挙を通じて政党はその政策を国民に問うており、「各人の選好は変わりうる」としても、そう簡単に政党の選好は変わりえないし、変えてもらっては困る場合もあろう（「純粋代表」ならぬ「半代表」制の今日では、益々困る）。アメリカでのこの理論の提唱者らは、政治の「私」化から決別して「公益」を発見することにアメリカ政治の再生の方途を見出そうとしたといわれる。[14] このことも理解できる。そもそも「熟議」ということ自体理解できる。この「熟議」は、しかし、社会の場での「熟議」のプロセス、そこで即時的には存在する階級的利害を政治的＝対自的に我が物とするプロセスとして、何よりも保障されねばならないように思われる。そのために必要なのは、政治的表現の自由である。

（3）「公共圏」論からのアプローチ

近時、この領域でも毛利教授をはじめ、多くの研究者が活発な問題提起を行っている。[15] ここでは本秀紀教授のそれを紹介するに止める。教授は、民主政をめぐって様々なコミュニケーションが交わされる場を「政治的公共圏」ととらえて、国会・内閣といった統治機構内部のそれを「制度的公共圏」、市民社会内部のそれを「非制度的公共圏」と名づけて、その両者の連結如何を考察することにより、「民主政をより民主的なものにしていく」ことを提唱する。そして、今日的状況を踏まえたうえでなお、擬似的要素を排した主権者意思の貫徹をめざす「第三の道＝主権者（自同性）民主主義」の構築、「治者と被治者の自同性」をイデオロギーとなすことなく、多元的で、しかもあらかじめ明確な輪郭をもたない「民意」を統合する「民主主義」を構築する必要性が説かれる。そこでは、「熟議」ではなく、対抗的公共圏での絶えざる「闘議」が求められる。さらに重要なのは、以下の民主制の「複合型モデル」の提唱である。「制度化された公式の意思決定過程が民主的であるためには、選挙公約と議席分布を媒介とする『民意の反映』がひとまず必要となる。くわえて、一方で、『国民代表』機関たる国会が文字通り『国権の最高機関』として、一定の『行動的機関』性をともないつつ国政運営を主導するとともに、他方で、『議会制民主主義』は、選挙公約に集約される政策の選択肢が『民意』を基礎としたものとなるよう、『非制度的公共圏』における熟議を通じた意思形成に支えられていなければならない。……さらに、このようにしてもなお、『制度的民主主義』は……民意の反映を貫徹することができない。したがって、民主政の制度的プロセスは、『非制度的公共圏』における熟議を通じた『公論』形成によって、個々の争点ごとに、常に再審され統御されなければならない[16]。」

このように公共圏論の骨格だけを紹介するだけで、そこからは政治的表現の自由、マスメディアの役割、情報公開、国会手続の民主化、政党の再活性化（結社の自由論の新展開）、市民社会での非制度的公共圏の構築といった問題への積極的回答が求められることが容易に理解できる。

それらを詳論することは公共圏論者に委ねて、むしろここでは、そもそも「民主主義」も権力の一形態であること、したがって「治者と被治者の自同性」ということ自体が権力性と相容れないこと、自同性が確保されたときには、「民主主義」自体が消滅することを再確認しておきたい。「議会制」の消滅も言わずもがな、である[17]。だからといって、議会制民主主義自体の「権力」性を指弾するのではないし、「公共圏」でのその再定位の必要性がなくなるわけでもない。重要なことは、民主主義概念は不断の運動・発展を内蔵した概念であり、その意味で優れて「対抗」的「関係」概念だということである。このような、言わずもがなの「おせっかい」を付した上で、公共圏論からの議会制民主主義再活性化の企てを注視していきたい。

二　選挙と政党——一九九四年「政治改革」批判

1　一九九四年「政治改革」の意義

一九八〇年代末のリクルート事件に至って、五五年体制下での自民党一党優位、その金権腐敗政治に対する国民の批判は頂点に達した。財界もまた、とりわけ八五年プラザ合意後の「市場開放」圧力の下で悪戦苦闘しているにもかかわらず、相変わらずの自民党の政治献金依存体質に辟易していた。その上、戦後日本社会の構造の変化は、政治的民意の多様化ないし自らの利害を自覚しきれない「民意の浮遊化」をもたらしていて、従来の保守対革新の構図は既に成立しにくくなり、国会での政党配置も「多党化」して、政治・経済的支配階級は、従来の政治制度と運用のままでは、安定的な政治支配がおぼつかないのではないかとの危機感さえもち始めていた。従来とは異なる安定した政権下での迅速で強力な国家運営が迫られており、そのための「国家構造改革」が求められていた。

国際的にも、一九八九年のベルリンの壁崩壊、九一年のソ連の崩壊は、すでに七〇年代に表出していたアメリカの世界支配の危機（ベトナム敗戦、ドル・ショック、オイル・ショック、そして歴年のドル垂れ流しと財政危機）と合わさって、アメリカの世界支配の無理やりの維持における（とりわけアジアにおける）日本の役割の増大と変質を求めていた。[18]かくして、国際的・国内的政治経済情勢は、一九九四年「政治改革」（以下、単に「九四年改革」という）とそれに続く一連の「国家改造改革」をもたらした。もちろん、冷戦の崩壊、自民党一党優位下の金権腐敗を打開するもう一つのプログラム、①憲法の平和主義を生かして北東アジアの平和を構築する、②企業・団体献金の全面禁止、③国際投機資本を規制して、自立した国民経済を勤労者の視点から構築する、④比例代表制を典型とする民主的な選挙制度を導入して、真に国会を国民の民意を反映する国権の最高機関とする、などの対抗提案も盛んに説かれた。[19]しかし、この九四年改革にあたって、特筆すべきは、巨大マスコミが小選挙区制導入を含む「政治改革」運動の先頭に立ったことであった[20]。

とはいえ、支配的マスコミを含む支配階級の政治運動である「政治改革」提案（「政治改革四法案」）は、国民の支持を得られず、また政党を含む政治諸勢力の思惑がからんで、一度は参議院で葬り去られてしまう。ところが、この「政治改革4法案」の亡霊は、突如、細川首相と河野自民党総裁の合意を経て、息を吹き返し、そして実現するのである（一九九四年一月二九日。なお「政治改革四法案」が修正を経て最終的に両院を通過したのは、同年三月四日）。

2　日本の選挙制度——一九九四年「政治改革」立法の批判的検討

（1）「小選挙区比例代表並立制」の衆議院への導入

従来の衆議院議員選挙は定員三～五名の「中選挙区」（学問的分類では「大選挙区」の一種）単記制で行われてきた。この制度に対しては、与党と野党の勢力関係を固定化させる、同じ選挙区で（特に）自民党候補同士が議席を争うことから、政策本位の選挙にならず、金権・腐敗（そして、選挙資金配分を主要素の一つとする「派閥」）の温床になるといった批判があった。そこで、政策中心、政党中心の選挙、その選挙を通じて政権交代が可能な選挙、つまりは国民による政権選択が可能な選挙制度の導入が主張されたのであった。もちろん、この主張自体には現状批判として一定の正当性がある。しかし、その選択肢は「小選挙区比例代表並立制」だけではあるまい。また、この主張には、「国民による政権の選択＝決定」という観点がすでに入り込んでいる。議院内閣制の大統領制的運用（既述のように、これを「ウェストミンスター・モデル」と政治家らは称する）の提唱である。

この「小選挙区比例代表並立制」とは、まったく異なる理念の二つの制度を単純に「並立」させたものだが、小選挙区の定員は三〇〇名、ドント式で行われる比例代表は一一ブロック、定員二〇〇（その後一八〇名）名であって、そ

表1　小選挙区比例代表並立制による党別得票率と議席率

（%）

	2003年		2005年		2009年	
	得票率	議席率	得票率	議席率	得票率	議席率
自民党	43.9	56.0	47.8	73.0	38.7	21.3
民主党	36.7	35.0	36.4	17.3	47.4	73.7
共産党	7.8*		7.3		7.0	
社民党	5.1		5.5		4.3	

＊共産・社民は比例区得票率のみ

の定数比からみても小選挙区の特色である「民意の集約」に重きがおかれていることが明らかである（比例代表制の特色は「民意の正確な反映」）。有権者は小選挙区では候補者の氏名、比例代表では正当の名簿にそれぞれ○印を記入する。小選挙区選挙については、候補者の届出は原則として政党が行う。ここでいう「政党」とは、「所属国会議員五名以上」または「直近の国政選挙の全国得票率が二%以上」でなければならない。新規参入が難しくなっていて、既存政党の「カルテル」現象が生じる恐れがあろう。本人届出または推薦届出も可であるが、選挙運動では、政党届出候補については、その所属政党の選挙運動が認められていることなどを考慮すると、個人立候補も困難になっている。さらに小選挙区での立候補には三〇〇万円の供託金が必要であり、得票が有効投票の一〇%未満の場合は没収される。ちなみにイギリスでは供託金は三〇〇ポンド（五万円程度）、没収は五%未満である。また政党からの候補者は小選挙区と比例区に「重複立候補」も可能である。比例区では上記の条件を満たした政党または当該ブロックの定数の二割以上の候補者を当該ブロックに擁立した政治団体が届出を行うことができる。

実際の「小選挙区比例代表並立制」が適用された総選挙のうち、二〇〇三年総選挙〜〇九年総選挙までの実績をみておこう（表1）。

見ての通り、小選挙区制効果は抜群である。民意の反映は大きくゆがめられている。しかも二〇〇〇年に定員を二〇削減された比例部分をさらに八〇議席削減する動きが急である。さらに、小選挙区への立候補を十分にできない小政党（共産、社民両党）は、比例区での得票率も漸減している。つまり、比例部分があるとしても、選挙区民とその選挙区の現職議員の関係というパイプを欠いた政党は、よほど強靭な国民政党としての力量を国会外にもたない限り、比例区選挙においても小選挙区部分での勢力関係の影響下におかれてしまうのではなかろうか。

ところが、こんな衆議院議員選挙の「小選挙区制」下で、驚いたことに「一票の格差」の問題が生じている。すでに死票が山をなしており、得票率と議席率の極端な乖離が生じているこの制度は、「一人一票」の原則さえ守られない状況なのである。その原因は、小選挙区の確定にあたって、小県に配慮して、四七都道府県に前もって一議席を保証した（「一人別枠」方式と呼ばれる）ことから、人口の少ない県と過密都府県の間に一票の価値の格差が生じて看過しがたい状態に至っているのである。[21]

参議院議員の選挙区選挙での一票の格差は六・五九倍にも達しており、衆議院の比ではないが、最高裁は参議院の特質等を顧慮して、なおも「合憲」を維持している。[22] さて参議院の選挙制度は、全国を一区とする比例区（定員九六名）と各都道府県を単位とする選挙区（定員一四六名）に区分される。参議院議員は任期六年で、三年ごとに半数が改選される。解散に服さないため、定期的に選挙が行われる（「通常選挙」といわれる）。比例区は政党名を投票し、ドント式で当選を各党の名簿順に決定する。選挙区は定員一人区が二九区、二人区が一二区、三人区が五、五人区が一である。つまり四七都道府県のうち二九県は実質上「小選挙区制」と同じ情況にある。衆参両議院の選挙制度は類似しているともいわれているが、他方で参議院の通常選挙は「定点観測」的性格をもっており、異なる民意の傾向を汲み上げうるともいわれている。したがって、類似した制度を現にもっていても、「ねじれ国会」は現出せざるをえない。憲法改正の筆頭の一つに参議院の廃止を掲げる向きもあるようだが、民意を反映する機会と場は簡単に奪われてはならない。要は、そのような事態を乗り切って、憲法の保障する民主的二院制に基づく政治を運営していく公共的な制度的・非制度的コミュニケーション（関係）と、そこから生まれる民主的慣行の形成こそが必要なのである。

（2）政党助成法[23]

これは企業・団体献金の弊害を除去して、政党への不透明な資金の流れを絶ち、「民主政治の健全な発展」を図る目的で制定された（第一条）。これに伴って新たに政党交付金を受け取る政党等の法人格の付与に関する法律（一九九四年政党法人格付与法）が制定された。また、政治資金規正法も改正されて、資金管理団体は一政治家一つに限定され、政治家個人への企業・団体献金は禁止、資金管理団体への献金は年間五〇万円を限度とされた。さらに公選法の一部改正により、連座制も強化されて、組織的選挙運動管理者等が選挙違反で禁固以上の刑に処せられたときは、当該候補者の当選は無効、関係者は五年間の公民権停止と規定された。

こうした措置にもかかわらず、かつて自民党の金権・腐敗政治を批判したはずの民主党政権もまた例外ではなくて、鳩山元首相、小沢元代表らによる金権政治に示されているように、日本政治の金権体質は終わりをみせる様子はない。

しかも重要なのは、政党助成法によって国が政党に対して、国民一人あたり二五〇円（総額三二〇九億円）の助成を行うことになったことである。これだけの「世界に類例のないほどの」大金を交付されれば、政党は満腹状態なのだから、企業・団体献金あるいは金権・腐敗政治は根絶されるはずであった。それがそうではない。「もっと、もっと頂戴」状態が続いている。この助成を拒否しているのは共産党だけという体たらく状態に日本政治はおかれている。そもそも政党助成法は、自己の支持しない政党に税金を投入することで、納税者＝国民の政治的信条の自由に反するともいわれている。その根底には、政党は誰のもので、何処に拠点をもつべきものなのかという根本問題がある。しかも、民意と政界とがかくも乖離して、無党派層は増えるだけでなく、浮遊派層にまで転化（転落）しようとする危うい事態が現れつつある。そこでこの問題に答えてみよう。政党は市民社会のものであって、国家の財産ではない。かくも「度外れた」額の政党助成金は、国家が金で政党を買い取る状況を生み出している。政党の「国有」化である。「何処に拠点をもつべきか」、市民に拠点をもつべきである。政党は、党費や個人の（合理的最高限度額を定めた上での）献金によって運営されるのが基本である。そうしないと、政党はもはや真剣に市民に向き合おうとしなくなる。政党が本来果たすべき役割、市民社会のあらゆる利害を、政党の一定の世界観（政党の理念）に沿って整序して、政策として体系化し、これを国家へと接続する役割、を果たせなくなっている。しかも三〇九億円市場の「産業」への新規参入は、政治資金規正法等における政党要件によって厳格化されて、「カルテル」化の危険性さえ説かれている。そうなれば、論より証拠で、政党党派自体への無関心層が国民の間に増大することも奇異なことではない。彼らの心の空白に橋下徹市長主宰の「大阪維新の会」や河村たかし市長主宰の「減税日本」の「一気呵成」的言動が入り込みやすくなるのも不思議ではない。政党は選挙での票を争うだけでなく、市民社会の日常にもっと深く依拠しなければならない。さまざまな市民の運動や組織を支援し、彼らから支援され、彼らの結節点となって、立憲的政党国家を形成する仕事が真の政治改革であるはずである。

その後の諸改革、特に一九九八年「中央省庁等改革基本法」と九九年「国会審議活性化法」は政治＝内閣主導の「政治改革」を完成させようとする制度枠組みであるが、紙数の制約もあり、ここではその検討を省くほかない。

おわりに

憲法研究所を設立された故田畑忍教授は、かつて、こう言われたと記憶している。「真理は単純なのですよ、ただ現実が複雑に見えるものだから、皆、惑わされてしまうのです」と。これが「はじめに」での問いへの答えなのかもしれない。田畑先生のようにはできないのだけれども、先生に同意したい。真理は単純なのである。[24] 私はすでに三二年前に、衆議院には全国一区の比例代表制、参議院には都道府県単位の比例代表制の採用を提唱している。[25] 今も基本的にこの提案を変える必要は感じていない。ただし、望むべきものは、議会までの民主主義としての「議会制民主主義」にとどまらない。厳しい政治的論議・闘争を踏まえて社会の声を反映する議会であり、少なくとも重大な国政方針を「審議」・「決定」する議会であり、真に行政を「統制」する議会である。そこへ至る道は「多数者の専制」やら、はたまた「独裁」やらの危険にあふれており、おまけに「完成（終わり）」もないのだが、しかし、「民意を正確に反映する議会」、突き詰めれば国会の主人である「人民による統治」こそ、やはり単純な真理である。

（1）イギリス市民革命期の研究は、浜林正夫『イギリス市民革命史（増補）』（未来社、一九七一年）をはじめとして、数多の業績がある。元山健「議会主権論の成立についての覚え書」（早稲田大学大学院法研論集第一〇号（一九七四年））は、中世的「均衡憲法」論が打破されて、独立派・長老派（それぞれ一部）の主導によって議会権力が成立することを、七〇年代当時の主権論争を意識しつつ、憲法学の立場から論じたものである。

（2）君塚直隆「貴族政治の黄金時代」木畑洋一・秋田茂編著『近代イギリスの歴史』（ミネルヴァ書房、二〇一一年）八七頁以下。

（3）横越英一『近代政党史研究』（勁草書房、一九六〇年）は、今も重要な研究業績である。

（4）秋田茂「『社会帝国主義』と大衆社会の萌芽」木畑・秋田・前掲書（注2）一二〇頁以下。

（5）吉田善明『選挙制度改革の理論』（有斐閣、一九七九年）一九頁、二六頁。K. D. Ewing, "The Politics of the British Constitution" [2000] Public Law 405. 吉田教授は一九一八年の普選成立を議会制民主主義の「深化」ととらえ、ユーイング教授は議会制民主主義の成立の「画期」ととらえているように思える。

（6）イギリスの選挙制度、とりわけ小選挙区制と二大政党制についての歴史的、批判的研究の代表的な仕事として、小松浩『イギリスの選挙制度』（現代人文社、二〇〇三年）参照。

（7）一九一一年国会法以降の国会法の歴史について、簡略には、BRADLEY & EWING, CONSTITUTIONAL AND ADMINISTRATIVE LAW 194 (15th ed. Longman, 2011).

（8）モリソン（Herbert Morrison）が主導したとされる「国有化（公社化）」については、元山健「『戦後』イギリス憲法史覚書」龍谷法学第四四巻第四号（二〇一二年）二九三頁、ピーター・クラーク（西沢保ほか訳）『イギリス現代史一九〇〇—二〇〇〇』（名古屋大学出版会、二〇〇四年）二一四頁参照。

（9）高橋和之『国民内閣制の理念と運用』（有斐閣、一九九四年）、その他多数参照。

（10）大山教授によれば、小沢一郎『日本改造計画』（講談社、一九九三年）がその最初の一人だとされる。大山礼子『日本の国会』（岩波新書、二〇一一年）一〇八頁以下参照。

(11)　例えば、D. KAVANAGH et al. BRITISH POLITICS 21 (5th ed. Oxford U.P. 2006) 参照。同じく大山・同前一一八頁参照。
(12)　この点、本秀紀教授による高橋和之教授の所説と高見勝利教授の所説を整理する仕事に助けられた。本秀紀『政治的公共圏の憲法理論』(日本評論社、二〇一二年) 九六頁、一二二頁等。高見教授も多くの仕事をされている。さしあたり、高見勝利『現代日本の議会政と憲法』(有斐閣、二〇〇八年)、同『政治の混迷と憲法』(岩波書店、二〇一二年) を挙げるにとどめる。
(13)　この論争的主題に取り組む論者も少なくない。例えば、坂口正二郎「リベラリズムと討議民主政」公法研究 (有斐閣、二〇〇三年) 一一六頁以下など。
(14)　批判的な紹介・検討として、木下智史「アメリカ合衆国における民主主義論の新傾向」法律時報第七三巻第六号 (二〇〇一年) 七〇頁参照。
(15)　典型的な業績として、森英樹編『市民的公共圏形成の可能性——比較憲法的研究を踏まえて』(日本評論社、二〇〇三年)、毛利透『表現の自由——その公共性ともろさについて』(岩波書店、二〇〇八年) など。毛利教授と本教授の理論上の闘論は興味深い。森教授、毛利教授はじめ諸教授のお仕事をご紹介できないが、その理由の一つは紙数の制約という重要かつ単純な事柄による。ご寛恕を乞う。
(16)　以上については、本・前掲書 (注12) 三二頁、二一二頁等参照。
(17)　なお念のため、本教授はこうした視点を既有されていることを付言しておく。本・前掲書 (注12) 五頁等参照。
(18)　以上の戦後史については、差しあたり、中村政則『戦後史』(岩波新書、二〇一一年)、特に第三章、第四章を参照のこと。
(19)　これらの対抗理論のうち、平和主義については、上田勝美『立憲平和主義と人権』(法律文化社、二〇〇五年)、上田勝美・稲正樹・水島朝穂編著『平和憲法の確保と新生』(北海道大学出版会、二〇〇八年) などを参照のこと。
(20)　石川真澄・山口二郎『戦後政治史第三版』(岩波新書、二〇一一年) 一八一頁参照。
(21)　さすがに最高裁も看過しえず、違憲判断を下した (最大判二〇一一年三月二三日民集六五巻二号七五五頁)。
(22)　最大判二〇〇九年九月三〇日民集六三巻七号一五二〇頁。ただし、同判決は現行制度の速やかな抜本的見直しを求めている。
(23)　ここでは政治資金規正、政党助成の憲法論に最も精力的に取り組んでいる論者の一人として、上脇教授の以下の仕事を紹介しておく。上脇博之『政党助成法の憲法問題』(日本評論社、一九九九年)、同『政党国家論と国民代表論の憲法問題』(日本評論社、二〇〇五年) など。
(24)　ちなみに田畑先生はクリスチャンでいらした。その心奥に神という真理をみつめていらしたのであろう。上田勝美・松下泰雄編『平和と人権への情熱——田畑忍その人と学問』(法律文化社、一九七九年)。
(25)　元山健「大選挙区制と小選挙区制」田畑忍編『政治学序説』(法律文化社、一九八〇年) 二七二頁。

司法制度改革と裁判員制度

高山利夫

一　司法制度改革と裁判員制度

一九九九年七月に内閣に設置された司法制度改革審議会は、二〇〇一年六月、「二一世紀の日本を支える司法制度」と副題された意見書（以下、意見書という）を公表した。[1] 同意見書は、司法制度改革の根本的な課題を、「法の精神、法の支配」を血肉化し、「日本国憲法のよって立つ個人の尊重（憲法一三条）と国民主権（同前文、第一条）が真の意味において実現されるために何が必要とされているか」を明らかにすることにあると設定した上、司法制度改革の三本柱の一つとして、国民の司法参加を掲げ、司法への国民の主体的参加を得て、司法の国民的基盤をより強固なものとして確立するために、刑事訴訟手続へ新たな参加制度を導入することを提言した。

この意見書に基づき、司法制度改革推進法が成立し、必要な立法作業を行うため、内閣に司法制度改革推進本部が設置された。そして、同本部の下に、刑事訴訟手続への新たな参加制度の導入と刑事裁判の充実・迅速化のための立法作業を行う「裁判員制度・刑事検討会」が設置され、そこでの検討を経て、二〇〇四年五月「裁判員の参加する刑事裁判に関する法律」（以下、裁判員法という）が成立した。その後、同法は、〇七年五月、部分判決の創設（同法七一条ないし九九条）等の改正、〇八年一月、裁判員法一六条八号（辞退事由）の規定する「やむを得ない事由」に関する政令（平成二〇年政令三号）の公布を経て、〇九年五月二一日から施行された。

また、裁判員制度の実施に伴い、連日開廷による公判審理を行うための準備手続として、公判前整理手続が創設され（刑訴法三一六条の二以下）、二〇〇五年一一月から同手続を定める改正刑事訴訟法が施行された。

1　裁判員制度の目的、意義

裁判員法一条は、裁判員制度の趣旨について、「国民の中から選任された裁判員が裁判官と共に刑事訴訟手続きに関与することが司法に対する国民の理解とその信頼の向上に資する」と規定している。同制度の設計段階の立法作業を担当した実務家は、裁判員制度の目的について、「国民の司法に対する理解を増進し、長期的にみて裁判の正統性に対する国民の信頼を高めることを目的とするものであり、現在の刑事裁判が基本的にきちんと機能しているという評価を前提として、新しい時代にふさわしい、国民にとってより身近な司法を実現するための手段として導入された」と述べている(2)。

しかし、前記司法制度改革審議会意見書は、国民の司法参加を導くにあたって、司法改革の基本理念として、法の支配、個人の尊重（憲法一三条）と国民主権（同前文、一条）を実現することを掲げ、「国民主権に基づく統治構造の一翼を担う司法の分野においても、国民が自律性と責任感を持ちつつ、広くその運用全般について、多様な形で参加することが期待される」と述べているのであり、同意見書の提言に基づいて立法された裁判員法には、右意見書が掲げた理念が当然反映しているとみるべきである。しかも、欧米諸国を中心に歴史的に形成された国民の司法参加制度は、いずれも国民主権と民主主義の理念に支えられ、裁判員制度もわが国独特の制度であるにせよ、同様の理念がその基底にあると解するべきである。

また、裁判員制度が、現在の刑事裁判が基本的にきちんと機能しているという評価を前提としたものであるとの見解も是認できるものではない。死刑再審無罪四事件をはじめ、近年の氷見、足利、布川の各再審無罪事件や厚労省元局長事件の無罪判決などのえん罪、無罪判決が続いている事実自体が右の見解の問題点と現在の刑事司法手続の課題を明らかにしていると言える。むしろ、こうした事実に着目するならば、裁判員制度は、人質司法、自白偏重、調書裁判などと厳しく批判されてきた刑事司法のあり方を改善する契機とすることが期待されているということができる。(3)

2　裁判員制度の概要

裁判員法が定める裁判員制度の概要は、次のとおりである。

(1)　対象事件

(ア)死刑または無期の懲役もしくは禁錮にあたる罪に係る事件、および(イ)法定合議事件の内、故意の犯罪行為により被害者を死亡させた罪に係る事件（裁判員法二条一項　以下、断りがない限り同法）。ただし、被告人の言動等により裁判員の出頭が困難であると認められる場合、対象事件から除外される場合がある（三条一項）。

対象事件の範囲については、前記司法制度改革審議会意見書が、国民の関心が高く、社会的にも影響が大きい法定刑の重い重大犯罪とすべきであると提言し、予想される事件数を考慮して右のように定められた。

裁判員法は、対象事件について、自白事件も否認事件も一律に対象としている。これは、右意見書が有罪、無罪の判定にとどまらず、刑の量定にも裁判員が関与することに意義が認められるのであるから、公訴事実に対する被告人の認否による区別は設けない、としたためである。

さらに、裁判員法は、被告人に裁判員裁判を辞退することを認めていない。裁判員制度が個々の被告のためというよりは、国民一般にとって、あるいは裁判員制度として重要な意義を有するがゆえに導入するものである、と右意見書が述べていることに基づくものである。立法当局は、法案の国会審議の際、参審制では辞退権を認めていないのが世界的潮流であること、および戦前の旧陪審制の失敗の教訓から制度の不活用を回避することも理由にあると答弁している。[4]

（2）　裁判員の権限

裁判員は、裁判官とともに、公判審理に出席し（五二条・五四条一項）、裁判長に告げて証人等に必要な尋問をし（五六条ないし五九条）、(ア)事実の認定、(イ)法令の適用、(ウ)刑の量定を行う（六条一項）。また、裁判員は、裁判官とともに評議を行い、評議においては基本的に裁判官と対等の権限を有している（六六条）。

憲法の解釈を含む法令の解釈に係る判断および訴訟手続に関する判断については、裁判官が判断する（六六条二項）。法令解釈、訴訟手続に関する判断は高度の専門性、技術性が認められるためである。

量刑判断についても裁判員の権限としたのは、有罪、無罪の判断と同様に、刑の量定についても、国民の関心が高いため、裁判員が関与し、健全な社会常識を反映させるべきであるとされたためである。

（3）　合議体の構成と評決方法

原則として、裁判官三人、裁判員六名で合議体を構成する（二条二項）。ただし、公訴事実に争いがなく、当事者に異議がない場合、裁判官一人、裁判員四人の小規模な合議体を構成できる（二条二項但書・三項）。

評決は、裁判官および裁判員の双方の意見を含む合議体の員数の過半数の意見による（六七条）。これは、裁判官と裁判員とが責任を分担しつつ協働して裁判内容を決定するという裁判員制度の趣旨と、裁判員の主体的、実質的な関与を確保するという要請をともにみたす必要があることから、少なくとも裁判官または裁判員のみによる多数で被告人に不利な決定をすることができないようにすべきである、とされたことによる。

（4）　裁判員の選任方法

選挙人名簿から無作為抽出された者を母体として、具体的事件ごとに選任される（一三条ないし四〇条）。公平な裁判所による公平な裁判を確保するために、欠格事由（一四条）、就職禁止事由（一五条）、事件に関連する不適格事由（一七条)、裁判所による不選任決定(三四条)、検察官および被告人の理由を示さない不選任請求(三六条)が定められている。

(5) 裁判員の義務等

裁判所から召喚を受けた裁判員候補者は出頭義務を負い(二九条一項)、正当な理由がなく出頭しないときは、科料の制裁がある(一一二条一号)。裁判員は、公判期日等に出席する義務を負う(五二条・五四条一項・六三条一項等)。また、裁判官、裁判員(補充裁判員)であった者は、評議の秘密、職務上知り得た秘密について守秘義務を負う。これに違反した場合、罰則がある(一〇八条)。

3 裁判員制度の特徴

裁判員制度は、一般の国民が、裁判官とともに審理に臨み、評議し、有罪・無罪の決定と刑の量定を行う制度である(一条・六条一項・六六条・六七条)。

この裁判員制度については、欧米諸国の参審制、陪審制との比較において、職業裁判官と一般市民が共同して裁判体を構成している面をとらえて、基本的には参審制と解する見解もある。しかし、陪審制とも参審制とも異なる日本独特の制度と評価してよいと思われる(5)。広く一般国民から無作為抽出された裁判員が一事件限り関与することで、日常的には権力の行使に無縁な国民の新鮮な社会常識を裁判内容に反映することができるという陪審制の長所と専門性を有する職業裁判官と一般国民の実質的討議による結論を得るという参審制の長所が統合されているとみることができる。

二　裁判員制度の合憲性について

　国民の司法参加を認める制度が憲法上許容されるか、という点については、従来から、もっぱら陪審制と参審制を念頭に合憲説、違憲説が唱えられていた。裁判員制度についても、司法制度改革審議会においてその導入が提言されて以来、これを合憲とする見解と違憲とする見解があった。

　裁判員制度の合憲性については、これまで下級審段階で合憲判決が出されていたが、最高裁は、大法廷において合憲と判断した（最大判二〇一一年一一月一六日）[6]。

1　裁判員制度の合憲性に関する論点

　裁判員制度が憲法に適合するかどうか検討すべき事項としては、次のような論点がある。

　第一に、憲法には国民の司法参加を認める明文の規定がないが、これは、憲法が国民の司法参加を一般に禁じる趣旨かどうか。

　第二に、憲法八〇条一項は、下級裁判所の裁判官の任命方法等について規定しているが、裁判官でない裁判員が裁判官とともに裁判体を構成している裁判員制度は、同条項をはじめ、憲法三一条・三二条・三七条一項・七六条一項に反しないか。

　第三に、裁判員制度においては、その評決は、構成裁判官および裁判員の双方の意見を含む合議体の員数の過半数の意見によるとされるが（六七条）、この評決の方式では裁判官が裁判員の判断に拘束されることになり、裁判官の職権行為の独立性を規定する憲法七六条三項に反することにならないか。

第四に、裁判官と裁判員とが合議体を構成する裁判員制度は、特別裁判所を禁止する憲法七六条二項に反しないかどうか。

第五に、国民に裁判員として出頭義務を課し、その職務に従事させることは、苦役からの自由を規定する憲法一八条後段に反しないかどうか。

2 最高裁大法廷判決について

右の諸論点について、最高裁大法廷判決は、以下のとおり判断した。

(1) まず、第一の国民の司法参加の憲法上の許容性について、憲法上、明文規定がないことが、直ちに国民の司法参加の禁止を意味するものではなく、むしろ、憲法は、一般的には国民の司法参加を許容しており、これを採用する場合には、適正な刑事裁判を実現するための諸原則（憲法三一条以下の諸規定が定める原則）が確保されている限り、陪審制とするか参審制とするかを含め、その内容を立法政策に委ねていると解される、と判断した。

同判決は、右判断を導くにあたり、憲法三一条以下の刑事裁判の諸原則の歴史的由来と重要性を指摘し、刑事裁判においてこれらの諸原則が厳格に遵守されなければならず、高度の専門性が要求されることなどから、憲法は、刑事裁判の基本的な担い手として裁判官を想定していること、他方、歴史的、国際的には、民主主義の発展に伴い、国民の司法参加の流れが広がり、憲法制定当時の二〇世紀半ばには、欧米の多くの民主主義国家において陪審制や参審制が採用されていたことを指摘した。そして、国民主権原理を採用する憲法においても、国民の司法参加の許容性について関心が払われており、憲法三二条・三七条一項は、旧憲法二四条が「裁判官による裁判」を規定していたのに対し、「裁判所における裁判」と規定し、「第六章　司法」においても、最高裁判所と異なり、下級裁判所については、裁判官のみで構成される旨を明示した規定をおいていないこと、憲法制定過程の当時の政府部内では、陪審制や参審制を採用することも可能であると解されていたことなどを指摘し、刑事裁判に国民が参加して民主的基盤の強化を図ることと、憲法の定める人権保障を全うしつつ、刑事裁判の使命を果たすことは、決して相容れないものではないとは、陪審制又は参審制を有する欧米諸国の経験に照らしても、基本的に了解しうるところである、と判示した。

(2)　第二の憲法八〇条一項等との関係については、憲法が国民の司法参加を許容しているか否かに帰着する問題であるとして、憲法は、最高裁判所と異なり、下級裁判所については、国民の司法参加を禁じているとは解されない、と判断した。

また、憲法三一条・三二条・三七条一項・七六条一項との関係についても、裁判員法の諸規定と仕組みから、公平な「裁判所」における法と証拠に基づく適正な裁判が行われることが制度的に十分に保証されている上、裁判官がその基本的な担い手とされており、憲法が定める刑事裁判の諸原則を確保する上での支障はないということができる、と判断している。

(3)　第三の憲法七六条三項との関係については、憲法が一般的に国民の司法参加を許容しており、裁判員法が憲法に適合するよう法制化されたものである以上、裁判員法が規定する評決制度の下で、裁判官が時に自らの意見と異なる結論に従わざるを得ない場合があるとしても、それは憲法に適合する法律に拘束される結果であるから、同項違反との評価を受ける余地はない、と判断した。

また、裁判官のみによる裁判の場合と裁判員が参加する裁判では結論を異にする可能性があることについて、右判決は、憲法が国民の司法参加を許容している以上、裁判体の構成員である裁判官の多数意見が常に裁判の結論でなければならないとは解されず、評決については、多数意見の中に少なくとも一人の裁判官が加わっていることで、被告人の権利保護の観点からの配慮もされている、とした。

(4)　第四の憲法七六条二項の特別裁判所との関係については、裁判員制度による裁判体は地方裁判所に属するものであり、その一審判決に対しては、高等裁判所および最高裁判所への不服申立てが認められていることから、特別裁判所にはあたらないことは明らかである、と判断した。

(5) 第五の憲法一八条後段との関係については、裁判員法一条は、裁判員制度が国民主権の理念に沿って司法の国民的基盤の強化を図るものであることを示していると解されるとして、裁判員の職務等は、司法権の行使に対する国民の参加という点で参政権と同様の権限を国民に付与するものであり、これを「苦役」ということは必ずしも適切ではないとした上、裁判員法一六条は、辞退に関し柔軟な制度を制度を設けていることなどを挙げ、憲法一八条後段の「苦役」にあたらないことは明らかである、と判断した。

3 最高裁判決の特徴

前記最高裁判決は、現行憲法下において合憲説、違憲説があった国民の司法参加について、最高裁として初めて明確に合憲判断を下したものである。結論を導くにあたり、適正な刑事裁判の諸原則の重要性と司法に対する国民の参加制度との関連性についてともに歴史的、国際的視野から論じている。

また、右判決は、憲法が国民の司法参加制度を採用する場合、適正な刑事裁判の諸原則が確保されている限り、陪審制とするか参審制とするかを含め、立法政策に委ねている、と判旨した。陪審制は、一般に、事実認定を陪審に委ねる制度と解されるが、これも憲法上許容されるとしたことは注目される。

さらに、最高裁判決が、裁判員制度について国民主権の理念に沿って司法の国民的基盤の強化を図るものである、と判示したことも重要である。裁判員法一条は同制度の趣旨、目的を「司法に対する国民の理解の増進とその信頼の向上に資する」と規定し、司法制度改革審議会意見書も、国民の司法参加の制度と国民主権との関係を明示していなかった。しかし、最高裁判決が、憲法一八条後段の「苦役」にあたらないとの判断を示す文脈においてではあるものの、裁判員制度が国民主権の理念に沿うものであり、裁判員の職務が司法権の行使にたいする国民の参加という点で参政権と同様の権限を国民に付与するものであると判旨したことは、裁判員制度の強制的側面が強調されがちななかで、国民主権から積極的にとらえたものとして評価できる。

三　裁判員制度の課題について

二〇〇九年五月から施行された裁判員制度は、裁判員法附則九条が規定する三年後の「見直し」を迎えた。

国民の司法参加制度である裁判員制度は、憲法が拠って立つ国民主権と民主主義の原理の要請に適うものであり、その憲法上の意義は積極的に評価されるべきものである。司法の分野における国民主権、民主主義の浸透については、これを消極的、否定的にとらえる意見もある。しかし、国民の司法参加の制度を歴史的に形成してきた欧米諸国の実践は、国民の司法参加が司法の固有の機能である人権保障機能を適切に発揮し、刑事司法の分野においても、無罪推定等の刑事裁判の諸原則を発展させてきた。司法固有の人権保障機能と司法における国民参加は十分両立しうるものである。

そして、裁判員制度は、この間、死刑再審無罪事件をはじめ、多くの誤判とえん罪を生んできた職業裁判官による刑事裁判のあり方について、国民の健全な常識を刑事裁判に反映させることによって、抜本的に改善する重要な意義がある。裁判員制度の導入と実施に伴い、職業裁判官による裁判の下で多数のえん罪を生み出す要因となってきた人質司法、自白偏重、調書裁判の弊害、問題点に改善の兆しが窺える。裁判員制度の導入、実施による国民の参加が刑事司法にもたらした影響は大きなものがあったというべきである。

また、この間、実際に裁判員制度に参加した国民の大多数が裁判員制度を肯定的に評価している（例えば、二〇一一年五月二一日朝日新聞アンケート結果）ことも、見直しの方向性を考える上で重視する必要がある。制度の見直しにあたっては、これらの諸点を踏まえることが必要であり、その方向性と内容は、国民の司法参加制度としての裁判員制度を充実、強化するものであることが求められる。

以下、裁判員法が規定する見直しに関連させて、裁判員制度のいくつかの課題について述べる。

1　対象事件について

裁判員法第二条一項は、対象事件を一定の「法定刑の重い重大犯罪」としている。しかし、裁判員制度には積極的意義が認められる以上、国民の参加の機会がより増加するような見直しを行うべきである。この点、司法制度改革審議会意見書が対象事件を「法定刑の重い重大事件」としたことは、新たな参加制度を円滑に導入することに主眼があり、対象事件を将来にわたり限定、固定する趣旨ではない。公訴事実に争いがある事件には、例えば、事件性、犯人性に争いがある事件など「国民の関心が高く、社会的影響が大きく」、国民の社会的常識を裁判内容に反映させることに意義がある事件がある。したがって、このような事件について、被告人または弁護人の請求に基づいて裁判員裁判の対象事件とすることには意義がある。

2　被告人の選択権について

裁判員法は、被告人が、現行対象事件について裁判員裁判を辞退して裁判官のみによる裁判を選択することを認めていない。

被告人の選択権を認めないとした司法制度改革審議会の意見書は、その理由として、裁判員制度は、「個々の被告人のためというよりは、国民一般にとって、あるいは裁判制度として重要な意義を有するが故に導入するものである」

ことを挙げている。この「国民一般にとって、あるいは裁判制度として重要な意義」が裁判員法第一条がいう「司法に対する国民の理解の増進とその信頼向上に資する」ことに尽きるのであれば、上記司法制度改革審議会意見書の見解には疑問がある。

しかし、前述したとおり、裁判員制度の意義は、国民主権と民主主義の要請に適うとともに、これまで多数のえん罪を生み出してきた職業裁判官による刑事裁判を改善することにある。このような裁判員裁判の意義を考えれば、前記司法制度改革審議会意見書の立場は是認してよい。

これに対し、被告人の選択権を認めるべきであるとの見解もあるが、結果として国民の司法参加の機会と意義を減殺する可能性が大きい。しかもこの見解には、職業裁判官による裁判の方が被告人にとって有利な場合があるという論理が含まれているように思われるが、その論理は、むしろ従来の職業裁判官による裁判がこの間重罰化とえん罪を生み出してきたことに照らすと、肯定し難いというべきである。また、憲法三二条、三七条自体が裁判体を選択する権利を保障していると解することにも無理がある。

3　裁判員の権限（量刑関与）について

裁判員法は、刑の量定についても裁判員の権限としている（六条一項）。裁判員の量刑関与を認めることについて、司法制度改革審議会意見書は、「裁判員が関与する意義は、裁判官と裁判員が責任を分担しつつ、法律専門家である裁判官と非法律家である裁判員とが相互のコミュニケーションを通じてそれぞれの知識・経験を共有し、その成果を裁判内容に反映させるという点にある。このような意義は、犯罪事実の認定ないし有罪・無罪の判定の場面にとどまらず、それと同様に国民の関心が高い刑の量定の場面にも妥当するので、いずれにも、裁判員が関与し、健全な社会常識を反映させることとすべきである」と指摘しているが、この論理は肯定してよい。

この間実施された裁判員裁判の量刑の動向は、罪種や事案によっては、従来の裁判官による裁判の量刑と比べて、やや重くなっている傾向が統計資料から窺われるが、これをもって、裁判員裁判の量刑が看過しえないほど著しく重罰化しているとは言い難い。

また、量刑については、専門的知見と経験を要する総合的判断であり、国民の社会常識に基づく判断になじまない、という見解もある。しかし、量刑において、裁判員に求められる判断は、弁護人の弁論を踏まえた検察官の量刑意見（情状に関する事実とその評価）に対する評価という面があり、それが専門的事項にわたるものであっても、専門的知識をもたない国民が社会常識を働かせて評価、判断することは十分可能であることは日常生活においても体験することである。

4　取調べの全面可視化と検察官手持ち証拠の全面開示について

死刑再審無罪事件や近年の再審無罪事件（氷見事件、足利事件、扶川事件など）では、いずれも密室での取調べで自白を強要され、虚偽の自白を迫られたことがえん罪の原因となった。捜査官による違法、不当な取調べを抑止し、えん罪を防ぐためには取調べを「密室」に閉じこめている現状を改め、録画・録音によって透明化し、可視化することが必要不可欠である。特に裁判員裁判においては、自白の任意性が争われた場合、直接的で客観的な証拠によるわかりやすい審理が求められるから、よりいっそう取調べの可視化が求められる。しかも、この可視化は、取調べの全過程について行う必要がある。取調べの一部（例えば、取調の最終段階の読み聞かせや署名・指印の場面）の録画、録音にとどまり、全過程が録画・録音されない限り、捜査機関による違法、不当な言動の有無等取調べの実態の評価を誤る危険があるからである。

また、検察官手持ち証拠の全面開示が行われる必要がある。二〇〇五年一一月、裁判員制度の導入にあわせて刑事訴訟法が改正されて公判前整理手続が導入され、同手続において、検察官請求証拠の開示の外、類型証拠および主張関連証拠の開示手続がもうけられた。これによって、開示証拠の範囲は広がったものの、基本的には被告人・弁護人側が存在する証拠を想定して開示請求する構造となっており、捜査機関による証拠隠しが起こりうる可能性がある。被告人・弁護人側の防衛権を保障し、公平な裁判を実現するためには、検察官手持ち証拠の全面開示が必要である。

5　その他

裁判員制度が、前記最高裁大法廷判決が判旨するように適正な刑事裁判を実現する制度として今後とも有意義に機能するためには、被告人・弁護人の防御権を十分保障した訴訟運営が不可欠である。裁判員法五一条は、裁判官、検察官および弁護人に対し、裁判員の負担に対する配慮を求め、審理を迅速でわかりやすいものとすることに努めなければならない、と規定するが、裁判員の負担に対する配慮が被告人・弁護人の防御を制約するものであってはならないことは当然である。また、右諸点の外、裁判員に対する説示のあり方、死刑判決にあたっての評決要件、検察官控訴の適否、裁判員であったものの守秘義務の内容の限定等検討すべき点がある。これらの検討にあたっては、法曹三者の枠内のみならず、裁判員として参加する国民に開かれた検討のあり方が求められる。

(1)　ジュリスト一二〇八号（二〇〇一年九月一五日）一八五頁以下。
(2)　池田修『解説裁判員法〔第二版〕』（弘文堂、二〇〇九年）三頁。
(3)　安原浩「裁判主体を変える裁判員裁判に期待する――再び裁判員制度の意義について考える」『季刊 刑事弁護』五六号（二〇〇八年冬）八頁。同旨、大出良知「裁判員制度の幕開けと刑事弁護人の役割」同前五八号（二〇〇九年夏）八頁。
(4)　村岡啓一「裁判員制度とその誕生――法の継受と創造の観点から」後藤昭編『東アジアにおける市民の刑事司法参加』（国際書院、二〇一一年）二〇頁、二八頁。

（5）同前二五頁参照。
（6）判例タイムズ一三六二号（二〇一二年三月一日）六二頁以下。

地方自治の原則と地方分権改革

宇野義規

一　地方自治の原則と地方分権

日本国憲法九二条は「地方公共団体の組織及び運営に関する事項は、地方自治の本旨に基づいて、法律でこれを定める」と地方自治の一般的基本原則を明示し、地方自治制度を保障している。この「地方自治の本旨」について、田中二郎氏は「団体自治」と「人民自治」の二つを意味すると述べている。[1] また、憲法九四条は「地方公共団体は、その財産を管理し、事務を処理し、及び行政を執行する権能を有し、法律の範囲内で条例を制定することができる」と自治体の権能を規定している。つまり、地方分権とは、自治体の権能の拡大を通じて、「団体自治」と「住民自治」という地方自治の原則を具体化していく過程にほかならない。そして、これは世界的な流れのなかで考察すべき問題である。何故なら、グローバル化の進展のなかで、各国の地方自治はともに大きな変容を迫られているからである。

例えば、日本の近代地方制度の先例となったフランスでも、一九八二年から現在に至るまで、断続的に地方分権改革が行われている。現行憲法（一九五八年制定）では、当初、七二条で「これらの公共団体は、選挙された議会により且つ法律の定める条件において自由に運営される」[2] とだけ規定されていたが、二〇〇三年の改正で、共和国の基本理念への「地方分権的に組織」の追加（一条）、補完性原則の明記、規則制定権の明文化、法令の規定の実験的逸脱の認容（七二条）、決定的住民投票の根拠規定（七二条の一）や財政自主権に係る基本原則の明記（七二条の二）等大幅な改正が行われた。これらの改正は、従来「自由な運営」を根拠に運用されてきた「団体自治」と「住民自治」を憲法に明記したものである。明文化されているか否かにかかわらず、両国の地方自治の原則が「団体自治」と「住民自治」で構成されていることに違いはない。本稿は、両国の地方分権の歩みを比較し、地方分権改革の基本的性格を明らかにすることで、地方自治の原則と地方分権改革の関係について考察しようとするものである。

二　日本における地方分権改革

1　第一次地方分権改革

地方分権推進委員会（以下「分権委」という）委員、第二七次地方制度調査会（以下「調査会」という）副会長として地方分権改革で主導的役割を担った西尾勝氏は、日本の分権改革を第一次、第二次に区分している。すなわち、第一次改革は、一九九五年の地方分権推進法と分権委の成立から、中間報告、四回の勧告を経て、二〇〇〇年四月の地方分権一括法（以下「一括法」という）の施行に至るまで、そして「三位一体改革」以降の取組みが第二次改革（三位一体改革がその第一期）と定義されている。[3] 第一次改革の主な成果は機関委任事務の廃止と当該事務の自治事務および法定受託事務への再編と国の関与のルール化である。しかし、地方税財源の充実強化（税源移譲、課税自主権の強化、地方債の自由化）、法令等の義務付け・枠付けの緩和、権限の移譲については、省庁の抵抗が強く目立った成果を上げられなかった。課税自主権の強化に関しては、一九九八年の個人市町村民税の制限税率の廃止、一括法による法定外目的税の創設等、地方債の自由化に関しては、一括法により許可制から事前協議制への移行が行われたが、いずれも限定的なものに過ぎず、最重要課題である税源移譲は先送りされた。なお、これらの改革が分権委主導であったのに対して、政治主導で着手されたのが市町村合併である。[4] 第二次勧告は、地方分権の受け皿となる市町村の合併に向けた自主的な取組みを求めるとともに、厳しい財政状況の下、増大する行政需要に対応するには、市町村の行財政能力の向上上、効率的な地方行政体制の整備・確立が重要な課題となっているとの認識を示した。ここでは地方分権の推進が市町村合併の推進とパラレルな関係にあり、その背景に危機的な財政状況があるという認識が明確に示されている。一九九九年には、一括法により合併誘導のための財政上の優遇策を盛り込んだ市町村合併特例法の改正（以下「旧特例法」という）が行われ、公共施設の整備等の経費の九五％について合併後一〇年間地方債（合併特例債）をもって充てることを認められ、その元利償還金の七〇％が地方交付税の基準財政需要額に算入されることになった。その結果、市町村数は二〇〇二年四月の三二一八団体が、旧特例法の適用期限直後の〇六年四月には一八二〇団体（約四三％減）に激減した。(5)

2　第二次地方分権改革

小泉内閣の成立とともに、地方分権改革は構造改革の一環として経済財政諮問会議を中心に推進されることになり、「骨太の方針二〇〇一」では、市町村の再編、地方交付税の簡素化、税源移譲を含む地方税の充実確保等が掲げられた。第一次改革の残された課題であった税源移譲は、「骨太の方針二〇〇二」において、補助金等の整理・合理化、交付税改革（地方財政計画の見直しによる財源補償機能の縮小、算定方法の見直し）、税源移譲を同時に行う、いわゆる三位一体改革の一部とされた。三位一体改革の本質は、市町村合併と同様に、危機的な財政状況を背景とした財政再建であり、厳密にいえば第一次改革で積み残しとなっていた地方分権に係る諸問題は副次的なものに過ぎない。このことを端的に示しているのが分権推進の論理であったナショナル・ミニマムについての視点の変容である。二〇〇二年一一月の財政制度等審議会の建議は、多くの分野でナショナル・ミニマムが達成されたにもかかわらず、地方交付税の仕組みを維持することは自治体のコスト感覚の弱さや国への依存を強めるという認識を示している。ここでは、分権委の中間報告において、「ナショナル・ミニマムを超える行政サービスは、地域住民のニーズを反映した地域住民の自主的な選択に委ねるべき」と分権推進の論理として用いられたナショナル・ミニマムが、国の負担軽減の理由になっている。〇三年度当初予算では芽出しと称して国庫補助負担金約五千六百億円の削減が行われ、最終的に、〇五年一二月に国庫補助負担金約四・七兆円の削減と所得税から個人住民税への約三兆円の税源移譲、地方交付税総額からの約五・一兆円の減額という形で決着した(6)。補助金の地方税への置換えは、本来、国の関与の縮小を目的としているが、国の歳出削減が優先された結果、削減額の多くは、義務教育費国庫負担金・児童扶養手当・児童手当の国負担率の引下げなどによるものであり、自治体の自由度の拡大につながっていない。第二次改革のもう一つの柱であった平成の大合併後の市町村再編については、〇三年一一月の第二七次調査会の答申において、財政支援に代わる合併推進策として、都道府県による市町村合併に関する構想の策定とそれに基づく合併協議会の設置勧告等が提言され、対象となる市町村として、概ね一万人未満が目安とされた。この答申を受け、〇四年五月には新合併特例法が成立したが、その後合併は減少し、一〇年二月の法改正で国主導の全国的合併推進という考えそのものが放棄されている。

小泉内閣の後の安倍、福田、麻生内閣において、議論の焦点は手つかずの状態であった道州制、権限移譲、義務付け・枠付けの見直しの問題に移った。このうち道州制の問題は、すでに一九六〇年代末から経済界を中心に様々な提言がなされており、分権委の最終報告でも言及されているものの、それが第二八次調査会の検討課題となったのは、「骨太の方針二〇〇一」で「市町村合併後の広域自治体のあり方」が取り上げられ、また同調査会への首相の諮問事項に「道州制のあり方」が明記されたためである(7)。つまり、道州制は、構造改革と市町村合併を生み出した新自由主義のユーフォリアのなかで政策課題として登場したものであり、これまでその権限、他の自治体との関係、規模について具体的な検討が行われてきたわけではないため、構造改革の終息とともに失速していった。また、権限移譲や義務付け・

枠付けの見直しについても、地方分権改革推進委員会の勧告は出たものの、省庁の抵抗等により具体化されないまま民主党への政権交代に至った。民主党政権下では、地方交付税の増額、国と地方の協議の場の制度化、義務付け・枠付けの一部緩和、補助金の一括交付金化への部分的な前進等がみられるものの、権限移譲、国出先機関の再編統合を含め、地域主権の域には到底達していない(8)。

3　改革の特徴

日本の地方分権の道筋をたどると、機関委任事務廃止による国の関与の量的縮減（第一次改革前半）→市町村合併（第一次改革後半）→補助金廃止・税源移譲・地方交付税抑制（第二次改革第一期＝三位一体改革）という流れになり、権限移譲、義務付け・枠付けの見直し（国の関与の質的緩和）、道州制といった残された課題の多くは本格的に着手されていない。また実施済みの施策、例えば機関委任事務の廃止は、自治体が国の名前で執行していた各種手続を自治体の責任の下で行うということに過ぎず、市町村合併についても、効率的な行政運営を目的とするなら、適正な事務配分と適正規模の関係について十分議論されるべきであるが、この問題に明確に応えないまま推進された。また税源移譲についても、本来は権限移譲に伴う自主財源として積極的意味を有していたはずであるが、具体的な権限移譲はされないまま、地方交付税が大幅に削減されていくなかでどれだけ財源措置されるか、財政危機により地方交付税の削減が進むなかで、地域における総合的行政主体としての市町村の行財政基盤をどう維持するかが焦点となってしまった。日本の分権改革は、中央―地方関係の現状をできるだけ維持（①中央―地方関係の抜本的再編につながる地方制度の改変に踏み込まない、②新たな財源や権限の移譲をできるだけ行わない、③中央からの統制をできるだけ維持）しつつ、現在の事務経費の国の負担分を軽減し、自治体が市町村合併による規模の経済の確保や行政改革による経費の節約でそれを代替するよう促すものと言わざるをえない。ただし、団体自治が国の関与の量的縮小や税源移譲など、部分的とはいえ前進しているのに対して、地方自治の原則のもう一つの柱である住民自治には特筆すべき進展がない。住民参加に係る制度改正は、二〇〇二年の自治法改正による人口四〇万以上の自治体における議会の解散、議員または長の解職の請求に必要な署名数の緩和、〇四年の自治法と旧特例法の改正による地域自治区の創設等に留まっている。地域自治区は、市町村の拡大に対応した住民自治の拡充を求めた第二七次調査会の答申を踏まえ設立されたものであるが、西尾勝氏は創設のための直接請求や協議会の直接公選等が認められなかったことに失望を示している。[9] なお、一二年四月現在で地域自治区を導入している市町村数は四七（合併特例による旧市町村を単位とする自治区導入が三一、それ以外が一六）に過ぎない。[10]

三　フランスにおける地方分権改革

1　改革の概況

フランスの地方分権改革は、第一幕（一九八二〜八六年、社会党）、第二幕（二〇〇三〜〇四年、共和国連合）、第三幕[11]（二〇〇八〜一〇年、国民運動連合）に区分される。第一幕において、州と県の自治体化（議会議長が執行機関となり、官選知事は当該区域の国の行政機関の代表者となる）と、主として、州には経済開発、地域整備、職業訓練、高校管理等、県には社会福祉、道路管理、中学校管理等、そしてコミューン（一八八四年から完全自治体）には都市計画等の権限移譲が行われた。[12] また、それらの費用充当のために税源移譲や交付金の拡大（総合交付金および特定交付金の増設等）が実施された。[13] 第一幕と第二幕の間は分権の基盤整備の時期であり、追加的権限移譲のほかに、住民自治の拡充、固有税源をもつＥＰＣＩ（コミューン間共同組織）の強化による広域化などが行われた。

しかし固有税源をもつＥＰＣＩの抜本的再編が始まったのは第二幕直前のジョスパン内閣（社会党）の時代であり、

同時に、地方税源の縮小（州住居税、自動車税、職業税課税標準の給与部分等の廃止）と交付金による代替が本格化して、財政自主権が急速に形骸化したのもこの時期である。[14]続く第二幕では、港湾や空港の整備・管理権の新たな移譲に際しての競争的環境の導入や実験による権限の試行的移譲、ＥＰＣＩへの権限移譲の拡大など、第一幕と異なる要素も見受けられる。ただし、第二幕の権限移譲は第一幕の追加的性格のものが多く、基本的には第一幕の枠組みを踏襲している。そのため経済開発等の観点から期待されていた州の優越的地位は曖昧なままであり、むしろ存在意義について懐疑的見方が多かった県の方が社会福祉を中心に実体的な権限を確保している。[15]なお、財政上の再中央集権への地方の反発を踏まえ、権限の移譲と創設に係る経費は原則的には税源移譲、具体的には石油国内消費税と自動車保険契約特別税の税率分割等により賄われることになったが、地方は当該税の税率設定権を有していないため、[16]課税自主権の強化につながっていない。第三幕に入ると、グローバル化の進展と経済危機のなかで、公共支出の削減による公共サービスの効率性改善を掲げる新自由主義のイデオロギーが前面に出てくる。[17]第三幕の改革を要約すると、①州や県の概括的権限条項（八二年創設）の廃止や広域化の質的強化による地域経営の合理化、②地方財政の国家管理（課税自主権の縮小、交付金伸び率の抑制、地方団体間の水平的平衡の強化、地方支出の法定削減）[18]になる。例えば、広域化に関しては、県と州の議員を兼ねる地方議員の創設、ＥＰＣＩへの直接公選制導入、全コミューンのＥＰＣＩへの参加、コミューン合併の誘導、州や県の権限の一部を併せもつ新ＥＰＣＩであるメトロポールの設置等が決定された。[19]また地方財政に関しては、職業税廃止と地方経済税（企業付加価値税、企業不動産税）等への置換え、各団体の課税重複を避けるための税源整理により、県は基幹地方税に対する税率決定権のほとんどを、そして州はそのすべてを失い、[20]交付金の伸び率の縮小や支出の法定削減と相まって、地方は財政自主権の大幅な後退を余儀なくされた。すでに経済危機の長期化は企業付加価値税の税収減と社会福祉や景気回復のための財政支出の増加をもたらし、県や州の財政悪化を招いているが、[21]今後、ＥＵ各国に均衡予算を義務付ける新財政協定の発効により、地方税の補償削減等の措置が講じられることになれば、さらに厳しい状態に陥ることもありうる。

2　改革の特徴

フランスの地方分権の道筋をたどると、権限移譲・国の関与の量的縮減、税源移譲・交付金の増設・地方債の自由化（第一幕）→ＥＰＣＩの強化によるコミューン行政の事実上の広域化（特に九〇年代末）、地方税源の廃止・縮小と交付金による代替（九〇年代末）→権限移譲、課税自主権の後退（第二幕）→地方税財源等の抑制、基礎自治体レベルでの広域化の一層の強化（第三幕）になる。ただし、自治体等の全面的再編は曖昧な形のままである。また、この権限移譲はあくまで事務執行の移譲であり、政策等の企画立案の移譲ではない。以上のことからフランスの分権改革の中心課題が「団体自治」にあることは明らかであるが、住民自治に関しては目立った成果はない。一九九二年にコミューンの決定事項に関してメール（首長）または議員の発案による諮問型住民投票が導入されたが、地域整備に限定した形の住民発案ですらコミューンとＥＰＣＩに認められるには九五年まで待たなければならず、続いて決定的住民投票が全自治体に導入（ただし住民発案はない）されたのは第二幕である。

とはいえ住民自治への市民の関心は高いとは言えない。一九九二年から九九年にかけての諮問型住民投票は一五〇弱に過ぎない[22]。

そのほか、二〇〇二年二月二七日法で、人口八万人以上のコミューンにおける地区評議会の設置が義務付け（二万人以上八万人未満の場合は任意）られたが[23]、それは現状を追認したものに過ぎない。

四　地方分権改革と地方自治

日仏両国の地方分権改革の目的は、ともに団体自治（行政的分権、財政的分権）の拡大にある。ただし、その手法は異なる。日本の場合、実現したのは機関委任事務の廃止による国の量的関与の縮小である。他方、フランスの場合は、一部を除き、権限拡大は権限移譲という形で行われた。これは多分に両国の政治的伝統を反映している。日本の場合は、戦後改革で公選知事が誕生したものの、県を通じて市町村を統御するシステムは温存されていたため、国の量的関与の縮小が地方の実質的権限の拡大につながることになる。それに対して、フランスの場合、改革前の州や県は国の行政単位としての性格が強く、それ故、地方分権には国の事務執行の移譲とそれを賄う財源移転が必要になる。逆にいえば日本の場合、自治体が国の名前で執行していた事務を自らの責務として執行することになるため、理論的には新たな財源は必要ないことになる。ともあれ、権限移譲には、それを支える財政的分権が必要となるが、その動きは遅い。

むしろ、三位一体改革や地方分権第三幕といった国の財政危機等を理由とした新自由主義的改革のなかで、地方財源の縮小により歳入の自治は後退する一方であり、歳出の自治もこのような財政状況のなかでは進展が見込めず、むしろフランスでは近年国が法律で国の機関よりも厳しい支出削減を地方に義務付けるなど、歳出の管理にまで踏み込みつつある。そもそも地方分権改革は「行政的地方分権」を目的としており、その射程は「政治的分権」、つまり政策や制度の企画立案の移譲にまで及んでいない。この改革は国主導で実施された政策であり、その背景には中央―地方関係の現状をできるだけ維持しつつ、国の負担軽減を図るという国家的要請がある。その意味では、両国とも、短期的な違いはあるとしても、長期的には国からの移転財源の縮小を免れることはできず、その流れのなかで、地方がより少ない費用で多くの業務を処理するため必要とされたのが広域化や民営化による経営の合理化である。したがって、地方分権改革は必ずしも地方自治の拡大とイコールではない。地方自治の拡大には地方自治の原則のもう一つの柱である住民自治の拡大が必要となるが、その進展は団体自治に比べても遅い。日本の場合、住民投票の法制化は合併関係に限定されているのに対して、フランスの場合は住民投票が法制化されたものの、住民発案がほとんど認められておらず、直接請求制度もない。また、日本の地域自治区が主に合併促進の一環として上から導入されたのに対して、フランスの地区評議会は市民の要求により事実上設置されてきたものを法定化したものであるが、多くの場合諮問的役割しかもたず、一般住民の参加は歓迎されていない[24]。Girardon は改革の残された課題の一つとして、地方民主主義の問題を挙げている[25]。両国の地方自治の展望は決して明るいものではない。何故なら、両国とも、グローバル化の進展やソブリン危機の脅威のなかで財政赤字の是正を強く求められおり、そのような状況のなかでさらなる負担増を生じかねない権限移譲や財政自主権の拡大が進展する可能性は少ない。むしろ行政的分権や財政的分権の後退さえ懸念されかねない状況にある。このような状況を打破し、地方自治の原則を確立するためには、国の行財政改革の射程から逃れられない現在の地方分権改革のあり方そのものを再検討し、政治的分権も含む国と地方の役割全体の見直しを行う必要がある。

（1）田中二郎『要説行政法 新版』（弘文堂、一九七二年）七四頁。
（2）制定時の憲法条文については、中村義孝『フランス憲法史集成』（法律文化社、二〇〇三年）二三二頁。二〇〇三年改正後の条文は、高橋和之編『新版 世界憲法集』（岩波書店、二〇〇七年）二七八―三一一頁を参照。
（3）西尾勝『地方分権改革』（東京大学出版会、二〇〇七年）一一二頁。
（4）同前三八―四一頁。
（5）http://www.soumu.go.jp/gappei/ 合併特例債については、新自治用語辞典編纂会議『新自治用語辞典』（ぎょうせい、二〇〇〇年）七八―七九頁。

（6）岡本全勝「第一章総説　第一節　三位一体改革の意義」佐藤文俊編『シリーズ地方税財政の構造改革と運営1　三位一体の改革と将来像――総説・国庫補助負担金』（ぎょうせい、二〇〇七年）一一―一二頁、二四頁。補助金等の削減総額は、芽だしの分の税源移譲対象額も含め約四・九兆円で、うち税源移譲に結び付いたものが約三・一兆円、対象事業の廃止・縮小に伴うスリム化分が約一兆円、特定交付金化〇・八兆円である（大沢博「第一章総説　第三節　成果（平成一五～一八年度）」同五四―五五頁）。

（7）西尾・前掲書（注3）一四八頁。

（8）安倍内閣以降の経緯は松本英昭『要説　地方自治法〔第七次改訂版〕』（ぎょうせい、二〇一一年）六一―八四頁。二〇一一年以降は、澤井勝「二〇一二年地方財政計画の特徴とこれからの課題　震災復興、税制改革と地方財源確保、地域主権改革の推進の三本柱」『自治総研』四〇〇号（二〇一二年）参照。

（9）西尾・前掲書（注3）一三八頁。地域自治区とは法人格を有しない行政区画で、条例で設置され、地域協議会を有する。

（10）http://www.soumu.go.jp/gappei/

（11）再中央集権化第一章との批判もある（Verpeaux, Michel, *Les collectivités territoriales en France 4e édition*, Dalloz, 2011, p. 51.）。

（12）第一幕の権限移譲の内容は、磯部力訳「フランスの新地方分権法（上）（下）」『自治研究』五八巻五号、七号（一九八二年）、磯部力・大山礼子訳「フランスの新権限配分法（一）～（三）」『自治研究』六〇巻三号、五号、八号（一九八四年）を参照。

（13）黒瀬敏文「フランス共和国における地方分権の潮流（上）」『地方自治』五七九号（一九九六年）八六―八九頁。

（14）Bramoullé, Gérard. (2006) *Finances et libertés locales: pourquoi l'explosion des impôts locaux?*, Librairie de l' Université d' Aix-en-Provence, pp. 65-69.

（15）第二幕の権限移譲の内容は、Loi n° 2004-809 du 13 août 2004 relative aux libertés et responsabilités locales. を参照。

（16）山﨑榮一『フランスの憲法改正と地方分権　ジロンダンの復権』（日本評論社、二〇〇六年）二六〇―二六四頁。

（17）地方公共団体改革法案の趣旨説明（二〇一〇年）は「公共活動に関する、そして公共サービスの利用者のための効率性の喪失、納税者にとっての高いコスト」を強調している（Maire,Sophie., 'Une nouvelle gouvernance de L'État?' Kada, Nicolas. (dir.), *De La réforme territoriale à la réforme de L'État*, Presses universitaires de Grenoble, 2011, p. 29.）。

（18）交付金伸び率の抑制は、Girardon,Jean., *Les collectivités territoriales 2e édition.*, ellipses, 2011, p. 160. を参照。水平的平衡の増加、支出の法定削減（Loi n° 2010-1645 du 28 décembre 2010）は、Steckel, Marie-Christine., 'L' État et la réforme financière des collectivités: l'autonomie local dans tous ses états', kada, *op. cit.*, pp. 56-59. を参照。

（19）Girardon, *op. cit.*, pp. 24-32.

（20）*Ibid.*, p. 144.

（21） Steckel, *op. cit.*, pp. 57–58.

（22） Hoffmann-Martinot, Vincent., 'The French Republic, one yet divisible?', Kersting, Norbert., Vetter, Angelika. (eds.), *Reforming Local Government in Europe: Closing the Gap between Democracy* and Efficiency, Leske+Budrich, 2003, p. 174.

（23） Verpeaux, *op. cit.*, pp. 112–113.

（24） 中田晋自『フランス地域民主主義の政治論』（御茶の水書房、二〇〇五年）二九六―三一三頁。

（25） Girardon, *op. cit.*, pp. 207–208.

Ⅳ 恒久平和に向けて

「沖縄問題」と日米軍事同盟からの脱却

井端正幸

はじめに

「沖縄問題」とは、実は奇妙な表現である。例えば、それぞれの知事や市長の言動などに関わってさまざまな問題があるにもかかわらず、「東京問題」「大阪問題」という表現が用いられることがないのとは対照的である。

沖縄に関わる何が問題なのか、果たして共通の理解なり共通の認識などがあるのだろうか。あるいは「沖縄問題」という表現自体が沖縄特有の問題、もしくは主として沖縄にみられる特殊な問題という意味あいで用いられており、それが他の地域や日本本土には関わりがない問題だとみなされているのだとすれば、果たしてそうなのか、ということをまず問い直すべきであろう。

「沖縄問題」とは、おそらく沖縄の自然や文化に関わることではなく、沖縄の米軍基地、およびそれに関連する諸問題のことであろう。だとすれば、これは沖縄に特有、もしくは沖縄のみの特殊な問題などではなく、わが国の国家主権と人権保障のあり方に関わることであり、そもそもわが国が独立国家、法治国家の名に値するかが問われているのである。この点については、日本政府の戦後ほぼ一貫した、とりわけ政治と外交における自律性・自立性の欠如と対米追随的姿勢がこの問題の解決、解消を遅らせてきた最大の原因である。

一　「沖縄問題」の原点

1　「沖縄戦」と基地建設

沖縄における米軍基地問題の原点は、第二次世界大戦末期のいわゆる「沖縄戦」である。

米軍は日本軍が頑強に抵抗することを予想して、三段階の作戦によって日本軍を降伏させること想定していた。その第一段階が「沖縄戦」（アイスバーグ作戦・一九四五年三月～一〇月）であった。この作戦計画に基づいて、米軍は四五年三月末に慶良間諸島に上陸し、続いて四月一日、沖縄本島に上陸した。その後、日本軍掃討作戦をすすめると同時に、旧日本軍基地「中飛行場」を接収し拡張した上で「嘉手納基地」として使用し始めたほか、普天間基地やキャンプ桑江、キャンプ瑞慶覧などを次々と建設・整備していった。

しかし、「ヘーグ陸戦法規」によれば、「占領軍」は「占領地の法律の尊重」（四三条）や「私権の尊重」（四六条二項）、「略奪の禁止」（四七条）などを義務づけられているから、戦時中ではあっても、軍用地の接収や基地建設などを自由に行えるわけではない。同「法規」の二三条［禁止事項］トが「戦争ノ必要上万已ムヲ得サル場合ヲ除クノ外敵ノ財産ヲ破壊シ又ハ押収スルコト」と定めていることから、戦争の必要上やむをえない場合に、例外的に敵の財産を破壊したり押収することが認められるにすぎない。それ故に、戦闘行為が継続している場合に軍用地接収・基地建設などが例外的に認められるが、戦闘行為が終了したり、日本が降伏した後にもそれらが継続していたとすれば、「ヘーグ陸戦法規」違反の疑いが強いのである。

米軍が本土攻撃に備えて軍用地を接収し基地建設を行うことは、早い段階でその根拠がなくなっていた。というのは、「沖縄戦」については、一九四五年六月末には組織的戦闘・抵抗が終了したのみならず、八月一五日には日本がポツダム宣言を受諾して「無条件降伏」し、翌九月二日には降伏文書に調印したからである。それゆえに、遅くとも降伏文書に調印した九月二日以後は、軍用地接収や基地建設はいかなる意味でも正当化されるものではなく、普天間基地の建設などはそもそも国際法違反の疑いがきわめて強い。その後も武装米兵が出動し、抵抗する住民を力ずくで排除しながら土地を一方的にとりあげ、まさに「銃剣とブルドーザー」によってさらに米軍基地が拡大・強化され続けたのである。

アメリカは、占領開始当初は日本を完全に非武装化・非軍事化することを目的としていたことは、ポツダム宣言や「降伏後に於ける米国の初期の対日方針」（一九四五年九月二二日）などに照らせば明らかである。ところが、アメリカの極東戦略や米軍部の意向などとの関係で、沖縄は当初から日本本土とは異なる位置づけと扱いを受けていた。それは、一九四九年一〇月一一日に来日したコリンズ米陸軍参謀総長が「沖縄の無期限保持」を表明していたことや、GHQが翌五〇年二月一〇日に「沖縄に恒久的基地建設をはじめる」と発表していたことなどからうかがうことができる。

2　サンフランシスコ体制の成立

一九五一年九月、サンフランシスコ平和条約（以下、「サ条約」という）、および（旧）日米安全保障条約（以下、「安保条約」という）が締結され、翌五二年四月にこれらが発効し、いわゆるサンフランシスコ体制、日米安保体制が成立した。

サ条約は日本の再軍備を制限する条項をおかなかったばかりでなく、逆に日本が「自衛権」を有し他国と集団的安全保障取極を締結できるとしたことによって（五条）、日本の公然たる再軍備と安保条約締結に道を開いていた。また、占領軍撤退後、「特別の協定があれば外国軍隊の駐留を妨げない」（六条）とすることによって、米軍が「占領軍」から「駐留軍」に衣替えして引き続き日本にとどまることを「合法化」、正当化していた。

これに対応して、旧安保条約は、日本に自発的に再軍備する責任を負わせたことに加えて、日本の「安全保障」のために「日本の希望」に基づいて米軍が駐留し、この米軍に日本が基地を提供することを定めていた（前文、一条、「全土基地方式」）。また、日本国内において大規模な内乱、騒擾が発生した場合、日本政府の求めに応じてこれを鎮圧するために米軍が出動することがあることを定めていた（一条、「内乱条項」）。しかし、この旧安保条約は、対等の防衛条約ではなく、米軍への「基地提供条約」としての性格が強いものであった。

サンフランシスコ体制が成立したことによって、日本本土は「独立」したが沖縄は新たな形で引き続きアメリカの支配下におかれることになった。周知のように、サ条約三条が、国際連合に対して沖縄などをアメリカを「唯一の施政権者とする信託統治制度の下におく」との提案がなされた場合、日本がこれに同意すること、また、このような提案が実現するまでの間、アメリカが沖縄などに対して「行政、立法及び司法上の権力の全部及び一部を行使する権利を有する」と定めていたからである。ただし、日本には「潜在主権」もしくは「残存主権」があるとされていた。

この「信託統治構想」は、米側の講和条約原案で提起され、後の関係各国との交渉の過程でやや修正されたものである。当初、オーストラリアやニュージーランドなどは日本の軍国主義復活の脅威を除去するために、再軍備を制限した上で日本に主権を残さない形で沖縄を信託統治制度の下におくことを支持していたが、主に米英二カ国の折衝を通じてサ条約三条の形式に落ち着いたのである。さらに、これらの事情に加えて、いわゆる「天皇メッセージ」の影響が大きかったと思われる。このメッセージは、「天皇は、沖縄（および必要とされる他の島々）に対する米国の軍事占領は、日本の主権を残したままでの長期租借――二五年ないし五〇年あるいはそれ以上――の擬制に基づくべきであると考えている。(1)」と伝えていた。これは、サ条約三条、および「潜在主権」という概念の原型とでもいうべきものである。しかし、このサ条約第三条は、領土不拡大の原則を確認したカイロ宣言、この宣言の遵守をうたったポツダム宣言などに反しており、そもそも無効ではないか（サ条約三条無効論）、あるいは少なくとも日本が国連に加盟することによって失効するのではないか（三条失効論）、などの問題があった。

このような経緯はともかく、仮に日本国憲法が定める平和主義を貫徹し、「軍国主義復活の脅威」などまったくないことを国内外に宣明し続けたならば、軍事同盟に組み込まれるのではなく、これとは別の方向にすすむ可能性があったのではないか、との疑問が残る。いずれにしても、諸般の事情からサ条約三条は暫定的なものであり、沖縄の施政権返還が遅かれ早かれ問題となることは明らかであった。

二 「沖縄問題」の展開

1 安保改定をめぐる諸問題

「安保改定」に関する日米交渉は、サンフランシスコ体制が成立して間もない一九五〇年代半ばから始まった。というのは、旧安保条約の下では日米関係が「対等」でないことや条約の有効期限が付されていないことなど、当初から問題が多かったからである。その後、岸内閣の下で「安保改定」交渉が本格化した。

ところで、岸は「安保改定」交渉と並行して沖縄の施政権返還を要求することを明らかにしていた。例えば、岸は首相就任直後の一九五七年四月、マッカーサー駐日大使との会談で「琉球・小笠原は、カイロ宣言で言及された領土のカテゴリーに入るものではなく、日本固有の領土である。また、日本人は沖縄住民が異民族支配の下にあるとみて同情している。さらに、日本人は米国の沖縄統治の正統性について疑問を持っている。」との見解を示していたのである。(2) しかし、沖縄の施政権返還を求める法的論理は必ずしも明快なものとはいえなかった。なぜなら、岸首相自身、国会での質疑応答の際、サ条約三条無効論、失効論いずれをも斥けていたからである。

「安保改定」交渉は、一九五八年一〇月、米改定案が示されてから本格化する。この米改定案は、「西太平洋の平和機構強化」を正面に掲げた上で、五条（条約適用地域）については「本条約の領域とは日本においては日本本土および日本の管轄下にある付属諸島ならびに日本の潜在主権が認められている沖縄、小笠原を言い、米国においては実際にその管轄下にある西太平洋の属領諸島をいう。」としていた。つまり沖縄、小笠原を「共同防衛地域」とする構想だったのである。

この点をめぐって、国会等で議論が紛糾した。というのは、仮に沖縄、小笠原を「共同防衛地域」に含めることになれば、どのような形でこれらの地域を「共同防衛」するのか、例えば自衛隊を沖縄、小笠原に配備するのか、などが問題になるだけではなく、そうなれば沖縄などの施政権の一部が返還されることになるのか、という点もまた問題になるからである。実際、岸首相などは「行政権の一部である軍事行動権が返還されることになる」、あるいは施政権が「へこむ」ことになる、などと平然と答えていた。しかし、これは沖縄などが「共同防衛地域」に含められるとしても、それは日本側からすれば個別的自衛権の範囲内で防衛するにすぎないかのように論理をすり替えるための説明であった。

この問題はもっと深刻かつ重大であった。なぜなら、沖縄、小笠原が日米の「共同防衛地域」とされるとすれば、米比条約や米韓条約などで沖縄が「共同防衛地域」とされていることと連動して、事実上、ＮＥＡＴＯ（北東アジア集団安全保障条約）が形成されることになるからである。それは、日本が集団的自衛権の行使に踏み切る、あるいは少なくともその足がかりをつくることになる。その後、この点に対して世論や野党のみならず与党内からも批判が強くなった結果、この構想は斥けられたのである。

ところで、「安保改定」は別として、これを機に沖縄などの施政権返還を要求することができたのではないか、という問題がある。というのは、米改定案で沖縄などを「共同防衛地域」に含めるとの構想が示された理由の一つは、もしもそうしなければ、アメリカが日本の潜在主権を抹殺し、この地域を永遠に支配しようとするのではないか、との趣旨の非難攻撃を招くことになるかもしれない、との懸念があったからである[3]。だとすれば、サ条約三条無効論、失効論いずれかに基づいて施政権返還を要求することができたはずである。にもかかわらず、そうしなかった日本政府の責任はきわめて重い。

若干の曲折を経た後に、旧安保条約は全面改定され、一〇年の固定期限が付された。新安保条約は、旧安保条約に比べれば相互防衛条約的性格が強くなった。同時に、米側が譲れない一線とみなしていた米軍基地を自由に使用する権利は保証されたのである。また、条約付属文書の一つである「条約六条の実施に関する交換公文」によって、「合衆国軍隊の日本国への配置における重要な変更、同軍隊の装備における重要な変更並びに日本国から行われる戦闘作戦行動（カッコ内略）のための基地としての日本国内の施設及び区域の使用」は日本政府との事前協議の主題とする、とのいわゆる「事前協議制」が設けられた。しかし、これが有効な歯止めとはいえないことは、その後の経緯から明らかである。

2　安保自動延長と施政権返還

一九六九年一一月二一日、いわゆる「佐藤・ニクソン共同声明」が公表された。この声明は、「核抜き・本土並み」で沖縄の施政権返還に合意したといわれているが、実はそうではなく、同盟国の負担増大などを要求した同年七月のニクソン・ドクトリンを具体化し、安保体制を変質させることに主眼がおかれたものであった。

この声明によれば、「韓国の安全」や「台湾地域における平和と安全の維持」が「日本の安全にとってきわめて重要な要素」であるのみではなく、ベトナム戦争が終結していない場合、ベトナムにおける「米国の努力に影響を及ぼすこと」なく沖縄が返還されることなどがうたわれていた。つまり、極東地域に米軍が出動しうることに加えて、沖縄の米軍基地が引き続きベトナム戦争の出撃基地として使用されることも容認していたのである。さらに、米側は日本の「非核三原則」に理解を示すものの、事前協議制については「米国政府の立場を害すること」がないようにすることとされていた。これを補強するために、共同声明発表後、佐藤総理がナショナル・プレスクラブで行った演説では、日本と沖縄の米軍基地の使用についてはアメリカの要求に好意的に対応する、旨のべられていた。これらを通じて、米側は、基地使用権を沖縄を含む全在日米軍基地を日本領域外への出撃基地として利用できる権利へ拡大し、核兵器の有事持ち込みの権利を確保した、といわれているのである。となれば、沖縄返還は「核抜き・本土並み」返還などではなく、むしろ「有事核持ち込み・本土の沖縄化」なのである。これは明らかに安保体制の変質であった。

ところで、一九七〇年には新安保条約の「固定期限」が切れることになっていた。日本政府は、当初、一〇年間の固定延長の方向で交渉する意向をもっていたが、米側が安保条約は無期限であることを大前提として、再改定が引き起こす議論や反対闘争を回避することを強く望んだこともあって、実質的な「相互条約」としての運用を含む延長強化を意味する「自動延長」に落ち着いたのである。

続いて、一九七一年六月一七日、いわゆる「沖縄返還協定」が締結された。まず、この協定は、アメリカがサ条約三条に基づく「すべての権利及び利益」を放棄すると定めていた（一条一項）。すなわち、「沖縄返還」とは、法的には「平和条約三条という形で残されていた対日講和の空白部分を補充し補完したもの」であり、これによって「米国の対日講和は完結した」(4)のである。次に、この協定は、先の「佐藤・ニクソン共同声明」の「基礎の上に行われることを再確認した」上で締結されたのであり、これを通じて「共同声明」の内容が安保体制に持ち込まれる仕組みになっていた。それ故に、これによって沖縄の米軍基地がベトナム戦争の出撃基地として引き続き使用されることも含めて、全在日米軍基地の利用目的が拡大される方向で安保体制が変質することになったのである。

また、三条一項では「日本国は、一九六九年一月一九日にワシントンで署名された日本国とアメリカ合衆国との間の相互協力及び安全保障条約およびこれに関する取極に従い、この協定の効力発生の日に、アメリカ合衆国に対し琉球諸島及び大東諸島における施設及び区域の使用を許す。」と定めていた。あたかも新安保条約に基づいて沖縄などの米軍基地を提供するかのような定め方だが、ここには重大な問題がある。アメリカは、サ条約三条に基づく権利などを放棄したのであるから、沖縄の米軍基地などをいったん返還した上で、安保条約六条と地位協定二条に基づいて、提供する区域・施設を特定した上で提供しなければならないはずである。後に形式的にはこの手続をふまえたかのような処理が行われているが（いわゆる「五・一五メモ」）、問題は沖縄の基地に関しては国有地・公有地の割合が少なく、私有地が多いため、土地所有者の同意を得た上で提供できるか否かについて多大な困難を抱えていたことである。これに対処するために、協定と同時に交わされた「基地に関する了解覚書」では「その準備作業が同日前に十分な余裕をもって終了するように、あらゆる努力が払われる。」とされていた。

その「努力」の一つがいわゆる「公用地暫定使用法」の制定である。この法律は五年間の時限立法であり、米軍基地用地などを「権限を取得するまでの間、使用することができる。」（二条）と定めていた。これによって、土地所有者の同意を得ているか否かにかかわりなく、沖縄の施政権返還後も米軍基地などを使用し続けることができるようにしたのである。しかし、この「公用地暫定使用法」は、土地所有者の権利保護、およびその手続に関しては違憲の疑いが強いものであった。

3　グローバル安保と日米同盟の「深化」

沖縄の施政権返還後、日米安保体制が変質する次の段階は、安保条約の実質的改定といわれた一九七八年の「日米防衛協力のための指針」（旧ガイドライン）の策定である。これは、事前協議制、憲法上の制約、および非核三原則を「研究・協議の対象としない」ことを前提として、侵略の未然防止や日本および極東有事の際の日米の役割分担を確認したものである。これによって、日米の共同対処を定めた安保条約五条が「日本に対する武力攻撃の恐れがある場合」にまで拡大され、第六条に基づく米軍の行動に対する日本の協力義務などが確認されたのである。

次に、一九九六年の「日米安全保障共同宣言」は、日米安保の再定義ともいわれるものであった。この共同宣言は、県内移設条件付きで普天間基地の返還に合意したことで脚光を浴びたが、それのみならず、「日本周辺地域において発生しうる事態」における日米の協力について研究することや、安保条約に基づく在日米軍の存在が「アジア・太平洋地域の平和と安全の維持に不可欠」であることを確認したことなど、安保条約五条、六条をさらに「拡張」するものであった。これに連動して、翌九七年には新「日米防衛協力のための指針」（新ガイドライン）が策定され、その具体化としていわゆる「周辺事態法」が制定された。これらを通じて、日米安保体制は「グローバル安保」と称されるまでに変質したのである。

これに続くのが米軍「再編」である。日米安全保障協議委員会（2プラス2）において、二〇〇五年一〇月に「日米同盟：未来のための変革と再編」、翌〇六年五月には「再編実施のための日米のロードマップ」に合意している。また、〇九年二月には「グアム移転協定」を締結し、六〇．九億ドルの資金提供まで約束している。

この米軍「再編」によって在日米軍基地の前進基地化、および米軍と自衛隊の一体化、特に日米の司令部の「一体化」が図られている。例えば、米軍の第一軍団司令部が座間に移転し、ここに陸上自衛隊中央即応集団司令部が設置されるほか、横田基地に共同統合運用調整所が設置されるのに伴って航空自衛隊航空総隊司令部等が移転することになっている。これらに加えて、基地や施設の共用も提言されているのである。

さらに、この問題著なのは、自衛隊機や米軍機、艦船の沖縄の離島の民間空港や港湾の利用が急増していることである。例えば、米軍機の場合、二〇〇〇年の米比合同軍事演習以後、燃料給油等を理由とした民間空港の利用が急増したが、一〇年までに九三回利用している（下地島空港六四回、波照間空港一三回など）。これを大幅に上回るのが自衛隊機の利用回数である。二〇〇〇年から〇九年までの自衛隊機の民間空港利用回数は、宮古空港四五七回、石垣空港五〇六回、与那国空港一六一回などとなっている。ここには自衛隊が米軍の肩代わりをする割合が増大していることが表れているといえよう。

おわりに

日米同盟の「深化」の現段階は、二〇一〇年二月に新たな「四年毎の国防体制の見直し」（QDR）が公表されたが、これに連動して、同年一二月に「新防衛大綱」が策定されたことである。

QDRは、中国の「接近阻止・領域拒否」戦略に対抗して、「空、海、陸、サイバー空間といったあらゆる作戦領域で、海空両軍がいかに能力を統合し、米国の行動の自由に対する挑戦に立ち向かうかを示す」統合空海戦闘構想（JASB）を打ち出した点に特徴がある。これは、「琉球諸島の米国の『（軍事的）聖域』はすでに失われた」との認識に基づくものだという。[5] これに対して、「新防衛大綱」は、「基盤的防衛力」構想に代えて「動的防衛力」の構築を打ち出した点に特徴がある。この構想は「防衛力の構造的変革」と銘打ったものであり、緊密な情報共有や情報通信機能の強化（宇宙の開発・利用促進）を図るとともに、即応性・機動性・柔軟性・持続性・多目的性を備え、軍事技術水準の動向を踏まえた高度な技術力と情報能力に支えられたものであるという。これは、二〇〇五年の「日米同盟：未来のための変革と再編」において、「共通戦略目標」の見直しと再確認、地域・世界におけるパートナーシップの強化がうたわれるとともに、「共通戦略目標の達成」について「日米間の検討を引き続き行う」とされていたことなどから、日米の相互補完性の強化に対応するものであることはほぼまちがいない。とりわけ南西諸島への自衛隊の配備が重視されていることから、これによって自衛隊が南西諸島「防衛」の責任を引き受けることになり、これまで以上に米軍を補完することになるであろう。

日米安保体制はますます変質し、いまや集団的自衛権を公然と行使するための体制を着々と築きつつある。こうしたあり方に緊密に結びつけられているのが沖縄である。アメリカ支配下、および施政権返還後において、沖縄は軍隊の存在とその論理に翻弄され続けてきた。それは、日常的に、身近な生活の場で平和的生存権が侵害され、脅威にさらされてきた、ということである。

最近問題になっている南西諸島への自衛隊の配備などは、逆に中国を刺激し、軍事的徴発と受け止められるおそれが強い。いたずらに緊張を高めることは、むしろ平和を脅かすことになるであろう。いわゆる「沖縄問題」の解決とは、こうしたあり方から決別することである。そのためには、軍事同盟や「軍隊による平和」に幻想をもつのではなく、日本国憲法の平和主義を中心に据え、人々の平和的生存権を具体的、現実的に保障する方向しかありえないことを繰り返し発信し続けなければならないであろう。

（1）このメッセージは、一九四七年九月一九日、天皇の顧問寺崎英成氏がマッカーサーの政治顧問シーボルトに伝えたものである。このメッセージの存在を最初に公にしたのは、進藤榮一「分割された領土」（『世界』一九七九年四月号所収）である。なお、このメッセージは、沖縄県公文書館のホームページで公開されている。

（2）河野康子『沖縄返還をめぐる政治と外交――日米関係史の文脈』（東京大学出版会、一九九四年）一五二頁。

（3）波多野澄雄『歴史としての日米安保条約』（岩波書店、二〇一〇年）九二頁参照。

（4）日弁連「復帰後の沖縄白書」法律時報増刊（一九七五年）二〇頁。

（5）『朝日新聞』二〇一一年一月一六日。

冷戦後の平和共存への展望

河野秀壽命

はじめに

人は「戦争」を嫌い「平和」を好むという。しかし現実の人類史は戦闘の連続であり、近代史だけをとりあげても（この期の政治主体は国民国家であり、これが戦争を起こしてきたのだが）平和とは戦間期だけを意味し、極めて消極的な意味しかもたない。人は戦争を主とする争いに明け暮れ、平和は懸命な努力によってしか得られない。人は自然な状態におかれるときには争いが頻発し、それは強権的な力でしか鎮圧できない。これではT・ホッブスの古典的指摘（各人が各人の敵になり戦争状態）[1]がまったく正しいかのように思える。しかも戦争開始時に示される人々の熱情・興奮の姿、いくら官製で嘘である、[2]と言ってみたところで、そこに象徴される人々の「解放感」をいかに理解したらいいのか。提灯行列をなし万歳を唱える人々の姿をいかに理解したらいいのかとまどう。また、人々が戦争にしめす感情推移には一つのパターンが認められる。戦争開始時には興奮・高揚感がみられる、そして戦争が継続し身近に犠牲が生まれ生活の苦しさや負担が覆いかぶさるとき、人には語りえない戦争への嫌悪感が醸成される。長期戦争の結果、終戦時には二つ現象形態が示される。戦争の「勝利」には再びの感情興奮が生まれ、すべての行為・犠牲は正しいこと有意義なことへの供物として「聖化」される。「敗戦」だとすべての犠牲・負担が無駄となり、人々は戦争責任を指導者に転嫁し、自分達は「だまされた」と言い、戦争時の苦しい生活体験を語り被害者面を強調し、自己の加害者面の認識が弱い。これらの感情をどう理解したらよいのか。

戦争とは国民が行うものであり、現代政治の主人は国民である（国民主権原理）。国民意識の動向が政策決定の最高、最終の要因である。戦争への道は政治に翻弄されながら、また一方では政治を主導していく国民の姿がある。私は以下で国際関係を主として記述していくが、その向こうには、これを支え傷ついた人々の存在があることを忘れないでほしい。

なお「平和」について以下の記述では戦争のない状態を主としているが、平和の本質を私は以下のように考えている。平和とは、戦争のない状態をのみ意味するものではない。平和の本質は、個人が安全に自由に生きる状態を確保することにある。強権的支配のもと、人が無権利の状態に放置され、おどおどとして生きることは決して平和ではない。そこには沈黙と恐怖の静寂のみがある。平和とは、個人の人権が十全に確保され、豊かで自由な社会の実現の為に未来を志向し、現実の矛盾を理性に合致すべく努める人々のうちにある。平和とは、個人のレベルから考えていくべきである。戦争のない状態は、平和への必要条件ではあるが十分条件ではない。そして平和とは「願う」ものでなく「造り上げる」ものである。そこで自分には何ができるのかを考え、自己の生活の場での行為が求められるものである。(3)

ならば第二次大戦後の国際関係、武力対立、紛争に明け暮れる世界の検討から始めていくことにする。(3)

一　冷戦体制の国際関係

第二次大戦により出現した世界は、圧倒的な政治・経済・軍事力をもちながら世界をどのようにしていきたいかを示しえないアメリカと、ロシア革命後の内部矛盾を弾圧と軍事力強化にまい進することで抗し、東欧に自国防衛の緩衝地帯の形成を目論むソビエト・ロシアが二大覇権強国となった。[4]もはやヨーロッパの旧大国――イギリス・フランス・ドイツ・オーストリア――は動揺・解体下にあり、その世界支配力ばかりでなく自国の存立の危機にあった。しかも、戦後世界をそれまでの世界と画然と区別させたものがある、「核兵器」開発である。巨大な破壊力をもち人類を絶滅させる可能性をもつ兵器の出現である。これ以降、冷戦の激化による米ソの核兵器の開発備蓄競争と米ソ以外の国への核兵器拡散は真に人類滅亡を、たとえ核戦争で生き残ってもその後の「核の冬」で人類死滅[5]を現実のものとした。このことが戦後世界の人々の思考・政策に決定的な影響をもった。

アメリカは戦後世界政治の枠組みを決めたヤルタ会議の主催者F・ルーズベルトが亡くなり、彼の後をD・トルーマンが継いだ。トルーマンは一九四九年に「トルーマン・ドクトリン」を表明し、その世界戦略を提示した。その大略は対ソビエトには軍事力で対峙し、ソビエトの拡張を力で押し込める、いわゆる「封じ込め政策」（G・ケナン）であり、西ヨーロッパの同盟国の疲弊を救うべく経済援助「マーシャル・プラン」の実施である。[6]東アジアでの主要関心は中国大陸の動静であったが毛沢東の赤化政権成立の後は、占領下の日本の復活・強化に援助の主眼とした。

これに対してソビエト連邦は、自己の軍事制圧下の東ヨーロッパ地域に自己の傀儡政権としての共産党政府を続々と樹立させた。そしてこれらの国々との間に軍事条約を結びワルシャワ条約の成立であり、東欧圏の形成となった。

ここに世界は三分割して呼ばれることになる。第一世界は、アメリカを盟主とし西ヨーロッパ・日本を含む資本主義体制国家群、第二世界とは、ソビエト・東欧圏の社会主義体制国家群、第三世界はアジア・アフリカの植民地からの独立をしたか独立を目ざす新興国家群である。

戦後世界は米ソの核の傘の下、対立と相互の棲み分けの「東・西関係」が作られていく。この東西関係こそが冷戦構造の基底であり決定的規定要因である。そしてこれに随伴して西側にはアメリカとその同盟（NATO、日米安保条約）国との関係「西・西関係」があり、アメリカと第三世界との関係「西・南関係」がある。東側ではソビエト連邦と東欧圏の関係「東・東関係」、ソビエト連邦と第三世界との関係「東・南関係」がある。そして第三世界には植民地・半植民地状態から脱した国々、非同盟・中立を志向する国家間の関係を表す「南・南関係」が創られた。それぞれ関係での問題点をとりあげれば、以下のようになる。

西・西関係ではアメリカの覇権支配の下軍事条約を結んだ国々は、アメリカからの軍事・経済援助の庇護があり、驚くスピードで戦後復興、経済成長を遂げた。経済成長の優等生としての日本・西ドイツを「奇跡」と言った。これらの国々の全体的で長期の経済成長を「黄金の三十年」と称する。西ドイツのアデナウワーによる常備軍の復活、日本の吉田茂の憲法九条での軍事力復活の制約という違いにもかかわらずアメリカの世界戦略遂行に経済力による大きな支えとなった。しかしアメリカ文化の滔々たる流入は人々の思考・行動を激変させた。何よりも大きな弊害は外交における思考停止でありアメリカに追随するだけの姿である。

東・東関係ではソ連邦の東欧圏諸国への完全な覇権支配であり従属化での問題である。政治・軍事だけでなく経済でも従属を強いた。ソビエト連邦に有利な国際分業の強制である。しかしこのような覇権支配には多くの地域で周期的な反抗を生んだ。代表的なものとして一九五六年の「ハンガリー動乱」、六八年の「プラハの春」である。このような体制内改革でさえも（人間の顔をした社会主義）がソビエト軍の戦車隊を主体とするワルシャワ条約軍に圧殺された。このようなソビエトの問題対応（ソビエト連邦支配地域ではソビエト連邦が完全に自由に対処しうる、他国の介入は許さない―ブレジネフ・ドクトリン）は、世界の共産党・共産主義運動に深刻な分裂と失望を招き、ソビエト連邦は「赤い帝国主義国」にすぎないという幻滅を与えた。

第二次大戦後のアジア・アフリカでの反植民地運動の高まりと独立国家の誕生は、世界の衆目を集めた。この地域への植民地宗主国の支配の後退は米ソ超大国の介入を招いた。この地域での新興国の政治的・経済・民族的不安定を原因とする紛争、戦争の頻発は米ソの陣取り合戦の主戦場となった。「朝鮮戦争」（一九五〇～五三年）、「キューバ危機」

（一九六三年）、「ベトナム戦争」（一九六四～七五年）、「アフガン戦争」（一九七九～八九年）等々である。

東・南関係ではレーニンの『帝国主義論』（先進資本主義国による植民地収奪からの解放）、毛沢東の民族解放闘争理論の実践であり革命の輸出である。ソ連は多量の武器と物資援助をし、軍人（軍事顧問団・キューバ兵）を派遣して戦争・紛争の苛烈化を招いた(7)。

西・南関係では、アメリカはこれら地域での共産主義の拡大の防止が最優先である政策（防共ドミノ理論）を掲げ、非共産主義政権ならばいかなる政権にも正当性を付与して援助を与えた。東アジアの個人独裁政権（韓国・ベトナム・フィリピン・インドネシア）、中南米の軍事独裁政権（エルサルバドル・ハイチ・アルデンチン・ブラジル・チリ）、アフリカでの部族紛争に端を発する紛争を力で鎮圧する独裁政権に肩入れした。人権よりは政治的安定、反赤化政権の擁護・保護政策であった。また一方的なイスラエル擁護姿勢であった。

前述の第三世界での重大な問題は、介入国そしてその他の大国の膨大な量の武器の売り込み「死の商人」化である。多量の血が流れ将来に深刻な禍根が残った。第二次大戦後のこの地域での死者・戦傷者の数は、歴史上第一次大戦時のそれに次ぐと言われている。

一九八一年に成立したD・レーガン政権はそれまでのDETENTE(8)（米ソの緊張緩和）を終わらせ、対ソ連に対して軍事力で対峙し軍事的優位（スターウォーズ計画）を確保する政策を追求した。第三世界にも積極的に軍事介入した。これは「冷戦の激化 Cold War II」と呼ばれ世界に緊張がはしった。しかしこの政策もアメリカ経済の弱体化（財政赤字と貿易収支の双子赤字）と軍事介入の失敗により頓挫した。そこに八五年ソ連に改革者のM・ゴルバチョフの登場となり、状況を一変させた。ゴルバチョフの核軍縮を主とする平和外交攻勢は米ソを軍事対決から融和への道を拓いた。しかし、このゴルバチョフの改革も雄途虚しく反革命派のクーデターで失敗した。これは同時にソ連邦の崩壊をもたらした。長く深部にまで及んだ体制矛盾を解決するのは一人の改革者の力では不可能なものである。冷戦の終焉である。J・ガディスは冷戦を「長い平和」[9]と呼び、なぜにかくも長く平和が保てたのかを分析している。彼のアメリカの国益と安全保障を中心とした国際関係分析は興味深いが、しかし大国間の世界を巻き込む戦争は無いが第三世界での戦争・紛争の甚大の被害を思うときに、このアイロニカルな概念に違和感を覚える。私にはガディスの概念は探求のための索摘概念としてもちうるならば良いが、評価概念としての使用は認めがたい。

二　冷戦後の国際関係

東欧圏の民主化の嵐は、冷戦の象徴としての「ベルリンの壁」を倒壊させ、その力はソ連邦にも波及した。ついに一九九一年ソ連邦が崩壊した。多くの人々は、米ソの二極核対立体制（BIPOLAR POLITICS）の終焉は、世界平和の到来を意味すると理解していた。そしてまた、明るい将来展望も認められた。ヨーロッパではEC（欧州共同体）が九三年発効の「マーストリヒト条約」により、高度な経済政治統合を現実化しEU（欧州連合）となった。この加盟国は九〇年代のNATO加盟国の旧東欧圏への拡大に伴い飛躍的に増加（五八年六ヶ国、九五年一五ヶ国、二〇〇四年二五ヶ国）した。経済・政治の統合促進はもはや戦争・紛争は起こらない、過去のものになりつつあると了解されていた。

しかしこの明るい展望が暗転した。欧州ばかりか世界各地で戦争・紛争が、民族・宗教・領土画定をめぐって争いが頻発し、分裂化を顕在化させた。「旧ユーゴスラビアでの悲劇」（一九九二～九九年）とアフリカの「ルアンダの虐殺」（一九九四年）が人々の意識を決定的に変えた出来事であった。アンリ・レビィの言葉「私たちは新しい夜明けを目指して出発したはずだった。コミュニズムという非道野蛮とようやくのことでけりをつけたはずだった。ところが、いずこをみても騒乱、迫害、消息不明、虐殺ばかりである。火災がみるみる飛火していく。解体が次つぎとひろがっている。こちらで大虐殺があるかと思えば、あちらでも新たな虐殺の兆しがみえる。[10]」には、その茫然自失ぶりがよく表れている。

われわれは人と人とを分けるイデオロギーと国境の壁を倒壊させたが、「心の内なる新たな壁の再構築」という皮肉な情況下に生きている。冷戦後の世界を理解し、平和への阻害要因は何かと問われれば、以下の三要因――「国家形成問題」「宗教問題」「民族問題」が重要である。これらの問題は古く、かつて克服したと理解していたものだが、新たな重大性をおびて再浮上してきた。そしてこれらの問題を基底しているのが経済問題（経済格差・貧困）である。

この指摘した三つの要因の相互の関係とその問題点を検討すれば以下のようになると考える。

1 「国家」と「民族」

近代史において、人は自己の「国民国家」が作れるかが、個人が自由・平等・豊かな生活を実現できるかの最大要因であった。それは国家無き民族、ユダヤ人・クルド人の悲劇の歴史をみれば明らかだ。イギリスは、一七世紀に世界最初の市民革命をなし近代国民国家を作り、イギリス人という民族意識を作り上げた。そして一八世紀に「産業革命」が起こり、資本主義体制の強力な経済力を背景に世界に乗り出し、世界を支配する覇権帝国（パックス・ブリタニカ）を構築した。一九世紀には、このイギリスの姿を他のヨーロッパの国々が追随していった。帝国主義時代となり、世界各地で資本主義国の植民地獲得の衝突が戦争を引き起こした。それがついに第一次世界となった。一九世紀後半から二〇世紀にかけて、この動きはアジア・アフリカに拡大した。

この民族を基礎として国家を作る運動を「ナショナリズム」という。このナショナリズムこそが二〇世紀に最も影響力を発したイデオロギーである。[11] ナショナリズムには多様な意味と発現形態が認められる。ナショナリズム運動には、イギリス・フランスなどの先進資本主義国家では自己の国益、支配地の保持を目論む「国民ブロック経済」化を、ドイツ・イタリア・日本等の後進資本主義国では国内では強権支配をつくり市場獲得の軍事進出の「国家主義運動」

を、アジア・アフリカでは植民地からの独立を目ざす「民族解放運動」がある。

二〇世紀のナショナリズムには大きく盛り上がった三時期がある。第一期は「バルカン問題」を契機に第一次世界大戦を生み、大戦後多民族国家（オーストリイ・ハンガリー・オスマントルコ・ロシア帝国）の解体の時期。第二期は第二次大戦後から一九六〇年「アフリカの年」に象徴されるアジア・アフリカでの植民地独立運動期。第三期はソ連邦の解体に伴いロシア国内と東欧圏での紛争・戦争の時期である。レーニンの思想により「解決」されたという民族問題は何ら社会主義体制では解決されておらず[12]、今もするどい対立・紛争を生んでいる。これらの時期ごとにナショナリズムについて問われ論争が行われてきたが、何らの結論も見出せずにいる。私はナショナリズムでの「民族自決原則」は、かつてウイルソンの平和原則の一つではあったが、今では平和の阻害要因、国家解体化を生む細分化の原理であり、紛争を生むものであると思う。民族の共存こそが平和への道である。

2　「宗教」と「民族」

現代は宗教紛争の時代である。イデオロギーの敵に代わり宗教上の敵が前面に出てきた。これはヨーロッパ世界では中世からの歴史的課題であり、たくさんの血が流された結果、「寛容」として一応の「解決」を得たと考えられてきた。しかし、冷戦後における「イスラム原理」運動の高まりとその運動の激化は世界に甚大な影響を与え、未だこの問題が解決していないことを人々に知らしめた。宗教は人類に最大の影響を与え続けてきた問題の一つであり、K・マルクスの〝宗教は阿片である[13]〟との指摘だけでは何も解らない。宗教は、人間が有限者としての生涯を不条理の社会で生きざるをえない限り、必要かつ必然物である。宗教は、人を結合させる原理―血縁、地縁の強固なしがらみから離脱させ、利害という近代人の最大関心さえも無視させる。命の犠牲さえ厭わない。社会変革を生み政治変革の主体とさせるものである。同時に政治体制の走狗としての保守的機能を果たすものでもある。

今日の世界で最も拡大急でかつ戦闘的宗教はイスラーム教である。これが世界各地で軋轢を生みだしている。人が帰属意識（国家、民族、宗教）での衝突に苦しむ姿は旧ユーゴスラビア・中東・アフリカ・アジアで明白に認められる。しかし、これらの暴力的行為をなすイスラム原理は、アメリカが鎮圧するのが「正義」の戦いとする理由にはならない。イスラム原理運動はこれら地域に住む人々の意識、滔々と流入する西洋文化に対する自己のアイデンティティ喪失の屈辱感と資本主義経済の生活支配への反感に基づくものと思える。この運動は民衆の圧倒的支持を得ているイスラム復興運動である。イスラム原理＝テロ活動として強圧的鎮圧対応では問題解決は一歩も進まない。宗教上の対立を「寛容による共存」がいかに可能かを探していくことが求められる。そこでは自己の立場の絶対性と普遍性への懐疑を出発点としなければいけないと思う。

3 「経済」と「民族」

一九世紀の世界市場の確立は、経済問題を政治・社会・文化の問題解決への根本的課題とした。民族問題においても然りである。ことに民族意識の形成における経済との関わりは深い。民族意識の覚醒は以下のような順序でなされる場合が多い。人が非合理で自己承諾なき従属下――政治的・経済的・文化的地位の隷属下――におかれるとき、自己覚醒と他者との相違を意識し強調するようになる。ことに経済での被差別化（貧困化）は民族意識を高唱させる。

このように経済問題が民族・国家形成と直接的に関係する。富の収奪→民族覚醒→新国家誕生の代表例としては一八世紀のアメリカ合衆国、二〇世紀のアジア・アフリカの植民地からの独立国家形成がある。また、同一国家内の差別化が連邦国家の解体を導いた例としては、ソ連邦では経済負担や損失をウクライナ・カザフ・アゼルバイジャン・バルト三国に強いたことが解体の有力原因である。旧ユーゴスラビアでは、北の比較的豊かな地域と南の貧しい地域の経済格差が連邦解体の有力な原因である。次にどこが問題になるか。それは急激な経済発展で国内にひどい格差の存在する中国であり、その激動前にあると思う。

三　冷戦後の歴史から得たもの

冷戦後の歴史は二つの時期に区別できる。第一期は一九九一年～二〇〇一年九月一一日である。一九九一年一一月NATO首脳の冷戦構造の終結宣言（同年七月ワルシャワ条約機構の完全解体）に始まり、九・一一のニューヨーク・テロ事件までである。この期はアメリカ一極支配（UNIPOLAR POLITICS）の時代である。[14] ソ連邦の崩壊とその後の支配力の後退はアメリカに「単独行動主義」を生んだ。アメリカはその持てる圧倒的な軍事、政治、経済力を背景に世界を自己の思い通りに支配できると過信した。この期のすべての国際関係は、アメリカを中心に再構築された。世界の人・物・金・情報がアメリカに集まるように創られた。これがこの期の「グローバリゼーション」の特質である。[15] B・クリントン大統領（一九九三～二〇〇一年）のアメリカ経済は好調を持続し、拮抗力となりえる国々は各自が苦悩のなかにいた。日本は「バブル崩壊」と続く「失われた一〇年」、NIES諸国は「通貨金融危機」に、ロシアは混乱と無秩序に、EUと中国は未だ経済力が不十分であった。アメリカは恣意的に自己の正義を振りかざし世界各地に軍事介入した。一九九一年湾岸戦争、九二年ソマリア介入、九四年ハイチ介入、九五～九九年ボスニア問題（NATOの空爆）をなした。[16] この武力行使を「人道的介入」[17] と呼び、正義実現の戦いであると言った。またアフリカでの陰惨な部族紛争へのPKO派遣に主導的な働きをした。このようなアメリカの往き方は、世界平和実現に責任を担うべき国連の機能不全に最大の原因がある。国連改革は焦眉の急である。

このようなアメリカの姿勢は「イスラエル―パレスチナ問題」に端を発する激しい反発を、世界中のイスラム教徒に招いた。これが九・一一テロとなった。アメリカは声高に復讐を唱え、アフガンニスタン、イラクに軍事攻撃を加えた。だがこれに対してイギリスを除くヨーロッパ諸国―ドイツ・フランス・ロシアが主となり反対した。一九九一年の湾岸戦争に示された一体感とは様変わりである。アメリカの強硬な行為がアメリカの孤立を招いた。これを結節点として、新しい時代状況が生れた。第二期の開始である。たしかに今もアメリカの軍事力の優位は保たれてはいるが、それを支える経済力の衰退は明らかである。またアメリカ中心のグローバリゼーション経済への、大国支配への反発が「反グローバリゼーション」「反サミット」として反対を呼んでいる。二一世紀に入ってからの中国の飛躍的経済成長とそれに伴う軍事増強・進出は米・中二国時代の到来を予見させる[18]。ブラジル・インドの経済成長、EUの拡大強化、ロシアの復興は新たな時代の世界政治の状況である。しかし世界での日本の存在は弱い[19]。

二〇〇八年九月一五日にリーマン・ショクがアメリカに起こり世界に波及した。経済後退は、豊かさの陰に隠されていた問題、前述した平和への不安定要因が経済不安定を素因として紛争が生まれ、政治的動揺が認められる。冷戦後の今日、リベラルなデモクラシーこそが究極の政治制度であり、これに代わる良い制度がないとの主張（F・フクヤマ）[20]にもかかわらず、世界には多くの強権支配体制が存在する。デモクラシーが実質的に機能している国家の方が少ない。これらの独裁により虐殺、餓死、難民が生まれている。民主主義体制でなく、人権抑圧が横行し多くの人命が奪われ、財産が略奪されている姿を、女性や幼い子どもが恐怖と絶望で泣き叫ぶ姿をみることは苦しい。その一方では、少数特権集団が奢侈を謳歌している姿には腹立ち、不正義であると思い、どうにかしたい、助けたいと考えることは人として当然である。しかし、他国ができることは限られている。勧告、説得であり、できても経済制裁での孤立化しかない。武力行使による強制介入は、その軍事力行使に随伴するもの――双方に生まれる死者数、物的損害、環境破壊の膨大、戦費の大きさ――を裁量すれば、悲しいが行使を止まざるをえない。たとえ軍事作戦が早く終わっても、治安回復・維持での人的物的資源の浪費とその困難さは、イラク・アフガンをみれば明らかだ[21]。誤爆、誤殺は憎しみしか生まない。他国での非戦闘員に爆弾を落とし環境破壊なし人を殺すことは、加害国の人々の心に爆弾を破裂させ殺すことであり、自国民への道義的殺人である。

われわれは「武力衝突」ではなく「平和共存」だけでしか人類の将来は開けない。多様性の共存とその平和的手段での自由な競争で次代を切り開くものを見出していくしかない。私の以上の記述は、この「真理」を冷戦期、冷戦後の歴史検討を経て再確認したにすぎない。

（1）T. Hobbes, Leviathan Cambridge Press, 1991, P. 88.　同様な人の敵対関係についてF・ヘーゲルの市民社会にあり『法の哲学』で鋭利分析されている。
（2）権力が戦争を始める為の正当化、情報操作についてアンヌ・モレリの『戦争プロパガンダ一〇の法則』（草思社、二〇〇二年）がよい。
（3）以下の研究より多くの教示を得た。Robert Jacksomn and Georg Sorensen, *Introduction to International Relation*, second edition, Oxford university press, 2003. J. F. Nye, JR. *Understanding Internatinal Conflicts*, fourth edition, Longman, 2003. Henry Kissinger, *Diplomacy*, Simon snd Schuster, 1994.Paul Johnson *Modern Tiimes*, perennial classics, 1992.
（4）Odd Westad, *the Global Cold War*, Cambridge. 2007 に冷戦期の世界が詳細に論じられている。
（5）カール・セーガン博士は核爆発の後、放射能の灰による死亡とオゾン層の破壊による紫外線の照射、巻きあがったホコリによる太陽光線の遮断の気温低下の農業破壊、等々での人類絶滅を予想している。木村繁訳『Cosmos』（朝日新聞社、一九八〇年）二八六―二九四頁。
（6）G, Kennan, *American Diplomacy*, expanded edition, Chicago university press, 1984, pp. 107-154（『アメリカ外交五〇年』〔岩波書店、一九八六年〕一四四―二〇五頁）L・J・ハレー（太田博訳）『歴史としての冷戦』（サイマル出版、一九七〇年）が詳しく分析している。
（7）Alvin Z. Rubinstein, Soviet Foreign Policy Since World War II, 1992. Four Edition, Harper Publisher. pp. 175-202.
（8）冷戦の時代区分については、J. Young and J. Kent, *Internatinal Relations since 1945*, Oxford. 2004, がよい。その内容が極めて啓発的な研究である。これによればDétente 1972-1980年をいう。
（9）J. Gaddis, *Long Peace*, Oxford 1987, pp. 215-245. ガディスはこの言葉の正当な使い方を問うているのかでなく、大国間で大きな戦争がなかった政治的現実を問題としている。

(10) ベルナール＝アンリ・レビィ（立花英裕訳）『危険な純粋さ』（紀伊国屋書店、一九九六年）七頁。
(11) ナショナリズムの強い影響力を、G・オーウェルは「自分を一つの国家あるいはこれに似たなんらかの組織と同一視して、それを善悪を超えた次元におき、その利益を推進する以外にはいっさいの義務をみとめない考え方である。ナショナリズムと愛国心ははっきり違うのだ」と言い、鋭く問うている（『オーウェル評論集』（岩波文庫、一九八二年）三〇六頁）。
(12) レーニンは民族論で自決、独立を認めていたが現実政策ではそうはしなかった。次のスターリンの時代は酷い少数民族の圧迫、弾圧の時代となった
(13) マルクスは『ヘーゲル法哲学批判序説』で、この分析をしている。宗教の保守的な機能分析には意味を認めるが。人間実存の深みから考えて何も解明していないと私は思う。
(14) 冷戦後の世界を「現実主義」での多様なアプローチが Kapstein and Mastanduno, *Unipolar Politics*. Columbia Uni Press. 1999. でなされている。
(15) グローバリゼーションがいかに世界をマイナス変容させ、国際機関IMFがアメリカに有利に運用されているかの告発はJ・スティグリッツの『世界を不幸にしたグローバリゼーションの正体』（徳間書店、二〇〇二年）、『世界に格差をバラ撒いたグローバリズムを正す』（徳間書店、二〇〇六年）に詳しく、極めて啓発的な指摘を参照されたい。
(16) 九〇年代での紛争、難民問題を国連の当事者として担当した緒方貞子『紛争と難民　緒方貞子の回想』（集英社、二〇〇六年）に詳しく述べられている。
(17) 人道的介入については、最上敏樹『人道的介入』（岩波新書、二〇〇一年）、そこに発生するジレンマについてはJ. Moore Edit. *Hard Choices*, Rowman inc. 1998. の指摘がよい。
(18) J. Mearsteimer, The *Tragedy of Great Power Politics*, Chicago Uni. 2001, pp. 397-400 において、中国の大国化の可能性と危惧を二〇〇一年この段階で指摘している。
(19) 二〇世紀全般の経済の国際化については Robert Gilpin, *Global Political Economy* Princeton Uni press. 2001. が興味深い説明をなしている。
(20) F・フクヤマ（渡部昇一訳）『歴史の終わり（上）』（三笠書房、一九九二年）三三頁。
(21) 戦争がいかに膨大な戦費を浪費し世界経済に影響与えるかはJ・スティグリッツ『世界を不幸にするアメリカの戦争経済』に分析されている。

人間の安全保障と国際平和貢献

谷川昌幸

一　憲法前文と人間安全保障

日本国憲法は、前文において、「われらは、平和を維持し、専制と隷従、圧迫と偏狭を地上から永遠に除去しようと努めている国際社会において、名誉ある地位を占めたいと思ふ。われらは、全世界の国民が、ひとしく恐怖と欠乏から免れ、平和のうちに生存する権利を有することを確認する」と述べ、日本国民に世界平和への積極的貢献を義務づけている。これが、いわゆる一国平和主義の否定であることはいうまでもないし、また目標とすべき平和が単に戦争がないだけの消極的平和（negative peace）ではなく、「恐怖と欠乏からの自由（free from fear and want）」としての積極的平和（positive peace）であることも明白である。

この「恐怖と欠乏からの自由」は、内容的には、一九九〇年代以降一般化する「人間の安全保障（人間安全保障、human security）」と同じである（図1参照）。日本国憲法はまだ「人間安全保障」という用語を用いてはいないが、前文が義務づけているのが人間安全保障への積極的貢献であることに疑いの余地はない。

図1　人間の安全保障

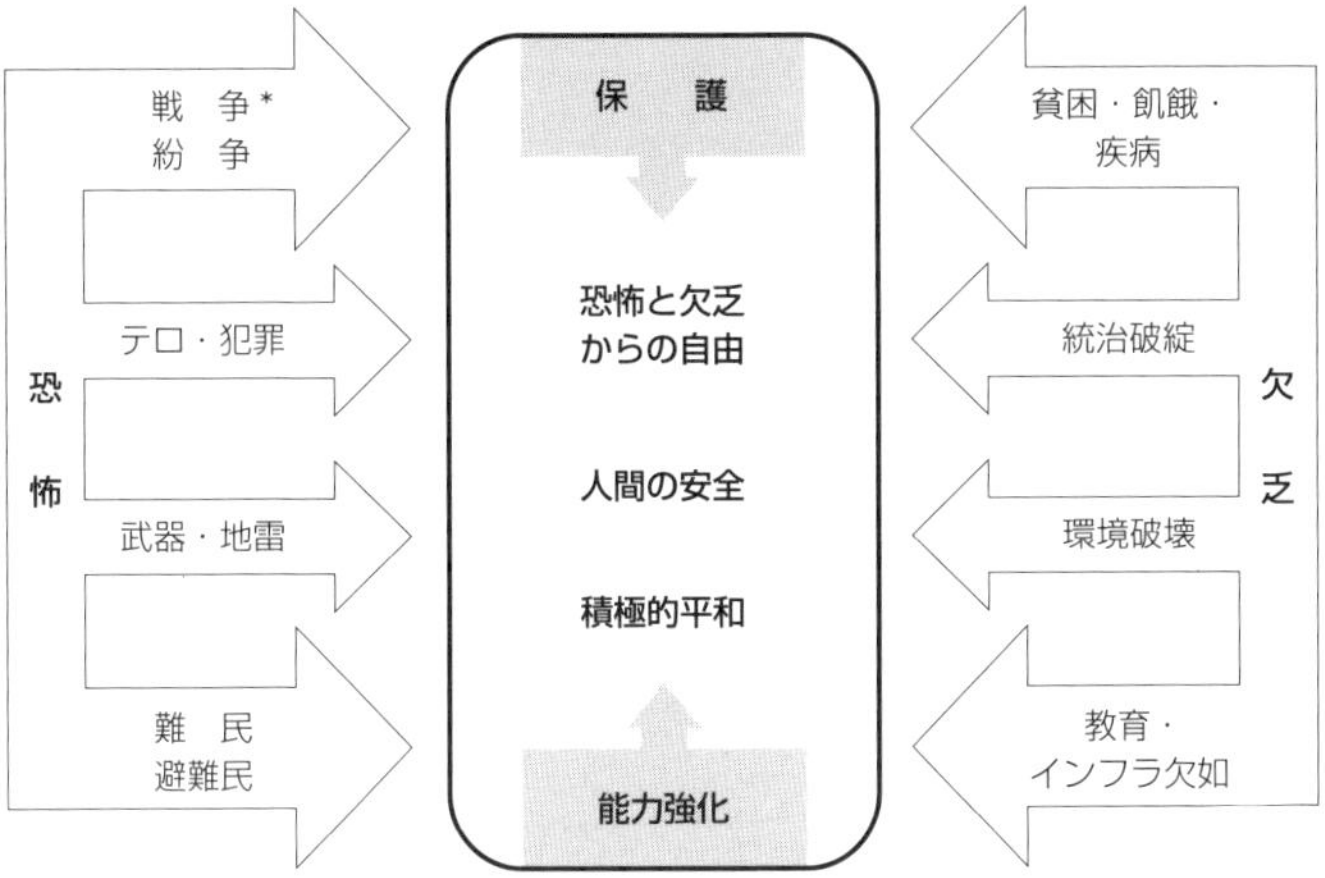

＊戦争は国家安全保障の範疇とされる場合もある。

二　国家安全保障から人間安全保障へ

人間安全保障は、考え方としては国家安全保障（national security）を補完するものとして第一次世界大戦後唱えられ始めたが、それに「人間安全保障」という名称が与えられ世界社会において具体化されていくのは、一九九〇年代以降のことである。

1　国家安全保障

人間安全保障の考え方が登場する以前の近代世界では、国家安全保障が平和論の大原則であった。近代の国際社会は主権国家から構成される「国家間社会」であり、各国家は国家（領域と国民）の安全を守ることをもって第一の「国益」としている。外国が内政に介入することは許されない。しかし、それにもかかわらず、もし外国が内政干渉や攻撃を仕掛けてくるなら、国家はそれを撃退し、国家の独立を守らなければならない。あるいは、より理論的にいうならば、近代の国家間社会には国家よりも上位の権威は存在しないから、各国家には国益を自ら判断し、戦争を含むあらゆる手段を用いて国益を追求する自由がある。国益極大化こそが近代の国家理性であり、戦争は「政治の手段」として認められていた。

この近代国家間社会においては、平和も国家固有の戦争への権利を前提にして考えざるをえない。もしあらゆる国家が戦争をも手段として国益を追求するものなら、その国家に攻撃をやめさせるには、武力を主とする力（power）をもって対抗する以外に方法はない。国家は十分な力を保有することによって攻撃を抑止し、それでも万一、攻撃されたら、その力によって攻撃を撃退する。このようにすれば、その国の安全は守られるし、また他の国々も同じような政策をとれば、国家間の力のバランスがとれ、結果として戦争は防止される。この抑止力のバランスにより戦争がない状態、これが近代国家間社会における平和であった。それは、戦争がない状態をもって平和とみる「消極的平和」であり、また国家の防衛をもって安全保障の目的とみる「国家安全保障」であった。

この国家安全保障は現実主義的であり、一定の戦争防止効果があったことは事実であるが、反面、それは武力を主とする力に依存するため猜疑心の昂進や軍拡をもたらし、二〇世紀に入ると、第一次世界大戦を引き起こし、もはやそのまま維持することはできなくなった。そこで世界社会は安全保障の考え方を修正し、国際法による戦争禁止と、超国家的国際組織による紛争の解決を目指すことにした。こうして国際連盟（一九二〇年設立）と不戦条約（一九二八年締結）ができたが、いずれの権威もまだ不十分であったため、国際紛争を解決できず、結局、未曾有の大惨事、第二次世界大戦を引き起こすことになってしまった。

第二次世界大戦は、国民総動員の全体戦争であり、末期には核兵器も使用された。もはや、二度とこのような戦争は繰り返してはならない。そこで、戦後設立された国際連合は、安全保障の原則を、国家安全保障から人間安全保障へと大きく切り替えた。主権国家の自由ではなく、「恐怖と欠乏からの自由」が国連憲章（一九四五年）の基本理念となり、以後、世界人権宣言（一九四八年）や世界人権規約（一九六六年）の中にも書き込まれ、世界社会の規範として確立された。この「恐怖と欠乏からの自由」は、先述のように、内容的には「人間安全保障」と同じであるから、国連は人間安全保障のための国際機関ということになる。

しかしながら国連は、人間安全保障を原則としつつも、伝統的な国家安全保障を完全に否定することはできなかった。侵略に対し安全保障理事会が必要な措置をとるまでの間､当該国家には「個別的または集団的自衛の固有の権利」を行使することが認められた。しかも、国連発足後、米ソ冷戦が激化し、国連による国際紛争の平和的解決も集団安全保障も十分機能しなかったため、各国家は固有の自衛権を根拠に軍事力を増強し、力による抑止・防衛という国家安全保障の考え方を依然として安全保障の基本としてきたのである。

ところが、その国家安全保障は、冷戦が終結しグローバル化が急展開し始める一九九〇年代に入ると、もはや維持できなくなってしまった。グローバル化は、人・物・情報の国境を越えた交流が拡大し日常化する現象であり、これにより国家主権は政治・経済・社会・文化のあらゆる側面から掘崩され、相対化・弱体化されていく。世界は、主権国家を構成員とする国家間社会から、国家以外の様々な集団や組織をも構成員とする超国家的なグローバル化社会へと急激に構造変化し始めたのである。

このグローバル化世界社会においては、国家間の正規戦は例外的となり、大部分は一方または双方が非国家集団である民族紛争や地域紛争となる。こうした現代紛争では、近代国家間社会におけるような国益追求の「合理性」を想定することができず、したがって力の抑止は効かない場合が多い。というよりもむしろ逆に、一方が力を増強すればするほど、他方はそれを不当な抑圧と受け取り、「非合理的」な抵抗に走る。伝統的安全保障では、個人にせよ国家にせよ自己保存こそが最優先されるべき目標であった。いかに利己的であれ、個人も国家も自己保存のために「合理的」に行動しようとするという大前提があったからこそ、力の抑止は効くと考えることができた。ところが、グローバル化とともに台頭してきた諸集団の中には、自分たちの生命・生存よりも他の目的の方を優先させるものが少なくない。そのような人々あるいは集団に対しては、「合理的」な力の抑止は効かない。アルカイダの九・一一自爆攻撃（二〇〇一年）がその典型であって、彼らに対しては、アメリカの通常兵器はむろんのこと核兵器ですら何の抑止力にもならなかった。

さらにまた、ほとんどの現代紛争は、貧困や格差、民族・宗教・言語に対する差別など、軍事力では解決できない問題を原因としている。しかも、グローバル化により、それらの問題は国境を越えて発生・波及するようになっており、一国では到底対処できない。ここに至って、国家の安全が国民の安全という伝統的安全保障、すなわち国家安全保障は、ほぼ崩壊したのである。

2　人間安全保障

この国家安全保障に代わるグローバル化時代の安全保障は、それゆえ「構造的暴力（structural violence）」の除去を目標とする人間安全保障でなければならない。構造的暴力とは、貧困、搾取、抑圧、差別などが社会において構造化されて存在する状態、換言すれば構造化された非人権的社会状態のことである。もしそのような構造的暴力が存在するなら、たとえ戦争や紛争がなくても、その社会は安全とはいえず、したがって世界社会にはそこに介入し構造的暴力を除去する責務がある。領域と国民に対する国家の排他的主権も内政不干渉も認められない。国家の安全よりも人間の安全が、直接的には当事者個々人や帰属集団のために、そして結果的には世界人類のために、優先される。

この人間安全保障は、先述のように「恐怖と欠乏からの自由」を掲げる国連の基本理念であったが、その内容が「人間安全保障」として明確に定義され、世界社会の目標として認知され始めたのは、一九九〇年代以降のこと、より具体的にいうならばガリ国連事務総長の「平和への課題」[1]（一九九二年）やＵＮＤＰ（国連開発計画）の『人間開発報告書一九九四年』[2]の発表以降のことである。特に後者は、Ｍ・ハクやＡ・センの「人間開発（human development）」の理念に基づき人間安全保障の概念を明確に定義したものであり、以後の人間安全保障論の出発点に位置するものとして重要である。

『人間開発報告書一九九四年』は、この種の文書にはまれな力強い筆致で、ヒロシマ・ナガサキの危機後五〇年を経たいま、人類は「核による安全保障」から「人間の安全保障」へと思考を根本的に転換しなければならない、と訴えかける。これまでは人間よりも国家を、人間の生活や尊厳よりも武器を優先させてきたが、「いまや紛争の多くは国家間ではなく国内にある」。国連は当初から、人間安全保障の両輪である「恐怖からの自由」と「欠乏からの自由」の重要性を認めていたのに、実際にはすぐに前者の方が後者より重視されるようになってしまった。この過ちは改められるべきだ。「領土の安全」から「人々の安全」へ、「武器による安全保障」から「持続的人間開発による安全保障」へと転換されなければならない。具体的には、人間安全保障は次の七カテゴリーに分類される。①経済の安全、②食糧の安全、③健康上の安全、④環境の安全、⑤個人の安全、⑥帰属集団の安全、⑦政治的な安全。以上の七カテゴリーの安全は、相互に関係するものであり、グローバルな総合的な観点から、また事後ではなく事前の予防の観点から、世界社会が必要なところに介入し積極的に構築していくべきものである（二二─四〇頁）。

ＵＮＤＰのこの人間安全保障の考え方は、提言以後支持を拡大、二〇〇一年には日本政府の発案に基づき国連に「人間の安全保障委員会」が設立された。この委員会は、緒方貞子とＡ・センを共同議長とし、〇三年に報告書『安全保障の今日的課題』[3]を事務総長に提出、これにより人間安全保障は国連でも改めて再確認され、二一世紀の安全保障の世界目標となった。内容的には、開発重視の『人間開発報告書一九九四年』の提言を平和構築の側面から補強し、より総合的な安全保障論としている。

図２　平和構築の枠組み

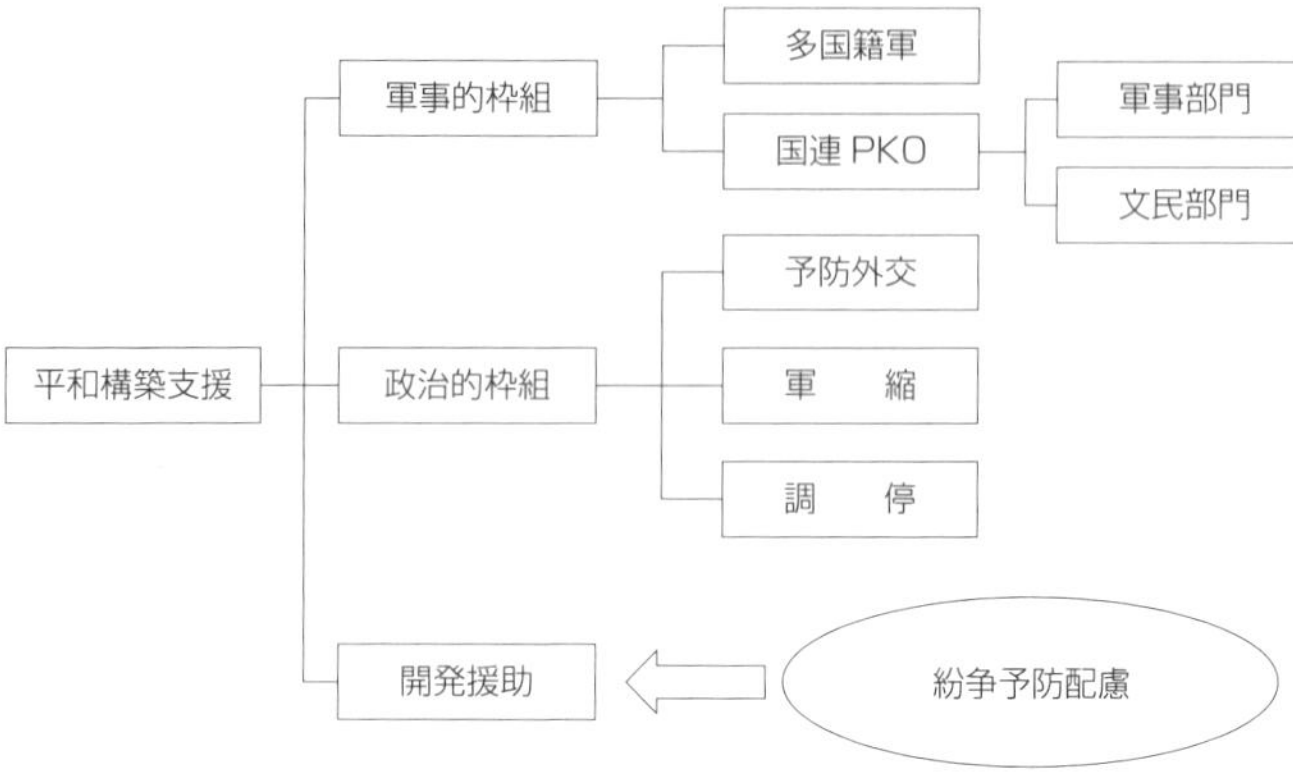

出典：JICA「課題別指針・平和構築支援」2003年11月，4頁。

3　人間安全保障の問題点

この『人間開発報告書一九九四年』や『安全保障の今日的課題』における人間安全保障の提唱はグローバル化世界の現実をよく踏まえたものではあるが、反面、そこには警戒すべき新たな問題点がいくつかあることもまた事実である。

第一に、人間の安全保障委員会自身が『安全保障の今日的課題』において認めているように、人間安全保障は「著しく幅広い安全保障概念」（一四頁）であるということ。国家安全保障は、国家間戦争の防止に目標を限定しており、それゆえ「合理的」であり現実的であった。ところが、人間安全保障は「グローバル社会保障（global social security）」といってもよく、目標も分野も担い手もあまりにも無限定であり、安全保障政策としては非現実的で実効性に乏しいものとなる恐れがある。第二に、同書では人間安全保障は「国家の安全保障を補完する」（一二頁）とされており、ここに注目するなら、人間安全保障は国家、特に大国の安全のために便利に利用されることになる恐れがある。第三に、もし人間安全保障が国家安全保障の補完物なら、そこでは国家安全保障の大原則であった軍民分離が根底から否定されることになる。人間の安全は、軍事部門と非軍事（文民）部門が協力して実現する。つまり、軍民協力（CIMIC: Civil

Military Cooperation）の日常化である。

これらはいずれも警戒を要するが、平和にとって、特に平和憲法をもつ日本にとって懸念されるのが軍民協力である。もともと人間安全保障は「恐怖からの自由」を主目的とする平和構築と「欠乏からの自由」を主目的とする開発援助を両輪としている。例えば、開発援助機関のＪＩＣＡ（国際協力機構）は、自ら図2のような平和構築支援の概念図をつくっている[4]。

この図からも明らかなように、平和構築では軍事部門と非軍事部門は緊密に連携しており、平時に近ければ非軍事部門の、戦時に近ければ軍事部門の比重が高くなる。これは開発援助の側からみても同じことである。人間安全保障の場は、『二三年版防衛白書』[5]の言葉を借りるなら、平時でも戦時でもない「グレーゾーン」が大半であり、それはすなわち軍民協力の場である。しかし、協力とはいっても、実力をもつのは軍であり、そこには平和構築や開発援助を装った軍事化への危険が常に潜んでいるといってよいであろう。

三　日本政府と人間の安全保障

人間安全保障のこれらの危険は、日本においても、すでに現実のものとなりつつある。敗戦後、憲法九条を桎梏と感じ疎んじてきた日本政府は、人間安全保障が提唱されると、すぐにこれに飛びつき、外交の柱とし、積極的に推進し始めた。一九九五年、村山首相が国連演説で「人間の安全保障という新しい考え方」に言及し、九八年には小渕首相が「人間の安全保障基金」の設置を呼びかけた。こうした日本の熱心な働きかけによって、「人間の安全保障基金」設立（一九九九年）、「人間の安全保障委員会」緒方貞子共同議長就任（二〇〇一年）などが次々と実現していった。『二〇一一年版ＯＤＡ白書』[6]は、「日本は、人間の安全保障の考え方を一九九〇年代から自らが中心になって主張するとともに、先駆者として積極的に実践してきました」（三一頁）と述べているが、これは、その限りでは、決して根拠なき自画自賛ではないのである。

1　政府開発援助（ODA）

この人間安全保障のうち、日本政府が当初、積極的に取り組んだのは「欠乏からの自由」、つまり開発援助の分野であった。日本の開発援助はもともと戦後賠償から始まり、市場開拓が目的となり、そして経済大国になると軍事貢献に代わる国際貢献として実施されてきた。「一九九二年ODA大綱[7]」は、基本理念について、こう述べている。「平和国家としての我が国にとって、世界平和を維持し、国際社会の繁栄を確保するため、その国力に相応しい役割を果たすことは重要な使命である。我が国は、以上の考えの下に、開発途上国の離陸へ向けての自助努力を支援することを基本とし、……政府開発援助を実施する」。

その結果、日本のODA支出純額は一九九一〜二〇〇〇年度において世界一となり、以後、大幅に減額されたが、それでも依然として英独仏と並ぶ援助大国である。日本の開発援助による平和貢献は、その限りでは大といってよいであろう（『二〇一一年版ODA白書』五一頁）。

2　国際平和協力活動

ところが、その一方、人間安全保障が世界社会で支持され始めると、日本政府はそれを絶好の名目として自衛隊の国際平和協力活動を開発援助と関連づけ、比重を徐々に前者に移していく。

このことは、「防衛力」解釈の変化を見ると一目瞭然である。冷戦終結までは、日本政府は「五一防衛大綱[8]」（一九七六年策定）の定める「基盤的防衛力」の立場をとってきた。これは、自衛隊が米軍と協力し、「わが国に対する侵略を未然に防止し、万一、侵略が行われた場合にはこれを排除する」ことを目的としていた。力による抑止・撃退という典型的な国家安全保障の立場である。ところが、冷戦が終結し、グローバル化による「新しい戦争」が前面に出てくると、日本政府はそれに対処するための国連平和維持活動への自衛隊参加を決め、一九九二年にはPKO法を制定、そして九五年には、PKOや災害派遣など「本来の『戦う』という役割とは異なる自衛隊の活動」にも言及した「〇七防衛大綱(9)」を策定する(『一三年版防衛白書』一五九頁)。

この流れを受け、「抑止力」から「様々な事態への対処能力」へと防衛力の考え方を根本的に変えたのが、二〇〇五年策定の「一六防衛大綱(10)」である。それによれば、現代紛争では軍の存在による「抑止効果が必ずしも有効に機能しない」ので、「今後の防衛力には、脅威の顕在化を未然に防止する」ことが求められる。したがって、そのための自衛隊の国際平和協力活動は、「余力の活用」ではなく、「主体的、積極的に取り組み得るもの」となる。この観点から、「自衛隊による人的貢献と外務省所管の政府開発援助(ODA)による支援は、『車の両輪』として進められなければならない(『一八年版防衛白書(11)』八二頁、二二五頁)。こうして、二〇〇七年、国際平和協力活動は、自衛隊の「本来任務」へと格上げされることになった。

この「本来任務」としての国際平和協力活動を「人間安全保障」により防衛政策の柱として明確に位置づけたのが、二〇一一年に策定された「二二防衛大綱(12)」である。「二二防衛大綱」によれば、日本の安全保障の基本理念は、①直接的脅威の防止と排除、②脅威の発生の予防と自由で開かれた国際秩序の維持強化、③人間安全保障への貢献、の三つである。これらのうち①は伝統的な力による抑止・排除であるが、②と③は人間安全保障の考え方そのものであり、日常的な防衛活動の中心は人間安全保障に移ったとみてよいであろう。

したがって、「二二防衛大綱」は、抑止重視の「基盤的防衛力構想」によることを明確に否定し、「動的防衛力」の立場をとる。「動的防衛力」とは防衛力の「存在」ではなく「運用」を重視する考え方であり、防衛活動・安全保障活動は①常時・継続的・戦略的に、②迅速かつ切れ目なく、③協調的・重層的に、実施される。この動的防衛力は、「国際平和協力活動に積極的に取り組む」ためのものであり、また「平素から常時継続的に軍事力を運用する」ためのものにほかならない（『二三年版防衛白書』一五九頁、四五六頁、四五八頁）。

3　軍民協力と中央即応集団

この動的防衛力は、現代紛争の広大なグレーゾーンで常時・継続的に行使されるため、当然、非軍事部門との連携・協力、つまり軍民協力（ＣＩＭＩＣ）が必要となる（『二三年版防衛白書』一五三頁）。「国際平和協力活動を始めとするグローバルな安全保障環境の改善のための取組においては、関係機関の連携はもとより、非政府組織等とも連携・協力を図ることにより効率的かつ効果的に対応する」（二二防衛大綱）。「ＮＧＯを含め、人道支援や社会経済の復興・開発に従事する文民と自衛隊の現場における活動調整等、民軍協力を推進すること」（ＰＫＯの在り方に関する懇談会[13]）。このように、近年の防衛関係文書では、政府文民諸機関や非政府組織との連携・協力が、「オール・ジャパン」を合い言葉に、いたるところで強調されている。

この軍民協力による人間安全保障を中心的に担う組織が、二〇〇七年三月設置の中央即応集団（CRF: Central Readiness Forces）である。ＣＲＦは防衛大臣直轄であり、陸将が「司令官」となる「基幹部隊」と位置づけられている。ＣＲＦは「国内における各種事態の発生時にその拡大防止を図り、また国際平和協力活動に迅速・継続的に派遣する場合などにおいて中心的役割を果たす部隊」（同白書一七六頁）であり、「日の丸を背負い、全世界規模で活躍する」集団である（ＣＲＦ・ＨＰ[14]）。ＣＲＦは、まさしく「二一世紀型自衛隊」の中核なのである（『朝雲新聞』二〇〇八年三月一三日）。

このＣＲＦを中心とする軍民協力の推進は、開発援助と平和構築を両輪とする人間安全保障の一般的な理念そのものとはたしかに合致する。日本政府がそこに目をつけ、人間安全保障を外交の柱としたとき、軍民協力も自ずと日本の国策となったのである。

4 国益のための人間安全保障

ここで、「人間」のための人間安全保障が、皮肉なことに、日本において「国益」のための人間安全保障へと転倒し始める。二〇〇二年の「国際平和協力懇談会報告書[15]」は、「新しい国際平和協力」により、「大規模な暴力を引き起こさない条件」を作り出すことが、「日本にとって国益と国の存亡がかかった死活的課題でもある」と述べ、「国益」のための国際平和協力の立場を鮮明に打ち出した（二頁）。

これを政府開発援助の側からみると、「一九九二年ODA大綱」では世界の平和と繁栄への貢献が日本ODAの「使命」とされていたが、人間安全保障を基本方針として明記した「二〇〇三年ODA大綱[16]」になると、ODAの目的は「我が国の安全と繁栄の確保に資すること」、「国民の利益を増進すること」とされ、二〇一〇年の「ODAのあり方に関する検討・最終とりまとめ[17]」ではさらに直截的に「開かれた国益」と明記された。ここでは「開かれた」と限定されているが、翌年の『二〇一一年版ODA白書』巻頭言では、松本外務大臣がODAは「日本の国益に資するだけではなく、途上国の発展にもつながるもの」と述べ、日本ODAにおける人類益から国益への逆転を率直に吐露している。

また自衛隊との関係でみても、国際平和協力活動は「五一防衛大綱」にはないが、『一八年版防衛白書』になると、「我が国の安全保障を強固たるものにするため、……国際平和協力活動について、防衛力をもって主体的・積極的に取り組む必要がある」（八二頁）とされ、国際平和協力活動における「国益」重視が鮮明に打ち出されている。

このようにして、日本政府は人間安全保障を外交の柱とすることにより自衛隊の国際平和協力活動と政府開発援助を連携させ、日本「国益」に戦略的・主体的・積極的・継続的に奉仕させるための制度的枠組みをほぼ固めた。人間安全保障は、「人間（人々）」のためではなく、日本「国益」のためのものになったのである。

四　憲法九条と人間の安全保障

日本国憲法は、先述のように、前文で人間安全保障への積極的貢献を義務づけているが、その手段については、いうまでもなく九条により武力によることを一切禁じている。日本国民は、非軍事的手段による平和貢献に徹することを自ら選択したのである。

この憲法理念からすると、日本政府の人間安全保障政策は、「国益」優先と自衛隊動員の二点において、誤りである。そもそも非軍事的平和貢献の中心を占めるべき政府開発援助が、日本の場合きわめて貧弱である。日本のＯＤＡ（二〇一一年度）は、援助総額では英独仏とほぼ同じだが、国民一人当たり負担額はノルウェーの一〇分の一以下であり、一般会計予算に占める割合もわずか一・一％でしかない。さらに驚くべきことに、ＯＤＡ予算は、一九九七年度を一〇〇とすると、二〇一一年度は四九であり、半減されている。ほぼ総額維持の防衛関係費と比較して、その落差は極端だ（『二〇一一年版ＯＤＡ白書』五一―五二頁、一五四頁）。

これは、人間安全保障への非軍事的貢献を義務づけている憲法に反する政策である。たしかに、従来のＯＤＡには事業目的の不明確さや不効率があったことは事実である。しかし、だからといってＯＤＡを大幅削減したり、自衛隊海外派遣のための草刈り場とするのは誤りである。また、ＯＤＡ関係者が、根拠なき批判や予算削減におびえ、右傾化世論に迎合し、一見明快な「国益」貢献に飛びつき、自衛隊との軍民協力に走るのは、ＯＤＡの自殺行為にほかならない。

日本国民は、非戦非武装の憲法理念に立ち返り、「国家」ではなく「人間」の安全を保障するための平和的手段による平和貢献を改めて選択し直すべきであろう。

(1) Report of the Secretary-General, "An Agenda for Peace: Preventive diplomacy, peacemaking and peace-keeping," A/47/277-S/24111, 17 June 1992

(2) UNDP, *Human Development Report 1994*, http://hdr.undp.org/en/reports/global/hdr1994/

(3) 人間の安全保障委員会『安全保障の今日的課題（人間の安全保障委員会報告書）』（朝日新聞社、二〇〇三年）。英語版 http://ochaonline.un.org/OchaLinkClick.aspx?link=ocha&docId=1250396

(4) JICA「課題別指針・平和構築支援」（二〇〇三年）http://www.jica.go.jp/activities/issues/peace/pdf/guideline.pdf

(5)『二三年版防衛白書』（ぎょうせい、二〇一一年）。

(6)『二〇一一年版ODA白書』（外務省、二〇一二年）http://www.mofa.go.jp/mofaj/gaiko/oda/shiryo/hakusyo/11_hakusho_pdf/pdfs/11_all.pdf

(7)「一九九二年ODA大綱」平成四年閣議決定（『二〇〇三年版ODA白書―新ODA大綱の目指すもの』（外務省、二〇〇四年）http://www.mofa.go.jp/mofaj/gaiko/oda/shiryo/hakusyo/03_hakusho/index.htm

(8)「五一防衛大綱（昭和五二年度以降に係る防衛計画の大綱）」昭和五一年閣議決定 http://www.cas.go.jp/jp/gaiyou/jimu/taikou/6_52boueikeikaku_taikou.pdf

(9)「〇七防衛大綱（平成八年度以降に係る防衛計画の大綱）」平成七年閣議決定 http://www.kantei.go.jp/jp/singi/ampobouei/sankou/951128taikou.html

(10)「一六防衛大綱（平成一七年度以降に係る防衛計画の大綱）」平成一六年閣議決定（『一八年版防衛白書』ぎょうせい、二〇〇六年）。

(11)『一八年版防衛白書』（ぎょうせい、二〇〇六年）。

(12)「二二防衛大綱（平成二三年度以降に係る防衛計画の大綱）」平成二二年閣議決定（『二三年版防衛白書』ぎょうせい、二〇一一年）。

(13) PKOの在り方に関する懇談会「中間とりまとめ」（二〇一一年）七頁。http://www.pko.go.jp/PKO_J/info/pdf/20110704.pdf

(14) CRFホームページ http://www.mod.go.jp/gsdf/crf/pa/

(15) 国際平和協力懇談会「国際平和協力懇談会・報告書（明石レポート）」（二〇〇二年）http://www.kantei.go.jp/jp/singi/kokusai/kettei/021218houkoku.html

（16）「二〇〇三年ＯＤＡ大綱」平成一五年閣議決定（『二〇一一年版ＯＤＡ白書』）
（17）外務省「開かれた国益の増進——ＯＤＡのあり方に関する検討・最終とりまとめ」（二〇一〇年）http://www.mofa.go.jp/mofaj/gaiko/oda/kaikaku/arikata/pdfs/saisyu_honbun.pdf

地球環境問題の歴史と思想

——日本の近現代を中心に

田中和男

はじめに

人類の発生以来、人間は自然を利用し再生させることにより生存を保ってきた。時には人為的な環境破壊や自然災害によって人類の生存自体が破滅の危機に立たされてきた。二〇一一年の三・一一東日本大震災・福島原発メルトダウン以降の日本の状況は、地球環境とどのように付き合っていくかという困難な問題を改めて気づかせた。

人間による自然破壊の先例は古代にさかのぼり、八世紀、奈良の都では「鎮護国家」を実現するための東大寺大仏の建立で銅を精錬したために二酸化硫黄が多量発生して住民の健康を悪化させた。自然破壊が「公害」として解決すべき課題とされたのは、近代以降の工業化と深くかかわっている。西欧では一九世紀のイギリスの首都、ロンドンでのスモッグの発生が、都市住民の衛生・健康の問題と結びついて浮上することになった。

日本についていては、俳句の季語や枕草子の自然描写などと結びついて日本人は自然を大切しているという言説が定着している。また、徳川日本が自然との共生を維持した内発的発展のモデルとしばしば主張される。先述の奈良の大仏建立の例にあるように、多くの都城建築のために自然が崩壊させられたともいえる。特に、西欧のグローバル化の波が押し寄せる一九世紀以降の日本の近代化は、様々な環境破壊をもたらし、被害を受けた住民の声がわきあがった。

工業化を推し進める政府・企業家は抗議の声を押しつぶして富国強兵や、高度成長を強行した。反対者を少数派とする国民の多数派の支持がその背後にはあった。政府は公共性を実現する公平な第三者としてではなく、率先して環境破壊を推進・加担し、さらに異議を唱える被害者を差別・排除してきた。経済成長の必要性や原因と被害の因果関係を証明（曖昧化）する際の自然・社会科学と科学者の役割も無視できない。

本稿では、近現代日本を素材にして、環境問題に対してどのような開発政策が行われどのような環境破壊が生じたのか、さらにそうした環境破壊に対してどのような異議と抗議の声が上がったのかを検討する。近代の実例としては栃木県の足尾鉱毒問題をめぐる田中正造の反対運動、第二次世界大戦後の高度成長期の実例として熊本県の水俣病を中心とする公害問題を取り上げて、環境保護の思想の可能性を追求していきたい。

一　近代日本の環境問題——富国強兵と鉱毒問題

明治維新後の富国強兵の波に乗って、栃木県の足尾銅山でも安全対策を軽視した増産のため、鉱害による大気と土地の汚染が深刻化した。鉱毒で汚染された渡良瀬川の氾濫で、周辺の農地が荒廃し、農業を基盤とする生活世界が崩壊していった（本稿は紙数の関係で、典拠・参考文献については最低限に留めた）。

足尾鉱毒問題に対して、被害民の救済、発生源の企業（古河鉱業）の責任と操業の停止、監督する県知事と政府の責任を追求したのが田中正造であった。

田中正造は幕末の一八四一年、北関東の現在の栃木県の農村小中村に生まれた。村の名主を勤めた有力な農民であり、正造自身五七年には名主に選ばれた。領主である幕臣六角家が増税強化を図るのに対して抗議の運動を進めたため逮捕され、維新後の江刺県（岩手県）の下級官吏として上司殺害の嫌疑を受け入牢するなどの経験を持った。七四年、無罪釈放され故郷に帰った後、自由民権運動にも参加した。栃木県区会、県会議員に選ばれ、八六年には県会議長に就任する。九〇年の国会開設に伴い、大隈重信の改進党系の国会議員に当選した。この時期は、まだ足尾鉱毒問題が問題として現れる前であるが、田中正造は、地域農民を指導する農民の一員として、民衆のための政治（仁政）を実現するいわば治者としての自覚を獲得していった。区会議員に立候補する際、「公共に尽くす」ことを決断している。

幕藩体制下で幕府がほぼ独占した金山などの鉱山は、新政府が受け継いだ後、一八七〇年前後から、有力な財閥企業家に払い下げられた。足尾銅山は七七年、古河市兵衛が買収し、その直後、新しい鉱脈が発見された。古河も、削岩機、ボイラー式ポンプを導入するなど機械化に努めたので、産出量も急増した。こうして、銅山の生産活動が活発化するに伴い、精錬や廃棄物投棄などがもたらす環境被害が明確化し出す。天候不順による洪水がそれを加速した。

一八九〇年、栃木県と群馬県議会はそれぞれの知事に対して鉱毒対策について建議を行い、鉱毒の実態調査と原因究明を依頼した。田中正造は衆議院議員として足尾鉱毒問題についての追及を開始する。九一年の第二議会「足尾銅山礦毒ノ義ニツキ質問」書を提出し、帝国憲法の臣民の所有権の不可侵を確認したうえ「日本坑法」や「鉱業条例」で鉱業などの事業が「公益ニ害アルトキ」は農商務大臣が「許可ノ取消」が可能であるとして、足尾銅山が沿岸の村々に「巨万ノ損害」を与え、八八年より現在まで「田畑ハ勿論堤防竹樹ニ至ルマデソノ害ヲ被リ、将来如何ナル惨状ヲ呈スルニ至ルヤモ測リ知ルベカラズ」として、対応に消極的な政府に対して被害の防止策を提示するように求めた。農商務大臣陸奥宗光は原因について「定論」なしとしたが、東京帝国大学農科大学教授古在由直らの報告によって、公害被害の原因が足尾銅山にあることが指摘されていた。

一八九四年、古河市兵衛は栃木県知事の仲介で被害者との示談交渉に乗り出した。古河は、以後の請求を拒否する永久示談の形式を押し付けた。日清戦争下、被害民の不満を抑え込んだが、九六〜九七年に相次いだ洪水のため被害が拡大した。田中正造は、九六年三月、第九議会で、古河の永久示談契約を批判し、一〇月、鉱毒被害の著しい龍雲寺に鉱毒仮事務所を設け鉱毒停止のための請願運動を推し進めようとした。翌年、第一〇議会では「公益に有害の鉱業を停止せざる儀につき質問書」を提出するだけではなく被害民と共に請願のため大挙上京した。田中にとって、鉱害の拡大によって「人民の権利財産」が侵害されるのは「天賦の生命為に一商人の手に奪はる、と均しき結果」であり「官吏議員の身を以て名を仲裁に籍りて一商人を助け、多数窮民為すなきの虚に乗じてこれを瞞着し去らんとするの大無礼」だと感じられた（「被害地方運動員への注意書」一八九七年）。権利財産の根拠は「天賦の生命」の保障にあった。

農商務大臣榎本武揚が現地施設を行い、政府は鉱毒調査会を設けた。新聞・マスコミでも関心が向けられ、知識人や宗教家も足尾鉱毒事件についての発言を行った。キリスト者の内村鑑三、植村正久、国権主義者の頭山満などが講演会に参加した。政府部内は、操業継続を前提として、古河に対して、鉱毒予防工事を命令した。古河は百万余円の総工費で排水中和処理施設、排煙脱硫塔、電気集塵機設置などを行った。数度の請願運動は弾圧された。一九〇〇年二月には、第四回大挙請願の途中、利根川の川俣で憲兵・警察による大弾圧を受けた（川俣事件）。正造はただちに、「亡国ニ至ルヲシラザレバコレ即チ亡国ノ儀ニツキ質問書」を提出して「民ヲ殺スハ国家ヲ殺スナリ……財用ヲ濫リ民ヲ殺シ法ヲ乱シテ而シテ亡ビザルノ国ナシ」と批判した。翌年、国会議員の辞任届を出したのち一二月、明治天皇への直訴事件を起こすことになる。訴状の執筆には社会主義者の幸徳秋水が協力した。

問題は、政府や一商人の姦計にあるだけではない。「実地被害者中往々瑣細の金銭に眩惑し自ら毒液を飲むに均しき愚物」の存在であり、他府県の人が現状を実見して「被害人民の忍耐の馬鹿に強きに驚」くが、これは「人民の気骨なき」ことの証明でもあった（前引「被害地方運動員への注意書」）。政府は人民の利害につけ込み、関心を横にそらした。足尾鉱毒問題の発生原因を除去するのではなく、洪水予防のための堤防強化、さらには帝都たる東京への鉱毒流入防止を重視するようになる。一九〇三年、渡良瀬川・利根川が合流する谷中村に大遊水地を建築する案が浮上し、一九〇四年、栃木県議会は谷中村買収案を可決、帝国議会も災害土木補助費を可決し、谷中村廃村を方向づけた。政府の強硬に対して、正造は谷中村に移住して抵抗する。「国家を見るハ一郷を見バ足れり。郡中ニ亡滅せる村あれども行いて見ず。況やこれを救ふべきか。県下の谷中村は人生の地獄なり。而も県民及び議員来り見るものもなく、人民官吏の虐待を受るも、対岸の火災ほどニも見ず。これ決して人類の生息せる国家とハ云はざるなり」（一九〇四年八月三一日　原田定助宛書簡）。

一九〇六年、谷中村会は藤岡町との合併を否決したにもかかわらず、村長は決議を無視して合併を決定した。それを受けて、政府は土地収用法を適用、六月末から、谷中堤内の抵抗派一六戸を強制破壊させた。若い社会主義者荒畑寒村は『谷中村滅亡史』（一九〇七年）を著わして正造たちの抵抗を支持した。一〇年、政府は、渡良瀬川改修工事費予算を成立させ、三三〇〇ヘクタールの遊水地建設を開始した。田中たちは、この動きに対して「旧谷中村土地人民復活請願書」を提出する（一九〇八年三月）。「谷中村ノ形骸モナキ姿ニ候へバ、誠ニ幽霊ノ谷中村民ヨリ請願仕ル次第」として「生キ変リ死ニ代リ必ズコノ御怨ミ申上」げる「亡民ノ請願」だとする。

強制収容で「白昼公然人民ノ家屋ヲ破壊」すること自体が「公安公益ヲ害スルノ甚シキモノ」であった。それだけではない。土地と農民との関係は切り離せない。「農民ハ古来数百年来住慣レシ居所耕シ慣レタル田畑等財産ノ全部ヲ収用シ、理財ノ法経済ノ活用ヲ知ラザル農民ノ手ニ金銭ヲ渡スガ如キハ実ニ全ク農民ヲ鋸引キニ為スガ如ク……況シテ公益ヲ害シ公害ヲ残スノ土地収用ニ於テハ我等ハ飽クマデモソノ不当ヲ絶叫スルヲ止ムル能ハズ候」（同前「請願書」）。田畑財産は住み慣れた生活世界を可能にするものであり、その喪失は世代を超えた公益を喪失することであった。谷中村は一谷中村ではなかった。「二十世紀これ豈禽獣の世ならんや。山川未だ竹木草苔あり。魚介禽獣あり。人類独り生活するの地なき、枕する処なからんや。よろしく改良を加へて億兆の同胞を安んぜんとす。これ人類たるもの、希望なり」（「日記」一九〇七年五月）。

田中正造の足尾鉱毒問題への抵抗は、一九一三年、彼の死去によって終わったが、足尾鉱毒事件が解決したわけではない。正造の死後半世紀近くを経た一九五八年、足尾銅山の源五郎沢堆積場の堤防が決壊し、多量の鉱毒が再び渡良瀬川沿岸に広がった。渡良瀬川公害根絶期成同盟会が結成され七四年、公害等調停委員会で調停が成立した。古河鉱業所の公害発生責任を認めた。七六年には古河鉱業と周辺自治体との公害防止協定が締結される。

「(現在の政治は）争つて天然を疵け又人心を破るなり。曰く法律、曰く納税、曰く兵役、曰く学文、皆国その物を破りてその物を造ると云ふ。本末を誤りて憚らざるハ現今政治関係の通弊たる当世の大悪事たり。国家、社会、人類の生命を永続せんとせバ、断じてこの大誤りを根底より改め天然の良能を発起せしむるの外、果たしてこれを実行断決するニ於てハ、憲法、法律、教育の渾てを全廃して、更天神を基とせる方法即ち広き憲法を設くべし。誠ニ天則ニよらバ即ち憲法の天ニかなふを云ふなり」（「日記」一九一二年一月一六日、以上『田中正造文集』岩波文庫による）。

二　現代日本の環境問題――高度成長と公害問題

戦前の環境問題は足尾鉱毒問題だけではない。四国の別子銅山での公害反対運動も著名である。別子銅山は、江戸時代より、大阪の財閥住友家が経営し、明治維新後も引き継いだ。足尾銅山と同様、銅の産出量増加に伴う煙害が発生し反対運動が活発化したため、精錬所を瀬戸内海の四坂島に移設した。しかし、一九〇五年の本格稼働で公害が拡大し、東愛媛の四郡を巻き込む住民運動が展開し、帝国議会への請願に町長なども立ち上がった。一〇年、県知事の仲介で住友との煙害賠償の妥協に持ち込んだ。

鉱工業の活動による公害に対しては一九一一年の工場法が「工場及付属建設物」が「危害」を生じ「衛生、風紀其ノ他公益ヲ害スル虞」がある場合に行政官庁が必要な措置を命じることができるとした。鉱業権の保護と規制を目的とする一九〇五年の鉱業法は、三九年の改正で、加害者の無過失責任と被害地の原状回復が規定された。第二次大戦前の経済的回復過程で、開発による自然破壊の回避と、歴史的遺産を保護するというナショナリズムの育成を目的として一九年に「史跡名勝天然記念物保護法」、三一年には「国立公園法」が制定された。国立公園法の提案理由には国民の保健、休養、教化が挙げられ、指定された国立公園は奈良吉野・九州霧島のように天皇制ゆかりの土地が多かった。キリスト教青年会ＹＭＣＡや大学・高校の山岳会などを構成メンバーとする日本厚生協会が三九年に設立され、前年に設置の厚生省の健兵健民を育成する厚生事業を支えた。

戦時期は、地球環境の破壊という点では、その最たるものであったことはいうを待たない。しかし、恐怖からの自由には、戦争がイメージされても、環境問題は含まれていなかった。戦時中の鬼畜米英が親米同盟に変化したように、「贅沢は敵だ」は「贅沢は素敵だ」に変化した。占領が終わり、高度成長の端緒となる一九五〇年代中半は、公害問題にとっても転換点であった。五五年の保守合同による自由民主党の結成と長期にわたる自民党支配の開始はその象徴である。福祉国家の形成を謳うとともに、日米安保を前提にした自衛力の育成、核の平和的利用の推進などの出発点であった。戦後の経済回復の出発であった。五〇年の朝鮮戦争の勃発に伴う朝鮮特需が契機となった。経済成長に起因する公害が四大公害病訴訟として顕在化するのは六〇年代後半であり、第一審で勝訴判決を得るのは七〇年代始めであった（公害裁判については、淡路剛久ほか編『環境法判例百選〔第二版〕』（有斐閣、二〇一一年）参照）。

戦後の公害問題の原点ともいわれる水俣病の公式確認は一九五六年五月とされている。人への健康被害として、脳症状を呈する原因不明の疾病とされた。しかし、患者一号は五三年に発見された。水俣湾でとれる魚類を食べた猫などの異常な行動はこれ以前から不審に思われていた。高度成長以前に、水俣病として拡大する被害が見えないかたちで蓄積されていたことになる。政府が、その原因として、水俣湾に立地する新日本窒素水俣工場でのアセトアルデヒド・酢酸製造工程中に発生した有機水銀化合物にあると断定したのは六八年九月であった。公式確認から一二年がたっていた。地元の熊本大学では遅くとも五九年七月には病理学教室の武内忠男教授が原因は有機水銀、発生元はチッソ水俣を特定していた。政府・厚生省は、水俣病の拡大を認識しながら、その拡大を阻止するというより、悪化させるのに加担した。原因究明を怠り被害者の治療や損失補償の点でも、被害者側に負担を課した。漁民への補償が不十分であったため五九年一一月には漁民の工場乱入事件がおこり、チッソ労働組合は企業防衛に走った。一二月には、生活の困難に追い詰められた被害者たちは、原因が特定されてもチッソに被害請求しないことを約束した低額での見舞金契約（永久示談）の締結を余儀なくされた。

その後、新潟県阿賀野川でも疑われていた同様の患者の存在が一九六五年には発生が公式に確認され新潟水俣病と呼ばれた。水俣と同様、発生源とされた昭和電工はそれを否定するキャンペーンを張るが、六七年四月には厚生省の研究班が発生源を昭和電工と「診断」した。六月には被害者・遺族が原告となって新潟水俣病第一次訴訟が開始される。六八年一月、新潟の患者が水俣を訪問するなどで、潜在患者もカムアウトするようになった。チッソ側も、患者に対する年金を五割増しの提案などを行うなかで、厚生省はようやく、原因と発生企業を特定したのであった。しかし、被害者・患者・漁民側は、政府案に一任するものと、訴訟を行うものに分裂した。訴訟派は、チッソによる過失と損害賠償の認定、五九年の見舞金契約の無効確認を求める第一次訴訟を提起することになる。

水俣病患者の発生以来、患者たちの生死を記録した語部の一人として石牟礼道子がいる。一九二七年、熊本県天草に生まれたが、生後三カ月より水俣に生活した。戦争中、代用教員などをしたが敗戦で退職、戦後は、水俣出身の谷川雁が中心となった「サークル村」の活動に参加した。後に『苦海浄土』としてまとめられる文章の一部も雑誌『サークル村』の一九六〇年一月号に掲載された。『苦海浄土』が刊行されるのが六九年一月なので、政府が水俣病の原因を特定した時期までが扱われている。この時期までに分かっているだけで、熊本県の水俣病患者数は、死者四二人、患者六九人（胎児性水俣病患者二〇人）とされた。例えば、次のような記述がある。

いま昭和四十年二月七日、日本国熊本県水俣市出月の、漁夫にして人夫であった水俣病四十人目の死者、荒木辰夫の葬列は、うなりを立てて連なるトラックに道をゆずり、ぬかるみの泥をかけられ、道幅八メートルの国道三号線にはしっこを、田んぼの中に落ちこぼれんばかりによろけながら、のろのろと、ひっそり、海の方にむけて掘られてある墓地にむけて歩いて行ったのだ。……茫々とともっていくような南国の冬の、暮れかけた空に枝をあげて、それなりに銀杏の古樹は美しかった。枝の間の空の色はあまりに美しく、私はくらくらとしてみていた。……僻村といえども、われわれの風土や、そこに生きる生命の根源に対して加えられた、そしてなお加えられつつある近代産業の所業はどのような人格としてとらえられねばならないか。独占資本のあくなき搾取の一つの形態といえば、こと足りてしまうかも知れぬが、私の故郷にいまだに立ち迷っている死霊や生霊の言葉を階級の原語と心得ている私は、私のアニミズムとプレアニミズムを調合して、近代への呪術師とならねばならぬ。」（『苦海浄土』講談社、六〇―六一頁）。

アメリカ合衆国では、一九六二年、レイチェル・カーソンの『沈黙の春』が刊行され、農薬や工業廃棄物による自然破壊が食物連鎖などにより地球環境全体を崩壊させていくことを論じた。黒人差別の解決を求める公民権運動や六五年の北爆以降のベトナム反戦の動きと結びついて自然保護運動が活発化した。日本においても、戦後の経済復興と高度成長時代の幕開けとともに、経済成長優先の「ひずみ」が様々な面で表れてきた。食品公害、薬害と呼ばれる事件も多発する。五五年六月ごろから西日本で広がった森永ヒ素ミルクによる中毒事件をはじめとして、六二年には、サリドマイド系睡眠薬による障害が発生して厚生省は発売停止・回収などを指示する。これらも、公害事件と同様に、企業や政府の責任を問う裁判に訴えられた（世界人権問題研究センター編『人権歴史年表』（山川出版社、一九九九年））。その際、原因と被害の因果関係を確定する科学の役割が改めて問題とされた。

原子力発電の「安全神話」を作り上げた「原子力村」の存在が指摘された。公害・薬害の発生についても、業界・行政・大学（学問）の癒着が問題にされた。学問のレベルでも、公害・自然破壊を軽視してきた姿勢を問う動きが活発化した。経済学での外部経済性を問う都留重人や宮本憲一、宇沢弘文の業績、科学史の中で、近代科学の問題性を俎上に挙げた広重徹、中岡哲郎の仕事がある。東京大学の学生反乱に大きな影響を与えた山本義隆は、その経験を踏まえて後に科学史の一連の著作をまとめることになる。公害問題で自然科学者として既成の学問への批判を含みながら取り組んだ人物として、医学の分野では熊本大学の原田正純が息の長い活動を続け田中正造の「谷中学」に対して「水俣学」を主張するにいたった。工学の分野では宇井純の活動は無視できない。

宇井純は一九三二年、東京に生まれ、戦後直後は栃木県の開拓団に一家で参加した。五六年、東大工学部を卒業した。日本ゼオンに三年間勤務したのち、「一生を化学工業資本に捧げるつもりはなかった」宇井は大学院に戻り研究の道に入る。この時期から、水俣にもしばしば訪れた。現代技術史研究会の中に公害の勉強会を立ち上げた。六五年から工学部都市工学科の実験助手として務め、八六年に沖縄大学教授に就任するにいたった。二〇〇三年、沖縄大学を退職し〇六年一一月死去した。助手時代の一九七〇年より、公害の調査・研究の成果を市民に伝え相互批判する場として自主講座「公害原論」を東大構内で開催した。その内容の一部は『公害原論』として公刊された（三巻本、一九七一年、亜紀書房）。宇井は「開講のことば」を次のように始めている。

「公害の被害者と語るときしばしば問われるものは、現在の科学技術に対する不信であり、憎悪である。衛生工学の研究者としてこの問いをうけるたびにわれわれが学んで来た科学技術が、企業の側からは生産と利潤のためのものであり、学生にとっては立身出世のためのものにすぎないことを痛感した。その結果として、自然を利益のために分断・利用する技術から必然的に公害が出て来た場合、われわれが用意できるものは同じように自然の分断・

利用の一種でしかない対策技術しかなかった」(一巻二頁)。

宇井は、様々な公害発生の問題点を比較したのち三つの原則を指摘している。①公害の問題化の四つの段階の存在。原因の究明、原因の発見、反論と中和による問題の混迷化という起承転結である。科学性を装った反論と中和により問題の解決は先送りとなり、加害者(企業)の思惑が実現した。②公害問題には公平な第三者は存在しない。第三者は加害者の立場であること。この点は、あらゆる差別に第三者はないとフェミニズムでも主張される。③補償金は両者の主張を足して二で割る相加平均ではなく、掛けて開平する相乗平均で決まる。地域を牛耳る加害者側がゼロを主張すればゼロとなってしまう。

一九六〇年代に提起された公害問題としては二つの水俣病の関係訴訟だけではなく、富山県神通川流域のイタイイタイ病(六八年三月提訴)、コンビナートの大気汚染など複合的な要因が関係した四日市ぜんそく(六七年九月提訴)などが四大公害事件として知られている。こうした動きが、六八年の公害対策基本法の制定を後押ししたが、経済発展との調和条項に対する批判が高まり、七〇年には公害対策一四法案が成立し、公害対策基本法から調和条項が削除される。七一年には環境庁が設置される。七〇年代の初頭には四大公害訴訟はほぼ原告勝利の判決を勝ち取り、無過失責任の原則、汚染者負担の原則、永久示談条項の違法性などは立法にも取り入れられる。七三年の熊本水俣病第一審判決後には、被害救済の原則を定めた公害健康被害補償法が制定されている。

こうした判決や立法が、公害による被害者の困難を解決したとは言い切れない。水俣病被害者の認定については二一世紀を迎えた現在でも解決が持ち越されている。環境庁では、感覚障害・視野狭窄などの症状の一つが合えば水俣病とする一九七一年の認定基準を七七年に改定し、複数の症状の組み合わせに合致することを求めた。この基準に合わない未認定患者は八〇年代以降、県や国に賠償請求する新たな訴訟を行った。九五年の自社連立の村山内閣は、未認定患者の一部に臨時金を支給するなどの政治決着をした。該当者は一万二千人を数え、患者の多くがチッソ・国・熊本県と和解した。しかし、関西訴訟は継続し、二〇〇四年、最高裁判決で、国の基準より幅広い救済を認めた。この判決で認定申請を求める人が増えたため〇九年、認定基準はそのままで水俣病被害者救済法が制定された。一時金二一〇万円と医療費がチッソの負担で支給される。「あたう限りすべての救済」を「水俣病の最終解決」を掲げるが一二年七月、環境省は申請を打ち切り「潜在被害者の切り捨て」とする反発を受けている。

むすびにかえて

高度成長期に顕現化した環境破壊に対する対策が行われなかったわけではない。一九九三年には、公害対策基本法と自然環境保全法を拡大した環境基本法が制定された。「現在及び将来の国民の健康で文化的な生活の確保に寄与」し「人類の福祉に貢献」することが目的とされる。国・地方公共団体・事業者そして国民にも「環境保全上の支障を防止するため、その日常生活に伴う環境への負荷の低減に努め」ることを求めている。環境教育を行い、環境破壊の恐れのある事業に対しては環境アセスメントの必要が規定されている。二〇〇〇年には循環型社会形成推進法が制定され、廃棄物などの発生抑制、再生資源の循環的な利用されるシステムの構築が謳われている。

環境基本法が作られたのは、環境破壊が無視し得ない状況になったことを反映している。公害対策基本法が作られたときに公害が無視しえない状況であったのと同様である。しかし制度の成立は資金と人材がつぎ込まれることであり、利権化する可能性がある。環境問題が利権化し、儲かる対策が行われ儲ける利益集団が生き延びる。公害対策基本法でも問題になった経済調和条項と類似した経済の持続可能性が求められていることにも注意する必要がある。地球環境の保全は必要なことではある。しかし、公害問題で経験した失敗の歴史に学ぶことが前提であろう。

原子力政策の見直し
――原発安全対策を中心に

魏　栢良

はじめに

二〇一一年三月一一日、東電原発事故における安全対策の不備と無力さは、国内・外の人々に鮮明に示され、日本は「原子力発電の安全性を世界最高水準」と「原発立国」という看板に泥が塗られた。それだけではなく、原発に事故など異常がいったん起きると、人の知恵と知識を総結集しても、その安全対策に万全を期すことが不可能であることが示された。同時に〝まったくの大混乱〟に陥ることも体験した。さらに、その苦境にさまよう人々を救えない、人の無力さを受け入れざるをえない辛さを痛感した。そして人類が危機的状況から脱皮するため、原発事故のたびに提示された〝實事求是〟という貴重な教訓を逃した惨事だけに断腸の思いが残る。

米国のTMI原発事故、旧ソ連のチェルノブイリ原発事故の際、〝實事求是〟が二度にわたり原発保有国に示された。しかし、それは開発のみを至宝とする市場経済下にある原発保有国には無用の長物として除外された。その教えを厳粛に受け止め、その実行に真摯な取り組みを続けてきたなら、今回の事故は未然に防ぐことが可能であった。例えば、〝實事求是〟の教訓を生かし、非常時電源措置を確保するため、外部電源の非常用ディーゼル発電機を Hill Fort（高台丘の上の砦）の方式にしたならば、Station Blackout を防止することができた。また、津波など自然災害および外部からの妨害行為にも、Concentric Castle（何重もの壁で囲まれた城）という方式を採用した場合は甚大な被害から逃れることができた。これらの措置は、内部の安全性にも、外部からの安全確保にも効果的な事前防止策である。したがって、これらの事故防止対策は、さらなる大きな災害から逃れるため、大量のソフトやハード面での Resource を投資し、真摯に計画を練る最後の機会、また最後の警鐘を鳴らすものであったかもしれない。

本稿では上記の観点から、国・内外の原発安全対策面のあらましを記述する。国際組織ＩＡＥＡを中心に展開し、国内的には日本の原子力エネルギー政策を中心にまとめる。そして原発事故からの教訓、原発利用における政策、また原子力産業の問題点の見直しについて若干提言する。

一　原子力利用の道しるべ

1　商業利用台頭

原子力の開発の動機は軍事使用目的であった。その原子力の威力は、第二次世界大戦の際、〝Win Weapon：勝兵器〟として人類史上に登場した。一方、その核兵器の残忍さが国際法、特に Geneva Conventions をはじめ、政治の理念および法の正当性からの逸脱であるとの認識が深まった。そして人道に対する罪という司法裁定[1]も提示され、核兵器反対運動が展開された。その諸問題の回避策として Win Weapon の独占化とその正当化を企図して米国は、一九五三年一二月に第八回国連総会で、アイゼンハワー米大統領がいわゆる〝Atoms for Peace〟と呼ばれる声明を発表し、原子力商業利用のための国際管理機関と核分裂物質の国際プール案を提案した。つまり、〝原子力平和利用〟という名の下で、世界各国に核不拡散防止（ＮＰＴ）体制[2]という厳格な条件付き商業利用を提唱したのである。

本節では、ＮＰＴ体制、核・軍事関連の観点を除外し、原子力の商業利用、その柱である原発とその安全対策を中心に論じる。

2　安全管理の展開

原子力商業利用における政策の主軸は、「安全」、「安心」、そして「信頼」である。この三つの軸を六〇年間国内・外の体制で構築してきた。その安全確報は、Risk と Danger の両面における安全をいかに確立するかである。その両面を前提とし、原子力の研究、開発および利用に対する人々の信頼を得るため、原子力施設の設計・建設・運転にあたっては細心の注意が払われている。そして地震、津波などの自然災害に対する対策をはじめ、原子炉など設備の故障や誤操作、サボタージュに起因する危険、つまり意図的な妨害行為により潜在する放射性物質が人々の健康に悪影響を及ぼす Risk、その潜在的危険性を抑制する安全対策の制度化、セーフガードである。また Danger、外部からの妨害破壊行為、核テロ、ミサイルなどによる原子炉の破壊、さらに核物質をはじめ核燃料など放射性物質を何らかの方法で拡散させるという破壊行為を抑止する防護対策・セキュリティを整備、維持しなければならない。

この Risk と Danger からの安全を確立するため、国際原子力機関（IAEA。以下IAEAという）をはじめ、経済協力開発機構原子力機関（OECD、NEA）、そして欧州原子力共同体（Euratom）など国際機関と原子力商業利用、主に原発を稼働している原発保有国は、「安全神話」を捨て、「人は誤り、機械は故障する」ということを前提に多重の防護を用意する〝Defense-in-depth：DD（多層防御の対策[3]）〟の徹底化を強いられる。さらに事業者に、〝Quality assurance：QA（品質保証活動）〟が義務付けられる。つまり原子炉をはじめ原発関連の諸機器の品質が必要な水準で維持されていることを自主的に検証し、安全確保の仕組みの整備を義務付けた制度である。原発の設計・開発・製造・実装・サービス・文書といったあらゆる活動をカバーする。また、QAには材料や部品、製造工程や検査工程などの品質の規定も含まれる。総じていえば、Risk および Danger からの危険を抑制するための統計的制御措置を講じることが求められている。その安全を確立するため、事業者は、〝ＤＤ〟による安全措置の実施状態、そして〝ＱＡ〟における検査状況を政府に報告する責務がある。さらに原発運用面における地域住民をはじめ人々の不安の払拭と安心感を与える必要性から制度化された安全文化：Safety Culture の醸成に努力が払われている。そして原発保有国はその結果をＩＡＥＡに報告しなければならない。(4)

原子力産業活動は危険活動として指定され、国際機関、国家、事業者など何重にも安全性を確立するため立法、行政、事業者の役割など厳格な制度を構築している。最近では，原子力産業のテロリズムに対する防御という安全保障：Security の観点からも、特に原子力施設・核物質の管理が見直されている。

しかしながら、六〇年間の研鑽にもかかわらず二〇〇〇年以降、安全上の保障措置：セーフガード制度に重大な問題があり、その対応策が緊急を要することが判明した。それは、三月一一日の東電原発の事故以来、原子炉をはじめ関連施設の再点検の結果、原発保有国の安全対策上の不備および運営上の欠陥が露呈し、その基準の見直しの必要性が鮮明になったことである。

他の例として、二〇〇〇年の東電福島第一原発一号機蒸気乾燥器点検作業報告書の改ざん申告を契機とした一連の点検で発見された不適切な行為、〇三年の日本原燃六ケ所再処理工場の使用済燃料プールにおける不適切な施工、〇四年には関西電力美浜原発三号機において五名の尊い命が亡くなり、六名が重傷を負うという、美浜原発における極めて重大な配管破損事故の発生などは、当該事業者はもとより国の安全規制行政の有効性に対する人々の信頼を損ねた事例である。さらに一九九九年九月の茨城県東海村民間ウラン加工施設「ＪＣＯ」東海事業所で、連続的な核分裂反応による「臨界」事故が発生し、その被曝により二人の作業員が死亡した。事故原因は本来の作業手順を無視し、効率優先を重視した結果であった。その工程が裏マニュアル化され、「手順無視、無謀な選択、」「違法を知りつつ慣習化」などが原子力商業利用に大きな波紋を投げかけた。(5)特に東電原発の事故におけるその対応策の失態からは安全上の指針、制度、また技術的側面における相当な見直しが要求される。ＩＡＥＡをはじめ国際機関、原子力保有国、日本政府、当事者である東電などが最先端の技術と最新の科学の知識を総結集し、全力を投じた対策にもかかわらず、一年経過した現在も解決策は五里霧中である。

この結果 多数の原発の運転や再処理工場への使用済燃料の搬入を長期にわたり停止せざるをえない事態となった。また、事業者による施設の保安や国による安全規制に対し、人々の不信は深まる一方である。また原発稼働における放射能脅威の存在が暴露され、脱原発を主張する人々が急速に増大している。

3 核燃料サイクルの過負荷

原発の脅威はいうまでもなく放射能である。その放射能による被害は、原発の運転中のみではなく、原発の核燃料サイクル全過程、ウラン採掘から放射性廃棄物処理までを指す。例えば、日本の人形峠で、わずか八〇トン程度のウランしか採掘できなかったにもかかわらず、厖大な汚染を残している。(6) 一九五五年の開発以来の残土に存在する放射性物質からの放射線のため、現在も立入禁止区域であり、危険性は継続している。

世界のウラン採掘はカナダ、オーストラリア、アフリカ諸国などでされているが、人形峠とは比較にならない巨大な汚染を現地に捨てざるをえない現況である。ウラン鉱山周辺の残土（捨石）堆積場には、「鉱石」として認定されるはずであったものが「捨石」として放置されている。その地域の放射能被曝は絶え間なく進行し、当該地域の被曝の除去と、採掘労働者、地域住民を含めた生態系を救済すべく制度が急務である。

放射性廃棄物の処分は一層深刻である。現時点では、地下深くに埋蔵・保管する方法、地層処分などが考えられている。特に問題となる高レベル放射性廃棄物については、ドイツではすでに地下の岩塩層や廃鉱跡地に埋設処理する具体的検討を行っている。日本では、地震や火山噴火等に耐える強固な施設が要求され、地下水への汚染拡大を防ぐため地下三〇〇mに多重バリアを引いて処理する手法が提示されているが、場所の選定から難航し、候補地の目途すら立っていない。

放射性廃棄物はその処理方法も場所も定まらず、増加する一方である。過去には海底深度の深い海溝などに、ドラム缶に詰めた放射性廃棄物を船上から投棄した国もあったが、国連海洋法条約をはじめ、一九七二年London Conventionによって、海洋汚染を防止するため、廃棄物の海洋投棄や洋上での焼却処分などは規制されている。

二　原子力の安全規制

1　国際規制

ＩＡＥＡ保障措置協定とは、原子力が商業的利用から核兵器製造等の軍事的目的への転用防止を確保することを目的とし、ＩＡＥＡ憲章に基づき、ＩＡＥＡが当該国の原子力活動について実施する査察を含む検認制度である保障措置を規定する協定および追加議定書である。

セーフガード：保障措置協定は[7]、以下の三つに分類される。

① ＩＮＦＣＩＲＣ／一五三型保障措置協定（INFCIRC/153-type agreement）

ＮＰＴ締約国である非核兵器国が、ＮＰＴ三条一項に基づきＩＡＥＡとの間で締結が義務づけられている当該国の平和的原子力活動に係るすべての核物質を対象とした保障措置協定であり、「ＮＰＴに基づく保障措置協定」、「Full Scope保障措置協定」とも呼ぶ。二〇一二年三月現在のＮＰＴに基づく保障措置協定の締結国は一七〇ヶ国である。

② ＩＮＦＣＩＲＣ／六六型保障措置協定（INFCIRC/66/Rev.2-type agreement）

二国間原子力協定等に基づき、核物質または原子力資機材を受領するＮＰＴ非締約国がＩＡＥＡとの間で締結する、当該二国間で移転された核物質または原子力資機材のみを対象とした保障措置協定であり、「三者間保障措置協定」および「一方的受諾協定」、または「個別の保障措置協定」とも呼ばれている。

一五三型協定の締結以前に各国が締結していたが、NPTが一五三型協定の締結を締約国に義務づけているため、現在六六型協定はNPT未加入国が締結するのみである。

③　自発的協定（Voluntary Offer Agreement）

核兵器国が自発的にIAEA保障措置の適用を受けるために、IAEAとの間で締結する協定（核保有国五ヶ国（米、英、仏、露、中））はすべて締結済である。

IAEAは原発の安全管理の徹底化を果たすため、事態の緊急度を「非常事態（General Emergency）」、「事業所の緊急事態（Site Area Emergency）」、「警戒警報（Alert）」の三段階に分類し、厳格な体制を構築している。しかし、上記の保障措置の適用には大きな欠陥がある。それは、各原発保有国が自国の核物質および原子力活動を対象に、保有する原子力施設に対して実施する国内保障措置を、IAEAが検認することを基本として運営されているからである。IAEAが独自に強制力をもって行使しうる国際保障措置として権限強化の見直しが必要である。

2　国内規制

日本はNPTに基づく保障措置協定が一九七七年一二月に発効している。IAEAと締結した保障措置協定およびその追加議定書により、日本国内のすべての核物質および原子力活動は、研究関連の一部の免除規定による例外を除いて、IAEAの国際保障措置の対象になる。

五五年一二月の臨時国会において「原子力基本法」、「原子力委員会設置法」、および原子力局の新設を含む「総理府設置法の一部改正」のいわゆる〝原子力三法〟が議員立法により成立した。この原子力三法を軸にし、原発を含め原子力産業全体が関連法律で規制される。

したがって、日本の保障措置は、原則的には日本が自ら実施する国内保障措置を通して実施されることになっている。すなわち、日本政府が国内の核物質および原子力活動を対象に、核物質を使用し、あるいは保有している原子力施設および追加議定書に規定された原子力活動に対して実施する国内保障措置の状況を、ＩＡＥＡが検認することを基本としている。

日本独自の保障措置制度におけるIAEAの厳格検査体制の強化と特に耐震指針をはじめ津波対策の見直しが急務であるといえる。

三　原発安全政策の見直しの要点

1　国内対策

二〇一一年八月一五日、福島原発事故から安全管理の諸問題を抱え、原子力安全規制に関する組織等の改革の基本方針(8)が閣議決定された。原子力安全規制に関する組織について、原子力安全行政に対する信頼回復とその機能向上を図るため、当面の安全規制組織の見直しの方針、そして今後の原子力・エネルギー政策の見直しや事故の検証等を踏まえた安全規制組織のあり方の検討などの改革を進めるという決定である。

その内容は、原子力安全規制に関する組織について、原子力安全行政に対する「信頼回復」と「その機能向上」を図る行政組織の改編であった。規制と利用の分離により、国内・外から信頼される新たな規制機関を設置し、「原発立国」の体面を保つ狙いが窺える。主な見直しは、原発安全規制に係る関係業務の「一元化」と、「危機管理」を新組織として位置づけ、その体制を整備することである。また、組織を支える人材の確保および養成、そして新たな規制の仕組みの導入など、「新安全規制」の強化を進めることである。

今回の災害の拡大は、事故発生時の危機管理における初動対応の失策が原因であった。その失敗を正すためには、新組織において平時から事故発生を想定した指揮命令系統の明確化や訓練を担う体制の整備が急務である。

原発事故は、秒を競って災害の状況が変化する。事故発生時の関係府省と事業者との緊密な連携、そして指揮を担う司令塔機能が肝心である。しかし今回の事故では、原子力災害時に必要な措置を確実に実施するための司令塔機能に不信感と失望感のみを残した。政府と原子力安全委員会、原子力災害対策本部長などの機能と役割を明確化し、一貫性と透明性の下、人命をはじめ Ecosystem の保全のため至急の改善が必要である。

また、原子力商業利用の安全管理も緊急課題である。原発のみでなく大学や研究施設での試験・研究用原子炉、船舶用原子炉を含め、核燃料物質等、つまり放射性物質を使用するすべての原子力産業界の安全管理が重要である。

さらに、核テロ対策など Nuclear Security 確保のため、強力な体制とその措置を構築しなければならない。核兵器、放射性廃棄物などの放射性物質を撒き散らす Dirty Bomb、つまり生物や環境を汚染する爆弾の製造、使用を防止するため、国家の立法、行政、司法と、効果的な原子力事業者の監督、放射性物質の不法取引の根絶に向け治安機関などとの連携が国内・外を問わず緊急を要する政策課題となっている。

規制行政機関である経済産業省原子力安全・保安院以外、原子力の安全確保を重要な使命とした専門家機関として、独立行政法人原子力安全基盤機構（Japan Nuclear Energy Safety Organization：ＪＮＥＳ）がある。その業務は、原発および核燃料サイクル関連施設に関する検査、安全事項に関する解析・評価、防災対策、核燃料物質の安全輸送、放射性物質の処理処分、安全確保に関する国内外調査・試験・研究および関連情報の収集・整理・提供ならびに核物質防護など、多岐にわたる安全管理業務である。

ＪＮＥＳが本来の業務を厳格に実施し、対応策について真剣に従事したかは疑問が残る。事故の勃発を真摯に受け止め、この経験を踏まえ、常に業務の質の向上を目指し、自己研鑽に励み、被害者の目線に立った規制と救済を熟考して事業を進めるべきである。安全神話を追認する原子力規制ではなく、真の安心・安全を開拓し、改善に向け具体的な方法と手段を構築する責務の立脚が必要である。特に原発の定期検査をはじめ、ストレステスト、事故対策検査などを公開化、可視化を制度化し、原発全運転課程の透明化が最優先課題である。

事故再発防止策として防潮堤やベント設備など根本的対策は半ばである。また、事故発生者責任、受益者責任、また管理監督責任についても、厳格な対応が必要である。

2　国際対策

昨今の Nuclear Security 確保(9)は、米国の国家核安全保障局（National Nuclear Security Administration：ＮＮＳＡ）の制度を柱とし、ＩＡＥＡを中心に全原子力保有国に展開している。主な目的は、軍による核エネルギーの使用を通して国家の安全を発展させることである。また、有事の際に備えた米国内の核兵器の安全性、信頼性、機能性を計画、製造、テスト等を通して維持・発展させる組織として二〇〇〇年に設立した。その後、原子力商業利用の全原子力産業界における放射性物質の安全管理にまで範囲を拡大した。米国は、国内・外を問わず、核と原発燃料・廃棄物を含め放射性物質の安全管理とその保障措置を国際組織としての構築に全力を注いでいる。特に二一年の東京電力の原発事故以来、核、放射性物質のテロの可能性が一層濃厚になり、国際的な対応策にオバマ政権は Nuclear Security Summit（核安全保障サミット）(10)を通し、その管理の徹底化を図っている。

今後、原子力安全管理の見直しの主軸は Nuclear Security（核安保）体制にある。核安保の概念は、非国家行為者をはじめとするテロリストグループによる不法な核物質の奪取および取引、これを通じた原子力施設などに対するテロ行為に対応するための包括的概念である。

核安保議論の背景には、原子力を商業利用し始めた一九五〇〜六〇年代から台頭したが、二〇〇一年九月一一日のテロ以後集中的に議論され始めた。一九六〇年代末、原子力の商業的利用が活発化するにつれ核物質の国際的移動が増加し、移動中の核物質の不法奪取などを予防し、核燃料の安定的供給を保障することが核安保の目標として提示された。

一九九〇年代はじめ、ソ連崩壊により旧ソ連領土内の核物質および核施設の管理問題が台頭した。この時期には同地域内核物質・施設の廃棄および縮小、保護の観点から、核安保の目標が一層強調されることとなった。二〇〇一年以後はテロリスト組織による核物質および核施設悪用の可能性が現実的な脅威となり、核テロに対応するための措置として核安保の国際的な制度の確立が急がれた。

二〇一〇年四月オバマ政権が発表した「Nuclear Posture Review：ＮＰＲ（核態勢再検討）」報告書はブッシュ政権の核政策を修正し、核兵器拡大禁止、核弾頭の（arsenals）縮小、核物質安保強調を柱とした。それと同時に米国の「the American nuclear umbrella」：核の傘」に依存する同盟国に対する核抑止力の維持と調和を強調した。オバマ政権は、第一回ワシントン核安保首脳会議を開催し、核物質保有量、核物質防護状況、原発建設計画、地域配分などを考慮して選ばれた四七ヶ国首脳を招集し、核テロ威嚇の深刻性および核テロ予防の重要性について、首脳間の共通認識とし、核テロ対応の共同方策を提案し、その見直しを図っている。

その主な対策は、核テロの脅威に対する首脳間の共通認識を軸とし、核テロ対策のための国家間共同対策を採用する。また核物質防護および不法取引防止に関する国家的責任の重要性を再確認し、関連法令および政策の対応を通じて、核物質および核施設管理を強化する。そして核テロ威嚇に対する国際協力体制の確立を強調し、ＵＮ、ＩＡＥＡ、G-8 Global partnership, The Global Initiative To Combat Nuclear Terrorism：ＧＩＣＮＴ（世界核テロ防止構想）等、既存の核安保関連組織との協力体制と効果的な活用および各機構間の相互補完性の強化を主張した。

昨今の核物質の状況は極めて危険な状態に陥っている。この状況を打開するため、高濃縮ウランとプルトニウムの放棄を宣言する国が三〇カ国余りに増えることを目標としている。第一回サミット以降、一八ヶ国が高濃縮ウランの放棄を宣言した。二〇一二年度ソウルサミットではさらに一〇ヶ国が放棄を発表するとみている。しかし各国の市民団体と反原発派は、核安保の鍵は核テロ防止ではなく、核兵器と原発の廃棄であると主張している。

核テロリストの影響は一国家にだけ限定される問題でなく、国際社会に及ぶ問題である。多数国家間の組織を構築して、核テロを抑制し、防止するため最善の努力が必要である。現在、全世界の商業利用による核物質は、一三万発の核弾頭が製造可能な約一六〇〇トンの高濃縮ウラン（High Enriched Uranium：HEU）と五〇〇トンのプルトニウムが散在し、これらの管理が脆弱で不法取引に悪用される可能性は十分ありうる。人間の身体や財産などに対する物理的破壊力のみではなく、心理的虐待やモラルハラスメントなどの精神的暴力にも及ぶその lethal weapons の残忍性の事前防止策の構築、犠牲者および被害者を一人も出さない制度の構築に人々の知識と知恵を総結集し、実効的な方法と手段を導き出すべきである。

結びにかえて

原子力産業は人類と共存しうるのか?

結論的にいうと共存しえない。そもそも核は人間がコントロールできる物ではない。それは「安全」、「安心」そして「信頼」を至上目標として追求した安全管理、また Risk と Danger の防御制度〝Defense-in-depth〟の徹底化と、その事業者に、〝Quality assurance〟を義務づけ、さらに原発産業の「安全神話」を軸に展開しても、二〇一一年三月一一日の東京電力福島原発事故をはじめ、米国ＴＭＩ、旧ソ連チェルノブイリ原発事故など、過去の原子力事故から立証済みである。〝實事求是〟という教訓を真剣に真摯に検討すべきである。原発事業は、開発のみ人・財を投資する利潤追求型の経営ではなくRiskおよびDangerなどCrisesの管理に重点をおかなければならない産業である。〝實事求是〟は、刻々変化する社会で生活する現代人のため、道理と真理を見極め、その筋道を立て、計画し、正しく対処する能力と知恵の発揮が柱である。今回の三・一一原発事故は、この教訓と精神の尊守を叫ぶ最後の警鐘として受け止めるべきである。

二〇一二年三月七日、民間事故調査会が報告書[11]を発表し、産官学と立地自治体の構図で「絶対安全神話」を崩すことができないと断言した。報告書は、原子力発電所の建設の歴史のなかで、「産官学と原発立地自治体の原発推進派」による〝ヨコとタテの原子力ムラ〟が形成され、「電力会社も規制官庁も、『住民に不安と誤解』を与えかねないむき出しの安全策や予防措置を嫌った」ため、「人々の『小さな安心』を追い求めるあまりに、国民と国家の『大きな安全』をおろそかにする原発政治と原発行政が浸透した」と厳しく根源的問題を指摘している。そしてその結果、「絶対安全神話」を生み、より安全性を高める安全規制も安全措置も採用することのできない〝自縄自縛〟に陥ってしまった、と分析し、総合的な見直しを迫っている。

二〇一一年四月二一日、一六人の米欧ロ韓など一六人の原子力専門家たちは、福島第一原発の事故に関する共同声明をまとめ、ＩＡＥＡに提出した。それは「Never Again : An Essential Goal for Nuclear Safety——二度と繰り返さないために：原子力安全のために必要な目標」という題名[12]で、「原発稼働における諸機器を事前に分析して必要な改善策を実施していれば事故を完全に回避できた可能性がある」と批判し、事故の再発を防ぐため、拘束力のある国際安全基準の策定や、各国の原発を強制的に査察しうる国際機関の創設を訴えた。そして災害対策要員の訓練、苛酷事故の防止策、安全要件の見直し、原子力安全に関する意思決定の効率化、ＩＡＥＡ安全体制の強化方策の導入などの見直しを要請した。

また原発事故は、「確率の低い事象が同時発生と瞬時変化することへの考慮が不十分であった」と指摘した。そして「人間は現状に安住しがちで、それが原子力の安全体制をむしばむ」と警告し、「安全性を絶えず確実に改善していく必要がある」と訴えた。事故被害を縮小するため、事故の重大性に関する公開情報の提供と、メディアと公衆が健康被害に関するより適切な情報を得られるように、International Nuclear Event Scale：ＩＮＥＳの見直しを求めた。

総じて現存の原発の安全対策は不十分で、その保障措置全般と特に安全審査および査察制度の見直しの必要性が緊急を要すると指摘している。

最後に、大江健三郎氏が『朝日新聞』二〇一二年一月一八日の文化面に提示した言葉を進言したい。

原発利用は終結させるべきだ。……電力消費の問題一つとってみても、いわゆる豊かさを追い求めるのではなく、たとえ貧しくなろうとも、日常上生活の不便さを忍んでも、人間らしく生きるとはどういうことか、真に生きることの意味を、いまこそ深く問いつづけなければなりません。そのことなくしては〝いま人間であること〟そのものが成り立たなくなっているのです。

われわれは人間として原子力がもたらす豊かさのみを追求するのではなく、子孫に、自然界に、原子力の惨事の恐怖を残すべきかどうかを真剣に検討すべき時期である。日本が自然と共存する人類となりうる〝グローバルモデル〟の創造を熱望する。

（1）　原爆判決（下田判決）東京地方裁判所　一九六三年一二月七日判決下民集一四巻一二号（二六一損害賠償請求併合訴訟事件）四一—八四頁。

（2）Nuclear Non-Proliferation Treaty：NPT。核拡散防止条約：核軍縮を目的に、米国、ロシア、イギリス、フランス、中国の五ヶ国以外の核兵器の保有を禁止する条約である。

（3）戦闘教義の一つである。軍事的な意味と非軍事的分野で使用される。多層防御は、冗長性が存在することを強調した技術をいう。すなわち、一部が故障しても機能し続けるFault tolerant systemであり、全体がいきなり停止することのないシステムである。

（4）一九八六年の旧ソ連チェルノブイリ原発事故後に、ＩＡＥＡの安全諮問委員会（ＩＮＳＡＧ）が提唱した概念で、原子力開発に携わるすべての関係者が、常に安全に関する意識を最優先させるという考え方。「安全思想の訓育」といった意味。

（5）古川路明『東海村臨界事故教訓について』四日市大学環境情報学部。http://www.lsrc.u-toyama.ac.jp/rirc/hsrr/pdf/kouen00-3.pdf

（6）小出裕章『人形峠ウラン鉱山などの汚染と課題』京都大学原子炉実験所。http://www.rri.kyoto-u.ac.jp/NSRG/seminar/No79/kid000927.PDF

（7）IAEA『Safeguards Legal Framework』http://www.iaea.org/OurWork/SV/Safeguards/framework.html

（8）『原子力安全規制に関する組織等の改革の基本方針』二〇一一年八月一五日閣議決定。http://www.cas.go.jp/jp/genpatsujiko/pdf/kakugi_110815.pdf

（9）『Nuclear Security Plan 2010–2013』、GOV/2009/54-GC(53)/18 Date: 17 August 2009。http://www-ns.iaea.org/downloads/security/nuclear-security-plan2010-2013.pdf

（10）『Nuclear Security Summit 2012』US Department of State, Diplomacy in Action http://www.state.gov/t/isn/nuclearsecuritysummit/2012/index.htm

（11）「福島原発事故独立検証委員会」（民間事故調、委員長・北澤宏一・前 科学技術振興機構 理事長）が二月二八日に発表した調査・検証報告書の要旨。http://moray.tokyo.jst.go.jp/news/daily/1203/1203022.html 福島原発事故独立検証委員会調査・検証報告書、福島原発事故独立検証委員会（著）二〇一二年三月。

（12）STATEMENT. NEVER AGAIN: An Essential Goal for Nuclear Safety http://www.scribd.com/doc/52394651/STATEMENT-Never-Again-An-Essential-Goalfor-Nuclear-Safety

【参照文献】

魏栢良『原子力の国際管理——原子力商業利用の管理Regimes』（法律文化社、二〇〇九年）
Fukushima Nuclear Accident、IAEA.org http://www.iaea.org/newscenter/focus/fukushima/
One Year On. The Fukushima Nuclear Accident and Its Aftermath http://www.iaea.org/newscenter/news/2012/fukushima1yearon.

html
Nuclear Safety & Security"、IAEA　http://www-ns.iaea.org/conventions/nuclear-safety.asp?s=6&l=41
Fukushima Daiichi nuclear accident"、OECD "The Nuclear Energy Agency; NEA　http://www.oecd-nea.org/fukushima/

核廃絶に向けて

――湯川秀樹を中心に

出原政雄

一　三・一一以後の問題状況

二〇一一年三月一一日の東日本大震災によって被災地の人々は未曾有の被害をこうむるとともに、同時に起こった福島第一原子力発電所（東京電力）の原発事故によって多くの被災者が故郷を追われ土地や財産や家を奪われ、いつまで続くかわからない状態で苦しめられている。とりわけ今回の悲惨な原発事故によって、これまで信じ込まされてきた原発の「安全神話」は大きく揺らぎ、そして戦後日本において繰り返されてきた「核兵器は悪で原子力は善」とする二元的思考もまた改めて再検討を迫られているように思われる。今こそわれわれは、核兵器も原発も含め〈核と人類はほんとうに共存できるのであろうか？〉という深刻な問題に真剣に向き合うことを求められているのではないだろうか。

今回の原発事故によって確かに原発の「安全神話」は大きく揺らぎ、ドイツなどではいち早く脱原発政策を打ち出すほどの衝撃を与えたことは多言を要しない。とはいえ、われわれが長期にわたって様々な機会に刷り込まれてきた「安全神話」から抜け出せたとはとても言えない状況にあると思われる。現在（二〇一二年）の民主党政権を率いる野田佳彦首相は福島原発事故の原因や真相が未解明であるにもかかわらず、ことあるごとに運転休止中の原発の再稼働を示唆しているが、これを容認しかねない世論調査の動向も出ている。例えば『朝日新聞』（二〇一二年三月一八日）の世論調査によれば、確かに福島原発の現状に対して不安を感じている人は約九二％で、多くの人（約七九％）が「脱原発」の考え方に同調していることは時代の転換を感じさせるが、他方で当面の電力不足にも不安を感じており、「電力供給に応じた必要な分だけ（原発の）再稼働を認める」という、ある意味で大変あいまいな意見に過半数の人（約五四％）が賛同しているのは、果たして妥当な選択といえるのであろうか。

ところで核兵器の廃絶をめぐっては、二〇一〇年に開催されたＮＰＴ（核兵器不拡散条約）再検討会議で主要な核保有大国に対して核兵器廃棄に向けた本格的な交渉を約束させる段階にまで至っているが、しかし国際社会はＮＰＴ体制の下でも核保有の水平的拡張の危険を払拭できないでいる。しかもアメリカは湾岸戦争やイラク戦争で小型核兵器といってもいい劣化ウラン弾を実戦で使用し、多くのイラク国民、とりわけ放射能被害を受けやすい子どもに深刻な被害を生み出している状況を見忘れてはならないであろう。

以上のような核兵器と原発をめぐる国内外の状況をふまえて、本論文では文字通り「核廃絶に向けて」取り組まれた日本での動きを歴史的に検討してみることにする。その際、第一に戦後日本において原水爆禁止運動の一翼を担った湯川秀樹ら原子物理学者たちの思想と行動に焦点を合わせて、その検討から核廃絶に向けて現在いかなる教訓が引き出せるかを考えてみたい。

第二に戦後の日本において一方で広島・長崎での原爆投下による悲惨な原爆体験やビキニ環礁での水爆実験（一九五四年三月一日）による第五福竜丸乗組員の被曝体験を契機にして原水爆禁止運動は盛り上がりを見せたことと、他方で多くの国民が「原子力の平和利用」政策に大きな期待と希望を抱くということが二元的に同時並行していった状況を改めて考え直してみる必要があり、とりわけ双方に共通する核分裂エネルギーから放出される放射能が人間に与える被害に詳しいはずの原子物理学者はこの問題をいかに考え、どのように対処しようとしたのかという点にも注目してみたい。

第三に、日本の原水爆禁止運動が核兵器の廃絶を世界に訴えようとしても、他方でそれと矛盾する歴代の自民党政府の核安保政策によってそのメッセージが十分に力を発揮できずにきた。特にかつてはソ連や中国、今は北朝鮮を含めた核保有国に対峙するにあたってアメリカの核兵器に依存して日本の安全を守ろうとするいわゆる「核の傘」政策の根底には核抑止論があり、この問題については特に湯川たちはいかなる批判的言動を展開し、それに代わりうる構想として何を提案したのかについて検討してみたい。

二　湯川秀樹の核兵器廃絶論の展開

戦後直後（一九四九年）に日本人初のノーベル賞（物理学）を受賞し、復興途中の日本国民に多大の激励と希望を与えた湯川秀樹は、戦後の原水爆禁止運動においても大きな役割を果たしたことはよく知られている。そこで示された湯川の核兵器廃絶論に着目してみるとき、それは段階を追って形成されていったことを理解すべきであろう。(1)

1　原爆投下とビキニ水爆実験

湯川秀樹は、十五年戦争末期に海軍が京都帝大の荒勝文策研究室に依頼した原爆開発計画（F研究）に関与していたことはこれまでも言及されてきたが、(2)未解明な部分が多い。科学を通して国に奉仕をすることが国民の義務と考えていたとも想像されるが、湯川自身の告白から推測すると、(3)おそらくいかなる研究計画であろうとも「真理探究」の機会と考えるいわゆる「科学至上主義」の傾向を多分に保持していたことが大いに関係したといえよう。(4)

ところがいうまでもなく、広島・長崎への原爆投下による悲惨な被害を知るにつれて、湯川の考え方は大きく揺さぶられることとなる。その思いを最初につづった「科学の進歩と人類の進化」（『京都日日新聞』一九四七年八月一四日）において、科学の進歩が人類の幸福を促進すると信じていた湯川は、「科学は決して万能ではない」と悟り、「原子力を知ったこと、さらにそれが危険であることを本当に認識すること」が今後の人類や世界にとっていかに大切であるかを訴え、最後に「我々の祖国は地球上最初にこの破壊的な原子力の犠牲となり、平和な道義国家として立つ運命の暗示をうけた。我々日本人こそ倖せな人間社会の顕現のために先頭に立って進むべき尊い使命を帯びているのだ」と新たな決意を述べている。(5)ほぼ同時期に書いた論文において、湯川は確かに一方で原子爆弾の完成によって「人類が自らの手によって解放した原子力のために、破滅させられてしまう可能性を最早や無視しえなくなった(6)」と深刻な危機感を明言するが、他方で「原子物理学自身もまた、逆に原子爆弾から大きな恩恵を受け、研究が一段と促進されることとなるでろう(7)」と述べるように、部分的には戦時中にみせた「科学至上主義」の傾向を引きずっている。この後者の観点が後述する「原子力の平和利用」政策を容認するような湯川の対処姿勢に影響を与えていたことは明らかである。ともあれ、原子爆弾の出現によって科学は人類に幸福だけでなく不幸や破滅をもたらすことを認識した湯川は、原子力の利用のされ方に無関心であってはならないと考え、いわゆる科学者の社会的責任について思いをめぐらすに至るが、その自覚が明確になるのは一九五四年のビキニ水爆実験以降のことだと推測される。

湯川にとって、戦時中の兵器として使用された原子爆弾による被害以上に、ビキニ環礁で決行された平時での水爆実験による被曝体験は一層衝撃的であったようだ。それは原子力が人類に与える不幸が戦時という異常な時代に限定されずに日常的に襲来することを意味しただけでなく、湯川は水爆の登場によって「原子力と人類の関係は新しい、そしてより一層危険な段階に入ったといわざるをえない(8)」と認識したからである。そして「原子爆弾の段階においては、それは人類に役立つ家畜と同種のものであった。水素爆弾の段階になると、それはおそらくもはや家畜となりえない異種のものである(9)」という認識の下で、「私は科学者であるがゆえに、原子力対人類という問題を、より真剣に考えるべき責任を感ずる」[10]と自己の研究姿勢を明示した。湯川の場合、このような姿勢が形造られていたからこそ、米ソ両国による水爆実験に対する危機感を背景にして核兵器の廃絶を訴えた「ラッセル・アインシュタイン宣言」(一九五五年七月九日、以下「宣言」と略記)の呼びかけにいち早く署名したと考えられる。

2 パグウォシュ会議と科学者京都会議

一九五七年七月に「宣言」の要請する「科学者会議」がカナダのパグウォシュで初めて開催され、湯川は朝永振一郎らと参加した。この会議は東西の壁を越えて、世界の科学者、特に原子物理学者が特定の国家や団体を代表するのではなく、人類の一員という意識の下で「科学と国際問題」について非公開で率直な意見を交わし、世界の平和についての声明や勧告を行うことをめざした国際会議であった。朝永は、第一回会議以降の動向について、一方で「宣言」が求める核兵器の廃絶をめざして、核実験の拡大阻止や核兵器の使用反対などで合意しその都度声明を公表する場合と、他方で「核兵器の存在が戦争を思いとどまらせる力になっている」という核抑止の考え方に基づいて核兵器の軍備管理という技術的な議論に終始している場合とが混在しながら推移したと説明している[11]。とりわけ後者の立場が大国の利害を代弁する多数の科学者の参加によって顕著になる事態に憂慮した湯川たちは、絶えず「宣言」の精神に立ち戻ることを訴える努力を惜しまなかった。例えば湯川は「私は第九回のパグウォシュ会議でも、大量殺戮兵器は一切持ってはならないという点を明確に表現しておかないと危険だと注意した[12]」と回想しており、さらには朝永とともに「核抑止を超えて—湯川・朝永宣言—」(一九七五年)において「私たちは、核・非核を問わず、すべての大量殺戮兵器を廃棄し、また、最終的には通常兵器の全廃をめざして軍備削減を行うことがきわめて重要であると考える[13]」とまで言明するにいたる。

一九六二年には「宣言」の精神を継承し「平和の論理」を創造するために、湯川たちは人文社会科学者の参加を要請して「科学者京都会議」を発足させた。第一回声明では、パグウォッシュ会議が傾斜しつつあった核抑止論について「核兵器による戦争抑止の政策は、戦争廃絶の方向に逆行する」と明確に批判し、第二回声明（翌年六月）では「一切の核兵器のもち込みを拒否すること」は「アジアにおける核戦略体制の恒久化を阻止するに有効であり、世界平和に対する日本の大きな貢献となる」と呼びかけたことは注目される。人文社会科学者の協力のもとに「平和の論理」の創造に取り組んだ「科学者京都会議」は、ある意味で五〇年代に戦後平和運動の発展に大きな役割を果たした知識人団体である「平和問題談話会」の精神を、今度は湯川たち原子科学者の方が主体となって引き継ぎ発展させたといえないであろうか。

三　原子力の平和利用をめぐって

1　「原子力三原則」の制定と坂田昌一

原水爆も原子力発電所も核分裂エネルギーを利用し放射能を放出する点では共通であるにもかかわらず、日本では原水爆は当初から反発が強く廃絶の対象とみなされてきたのに対して、なぜ原子力の平和利用の方は肯定的に評価され推進されるに至ったのであろうか。換言すれば広島・長崎への原爆投下およびビキニ水爆実験という深刻な被爆体験を受けた日本でなぜ原発推進政策が拙速にすすめられていったのか、この問題に対して湯川たち原子科学者たちはどのように対処しようとしたのかについて考えてみたい。

湯川の研究上の有力なパートナーであった坂田昌一は、政府による原発推進政策に対して、日本学術会議が「原子力三原則」を制定するのに大きな役割を果たしたことでよく知られている。学術会議は一九五〇年四月に「戦争を目的とする科学の研究にはこんご絶対に従わない」決意を公表し、それを受けて五四年には原子兵器の研究を行わないこと、原子力の平和利用の研究の場合は、公開・民主・自主の三原則の下で実施されることを声明した。坂田らの尽力によって制定されたこの「原子力三原則」は原子力基本法（一九五五年）にも盛り込まれたが、その後の日米共同の原発推進政策はこの原則を蹂躙して遂行され、残念ながら歯止めの機能を果たし得なかったと評価される[14]。確かにこの三原則では「核エネルギー事業の商業化」を規制し得ないなど問題点をもっていたことは否めないとしても、この時に必死に取り組んだ坂田昌一の言論活動には現在からみて興味深い主張が多分に含まれていることに留意すべきであろう。

坂田はアメリカの「原子力平和利用」政策の提唱以前の論文では、「原子炉で解放されるエネルギーを電気に変える原子発電の研究は原子力の平和利用の中でもっとも望ましいものといえる[15]」と述べるように、この問題には基本的に大きな期待を抱いていた。しかしながらアイゼンハワー大統領の国連演説で「原子力平和利用」（Atoms for Peace）が提唱され、その具体化として原発導入がアメリカ主導でいち早く日本に適用されようとしたとき[16]、坂田は「そもそも原子力の平和利用という声は、ビキニ水爆の非人道性に対する全世界の民衆の怒りが頂点に達していた頃、あたかもこれをかき消そうとする[17]」ものにほかならないとその意図を的確に見抜き、「原子力の平和的利用を願わないものはないが、原水爆を禁止しない限り、真に本格的な平和利用は不可能である[18]」という考えを基本的なスタンスにしながら、他方で日米共同による前のめりの原発推進政策のはらむ危険性を厳しく批判する言論活動を展開した。かりに日米原子力協定（一九五五年調印）が結ばれ、アメリカの援助で原子炉を建設する計画が遂行されることになれば、日本の原子力開発がアメリカの支配下におかれることを危惧し、アメリカの原子力研究にまとわる軍事的な秘密の問題が日本の学問の自由や自主性をゆがめる危険性を指摘していた[19]。しかも原子力の平和利用が叫ばれるわりに、実際には「原子兵器の製造競争」が繰り広げられているにすぎない現状が厳しく批判される[20]。結局のところアメリカの原子力外交の本質について次のような批判的認識を表明している。

「戦後におけるアメリカの世界政策の基調となった原子力外交すなわち、原爆の独占による圧倒的な力で、他国を脅しつけ、世界政治の指導を確保しようという思想は、原爆企業を支配し、国家と結び付いて巨利をむさぼる独占資本の意思にほかならなかった。ジェームス・アレンにより原爆帝国主義と名付けられたこの新しいファシズムは国際的には冷たい戦争を生み出し、国内的には原爆企業の中に特徴的にあらわれたような気違いじみた軍国主義化をもたらした(21)」。

要するにアメリカの原子力外交に包含される「原爆帝国主義」の奴隷とならずに、日本の科学者が学問の自主性と科学の自由な発展を守るために尽力した坂田の言論活動には傾聴に値するものがある。

さらに坂田は、学術会議の原子力問題委員会が公表した「原子炉及びその関連施設の安全性について」（一九五八年五月）の作成に尽力したが、その中で「原子力平和利用を推進する際には、その安全性を最優先するという考え方から出発すべきである」と宣言されたことは改めて注目される。そして坂田は学術会議の要請を受けて政府の原子力委員会・原子炉安全審査部会に専門委員として参加したが、この部会が「原子力委員会の下部機構」にすぎず、安全性の確保に有効な独立機関を要望していたにもかかわらず、そこから大きくかけ離れている実態を知ってすぐさま辞任している。その際「任命制の委員会では民衆の安全はまもれない」と確信した坂田は「自分たちは政府から折り紙をつけられた権威者であると考え、いい気持ちになっていても、実際上の権力は官僚に握られ、彼らのつくった作文を形式的に権威付けるロボットと化している場合が多い」と痛烈に批判した(22)。こうした原発の安全をめぐる坂田の批判的な活動や意見がほとんど生かされず、そこで指摘された問題点が現在の原発安全機構や関係する専門研究者にまでそのまま変わらずに引き継がれてきたことは残念でならない。

2　二〇世紀の「不安」――湯川秀樹の場合

湯川もまた「今後における原子力の平和的活用が人間の福祉にどんなに大きく貢献をするか、おそらく私どもの想像以上であろう」[23]と述べるように、戦後初期には原子力の平和利用を容認し、期待も抱いていた。初代の科学技術庁長官として原発政策を推進する先頭に立っていた正力松太郎たちが著名な湯川を原子力委員会（一九五六年設置）の委員に取り込もうとしたとき[24]、「原子力三原則」から逸脱する危険性が存在することを憂慮した周囲の人たちの反対にもかかわらず、あえてその要請に応じたのも原子力の平和利用への期待感があったからと推測される。しかし湯川が一年ほどで委員を辞任してしまったのは、正力らとは根本的に考えが違っていることに気づいたからであろう。

湯川は、政府が進める拙速な原発導入政策について「発電炉に関してはあわててはいけない」と苦言を呈し、「原子力の平和利用ということに関しては世界的にもまだまだ過去の蓄積が少なく、将来の発展にまつところの方がはるかに多いのである。今後二十年、三十年にわたる長い話だということを考えて、功を急がず着実に進んでゆく余裕のまだある問題である」と述べ、慎重に取り組むことを訴えた[25]。そして湯川は、一方で原子力開発の自主性を確保するために国産炉の製作や国内でのウラン資源探査の必要性を提案するとともに、他方で原発をすすめるにしても「核分裂に伴う放射能に対する危険防止の問題」[26]への対策こそが何よりも優先されるべきで、「放射能が微量でも危険である」ということを知ったのはビキニ実験での死の灰による被害以後のことであることを考えれば[27]、「狭い意味での実利主義」にとらわれることなく、もっと基礎研究に時間をかけることを求めた。湯川の場合、日米共同による安易で拙速な原発導入政策に反発したのであって、原子力発電の開発そのものにストップをかけようとしたのではなかったが、しかしそれでも「これ（原子力）に対抗し、これに打ち勝つ自然力は最早や存在しえなくなった」点にこそ、過去に類例のない二〇世紀の人類の最大の「不安」が根ざしているという認識が戦後初期から抱かれていたことは看過すべきではない[28]。

四　核兵器廃絶に向けて

1 「核の傘」政策批判

「原子力平和利用」政策の具体化として主に原発の技術とウラン資源の提供によって、日本の原発開発がアメリカへの従属の下で進められたのに対して、他方で一九五一年に調印した旧日米安保条約の下でもアメリカは核兵器を持ち込み、六〇年に改定されて以降も「核密約」でその権利を確保し、一貫して核先制攻撃の前進基地として位置付けてきた。やがて六四年に中国が核保有するにいたり、アメリカの核兵器で日本の安全を保持しようとするいわゆる「核の傘」政策(29)が強調され始めた。湯川は、「或る核非保有国は或る核超大国の核の傘の下にあることによって安全が保障されるという考え方」など原理的に誤っている「一つの謬論」にすぎないと痛烈に批判した。(30)「核の傘」政策の根底には核抑止論が存在するが、湯川によればそれは核保有国双方が報復攻撃力を確保することを前提にしているために絶えず核軍拡競争を招き、核非保有国がそのもとで安全であるはずがないと考えられたからである。このように「核の傘」政策の採用によって核安保の性格を強めた日米軍事同盟体制そのものについて湯川は何も語っていないが、「核の傘」政策への根本的批判や、次節で述べるように「平和の論理」として世界連邦構想を提唱していることなどを勘案すれば、決して肯定していたとは思われない。

2 戦争の放棄と世界連邦構想

「ラッセル・アインシュタイン宣言」が提起した問題は「私たちは人類に絶滅をもたらすか、それとも人類が戦争を放棄するか」という二者択一を迫った点にあったが、湯川はその根本精神を、核兵器の廃絶のためにすべての戦争を否定したことにあると捉えた[31]。湯川によれば戦争が勃発すればたえず核兵器を使用する危険がつきまとうとみなされ、それ故戦争の廃絶とともに全面軍縮の必要が強調された。こうした湯川の捉え方の特徴を検討してみると、憲法九条の精神への共鳴が常に下支えしていて、やがて戦争の廃絶や全面軍縮を強い確信にまで高める大きな要因になったとみなしうる。湯川が平和への熱き想いを初めて語ったのは「科学の進歩と人類の進歩」（一九四七年八月一四日）においてであるが、こうした態度表明はいうまでもなく平和憲法の施行（同年五月三日）と無関係ではないだろうし、みずからも「日本国憲法と世界平和」と題する論文において「宣言が戦争の廃絶を呼びかけているのに対して、憲法はすでに日本がみずから戦争を放棄することによってこれに応えていたのである[32]」と改めて再認識している。一九五〇年代後半に大きな政治的課題になった改憲問題が浮上してきたとき、それに反対する学者たちによる「憲法問題研究会」が主として人文社会科学者を中心に結成されたが、湯川もこの団体の会員となり、人類を何度も殺せるくらいの大量の核兵器を蓄積している時代において「憲法九条が非現実的であるどころか、今日すでに、そして将来はなおさら、日本国民が自らを助けるためにとるべき唯一の現実的態度であることが、いよいよ明白になってきた[33]」と訴えた。

戦争の廃絶という目標実現のため、湯川は世界連邦運動に強くコミットしていたことはよく知られている。この世界連邦構想への着想は、湯川が一九四八年にアメリカに留学したときに晩年のアインシュタインから熱心に訴えかけられたことがきっかけになっているとみずからも回想しているが[34]、世界連邦構想への関心はそれ以前に芽生えていたようだ[35]。湯川によればその構想の内容は「国連憲章を改正して世界法の性格を持たせ、それに伴って国連自身を、世界連邦議会、政府、裁判所、警察等から成る世界的組織へと発展的に改変する[36]」というものであった。そして湯川の場合、憲法前文に日本国民の生存を「平和を愛する諸国民の公正と信義」に委ねるとあるが、そこには世界連邦の実現への要請と期待が込められていると解釈された。しかも六三年に世界連邦世界協会の世界大会が日本で開かれたとき、会長を務める湯川は憲法九条を引き合いに出して「戦争の起こらない世界を創り出すための、最も簡単な方法は、世界各国が自発的に戦争の放棄を宣言することである[37]」と力強く呼びかけたのである。

五　核と人類は共存可能か

湯川が死の直前に書いた「平和への願い」（一九八一年）において「核兵器は悪である。これはなんとしても全廃しなければなりません[38]」と呼びかけた遺言はいまだ達成されてはいない。しかし、二〇一〇年開催のＮＴＰ再検討会議では核兵器廃絶に向けての本格的交渉を核保有国に約束させる段階にまできていることは前述のとおりであるが、しかもアメリカのオバマ大統領が周知のように〇九年四月五日のプラハ演説で「核兵器を使用したことがあるただ一つの核保有国」として「核なき世界」に向けて行動する「道義的責任」があると語ったことは記憶に新しい。むろんこのメッセージがアメリカの核戦略に含まれる先制攻撃論を否定しているわけでなく、しかも日本の「核の傘」政策に応えて同盟国の安全を核兵器で守るという方針を放棄したわけでもない。逆にアメリカが同盟国への核抑止力の提供を核保有正当化の口実に使っている事情を勘案すれば、日本の「核の傘」政策を支える「核密約」の廃棄こそ核兵器廃絶に向けて一つの重要な現実的課題であるといえよう[39]。ともあれこうした核兵器廃絶をめぐるせめぎ合いの状況のなかで、改めて原水爆禁止運動に情熱を傾けた湯川の言論活動に着目してみると、「世界の平和は「核」によって保たれるものでは絶対にない」という最後の訴えは私たちの希望を支え励ます言葉となっているといえよう。

ところで「核兵器は悪で、原子力は善」とする考え方について、確かに湯川たち原子科学者は原子力の平和利用の具体化として取り組まれた日米共同による原発推進政策を真っ向から阻止したわけではなく、原子力の平和利用が人類に幸福をもたらすことに基本的に期待と希望を抱いたことは否めない。しかしながら「原子力の危険性を完全に消失さすことは不可能である」[40]と自覚しつつ、それを二〇世紀の「不安」と感じ、あくまでも拙速を戒めた湯川の姿勢がその後生かされなかったことは惜しまれてならない。現在三・一一の原発事故に遭遇して、文字通り〈核と人類は共存可能か〉という深刻な課題に真摯に応える必要が生まれているとき、「原子力の脅威から人類が自己を守るという目的は、他のどの目的よりも上位におかれるべきではなかろうか」[41]という湯川の問いかけは、それが直接には核兵器を念頭においているとしても、私たちに激しく迫るものがある。この点で、最近村上春樹がカタルーニャ国際賞授賞式のスピーチ（二〇一一年六月七日）[42]において、「戦後長いあいだ我々が抱き続けてきた核に対する拒否感は、いったいどこに消えてしまったのでしょう？」と問い直し、「我々は原爆体験によって植えつけられた、核に対するアレルギーを、妥協することなく持ち続けるべきだった。核を使わないエネルギーの開発を、日本の戦後の歩みの、中心命題に据えるべきだった」と語る慚愧と後悔の思いは私たちの胸奥に鋭く突き刺さってくるが、だからこそ今一度少数であったとはいえ、湯川たち原子科学者の核廃絶にかけた固き信念と実践活動から多くを学ぶ必要があるのではないだろうか。

（1）田中正『湯川秀樹とアインシュタイン――戦争と科学の世紀を生きた科学者の平和思想』（岩波書店、二〇〇八年）は湯川の核兵器廃絶論を含む平和思想について本格的に検討したほとんど唯一の著作であり、本論文作成にあたって大いに参照させていただいた。
（2）戦争末期における陸軍と海軍の原爆開発計画については、さしあたり山崎正勝『日本の核開発：一九三九～一九五五』（績文堂、二〇一一年）参照。陸軍の方は理化学研究所の仁科芳雄研究室に持ち込んだ。
（3）湯川秀樹「二つの道を一つに」『自然』一九六二年七月、『湯川秀樹著作集5』（岩波書店、一九八九年）一九〇頁。以下、『湯川秀樹著作集』を『著作集○』と略記する。
（4）田中・前掲書（注1）一〇七頁以下参照。
（5）『著作集5』四二頁。
（6）湯川秀樹「二十世紀の不安」『新大阪新聞』一九四八年四月一九日、『著作集5』四三頁。

（7）湯川秀樹「運命の連帯」『科学と人間性』（国立書院、一九四八年）、『著作集4』三三二頁。
（8）湯川秀樹「原子力と人類の転機」『毎日新聞』一九五四年三月三一日、『著作集5』四九頁。
（9）『著作集5』五〇頁。
（10）同前五一頁。
（11）朝永振一郎「パグウォシュ会議の歴史」湯川秀樹・朝永振一郎・坂田昌一編著『平和時代を創造するために――科学者は訴える』（岩波新書、一九六三年）。パグウォシュ会議の正式名称は「科学と国際問題に関する会議」（Conference on Science and World Affairs）である。
（12）湯川秀樹「科学者の責任」同前、『著作集5』一七七頁。
（13）湯川秀樹・朝永振一郎・坂田昌一編著『核軍縮への新しい構想』（岩波書店、一九七七年）三四二頁。
（14）吉岡斉『新版　原子力の社会史：その日本的展開』（朝日新聞出版、二〇一一年）七八頁以下参照。
（15）坂田昌一「日本に原子炉を」『中部日本新聞』一九五二年五月一二日、『科学者と社会　論集2』（岩波書店、一九七二年）一一四頁。以下、『科学者と社会　論集2』を『論集2』と略記する。
（16）アメリカの「原子力平和利用」政策と日本への導入については、田中利幸・ピーター・カズニック『原発とヒロシマ――「原子力平和利用」の真相』（岩波書店、二〇一一年）が興味深い。
（17）坂田昌一「原子力と人類の将来――ラッセル・アインシュタイン声明によせて」（一九五六年四月）、『論集2』二三八頁。
（18）坂田昌一「科学者の社会的自覚」『河北新報』一九五五年一月二六日、『論集2』二三一頁。
（19）坂田昌一「原子力についての訴え――ストックホルムにて」（一九五六年四月の世界平和評議会特別総会で行った報告草案）、『論集2』二四一頁以下参照。
（20）坂田昌一「私の憲法観」（『世界』一九五四年四月掲載予定原稿）、『論集2』二二六頁。
（21）坂田昌一「科学者」岩波講座『現代思想』第七巻（岩波書店、一九五七年）、『論集2』二〇七頁。
（22）坂田昌一「原子炉の安全審査機構はこれでよいか」『日本学術会議ニュース』一九六〇年二月、『論集2』一七八頁。
（23）湯川秀樹「知と愛とについて」『科学と人間性』（国立書院、一九四八年）、『著作集5』三五頁。
（24）原子力委員会委員就任のころの湯川の心境については、井上健「旅路」桑原武夫ほか編『湯川秀樹』（日本放送出版協会、一九八四年）参照。
（25）湯川秀樹「日本の原子力――急がばまわれ」（一九五七年一月）、『著作集5』九八頁。
（26）湯川秀樹「核時代の平和思想」湯川秀樹編『平和の思想』（雄渾社、一九六八年）、『著作集5』三一一頁。

(27) 湯川秀樹「人間・自然・科学」真下真一ほか編『人間・科学・科学者』(時事通信社、一九七四年)、『著作集5』二七六頁。
(28) 湯川・前掲論文(注6)、『著作集5』四四頁。
(29) 山田康博「『核の傘』をめぐる日米関係」竹内俊隆編著『日米同盟論――歴史・機能・周辺諸国の視点』(ミネルヴァ書房、二〇一一年)参照。
(30) 湯川秀樹「核軍縮についての基本的な考え方――パグウォシュ運動の方向づけ」『世界』一九七五年一二月、『著作集5』三四二頁。
(31) 湯川秀樹「核廃絶への道を求めて――第二十五回パグウォシュ・シンポジウム開会講演」『世界』一九七五年一二月、『著作集5』三三六頁参照。
(32) 湯川秀樹「日本国憲法と世界平和」『世界』一九六五年六月、『著作集5』二四四頁。
(33) 同前二四六頁。
(34) 湯川秀樹「平和への願い」『本の窓』一九八一年夏号、『著作集5』三〇一頁参照。
(35) 湯川秀樹「人間の宇宙的地位」『朝日評論』一九四六年六月、『著作集4』二一頁参照。ここに「世界連邦の如きものへの発展」という言及がある。
(36) 湯川秀樹「戦争のない一つの世界――世界連邦世界大会を迎えて」(一九六三年八月)、『著作集5』一九九頁。
(37) 同前一九九―二〇〇頁。
(38) 湯川・前掲論文(注34)「平和への願い」、『著作集5』三〇〇頁。
(39) 「核密約」問題に関してここでは検討する余裕がなかったので、さしあたって不破哲三『日米核密約:歴史と真実』(新日本出版社、二〇一〇年)および太田昌克『日米「核密約」の全貌』(筑摩書房、二〇一一年)参照。
(40) 湯川・前掲論文(注6)、『著作集5』四五頁。
(41) 湯川・前掲論文(注8)、『著作集5』五一頁。
(42) http://tomtittot.asablo.jp/blog/2011/06/11/5906239より引用。

あとがき

Ⅰ　このたび憲法研究所創設五〇年を記念する『平和憲法と人権・民主主義』と題する憲法論文集を発刊する運びとなった。憲法研究所は、一九六二年六月に同志社大学元学長の憲法学者田畑忍先生によって創設された研究機関である。国民主権、基本的人権尊重主義および恒久平和主義を基本原理とする日本国憲法が、いわゆる六〇年の安保改定により、実質、改悪される政治状況が現出したことで、危機意識をもった田畑先生が単に「安保条約反対」「安保条約廃棄」の声明文などで反対の意思表示をする手法だけでは有効な政治的効果が得られないと考えて創設された。「平和と人権にかんする憲法理論」の水準の質を高めるために、日本国憲法を全般的に研究、検討することを目的としている。

研究の成果として、憲法研究所が世に出した憲法論文集は『最高裁判所にかんする研究』（一九六三年）、『平和思想史』（一九六四年）、『戦争と各国憲法』（一九六四年）、『抵抗権』（一九六五年）、『革命と平和革命』（一九六七年）など一四冊におよび、今回の『平和憲法と人権・民主主義』（二〇一二年）で一五冊目となる（三五四頁参照）。

爾来五〇年、日本国と国民が抱える日本政治の基本矛盾（平和憲法 vs. 軍事安保）は、いっこうに解決されないだけでなく、憲法六五年の歴史は、憲法九条等の実質的な改悪によって、軍事安保のもたらす弊害は際立ってきている。しかも日本は、この軍事安保体制の強化・拡充によって、周知のごとく「対米従属性」がいよいよ明白になりつつある。二〇〇九年の政権交代で民主党の鳩山政権が登場し、日米対等の外交関係を構築するとして、例えば、沖縄問題では「沖縄にある米軍基地は、最低でも県外へ」と大見得を切ったが、オバマ米国大統領に一喝されると、たちまち

政府の確固とした「自主独立」・「主権独立」の信念と行動が伴って初めて実行可能となるものである。後一年で条約の解消ができる。もちろん、このわが国最大の政治課題は、違憲の軍事安保条約を破棄するという日本しようとすれば、現行安保条約一〇条に従って、日本政府が「この条約を終了させる意思を通告する」ことで、そのらの「対米政治的従属性」克服の問題は、現在の軍事安保条約体制を前提とする限り不可能である。根本的に解決をスプレイ）を強引に配置しようとする米政府に対して「ノーが言えない」対米従属性を露呈している。しかし、これにして腰砕けになってしまった。最近では、野田政権が沖縄に五〇件を越えるといわれる事故続きの新型輸送機（オ

Ⅱ　次に、日本国憲法の裁判規範性について考える。私は、現憲法は「どっこい生きている」というよりも、むしろ風雪に耐え、ある意味ではしたたかに「明文改憲」を阻止し、歴史を「前進」させていると考える。例えば、軍事安保によって、九条が形骸化されてきているのは事実であるが、同時に「九条の規範性」も司法レベルでは有効に生かされている事例が少なからず見受けられる。

すなわち、私は、「九条の規範性」は立法や司法部門のレベルの上で一定の刮目すべき法的効果を発揮していると考えている。例えば、明白に自衛隊違憲判決を下した「長沼事件第一審判決」（札幌地判一九七三年九月七日）では、憲法学説としてすでにあった「平和的生存権」の裁判規範性を正面から認めた点で、歴史的意義と現代的価値がある。また、「自衛隊イラク派遣の違憲確認と派遣差し止め訴訟」の名古屋高裁判決（二〇〇八年四月一七日）では、世界有数の軍隊に成長している自衛隊の海外派兵と戦闘行動に大きな制約を課した。なるほど「イラク復興支援特別措置法」では、「海外で戦闘をしないことを条件に『海外派遣』を認めてはいる」が、同訴訟で争った「派遣差し止め訴訟」の件は却下されたが、「多国籍軍の兵員空輸は武力行使にあたり違憲」とする画期的な判決となった。しかも「違憲判決の理由」の中で、長沼事件以来、後続の自衛隊裁判では見過ごされがちであった「平和的生存権」を正面から押

し立てた違憲判決となった。この判決は、国が上訴しなかったので確定判決となった。平和的生存権は、学説から、日本の裁判所が正面から認めた基本的人権となったのである。この歴史的、現在的意義は大変大きい。

また、自衛隊イラク派遣違憲訴訟をみてもわかるように、自衛隊の海外での「武力行使」が不可能になった。「九条の規範力」をより広く捉えると、九条二項がある限り、集団的自衛権は当然認められないが、「兵役の義務」「徴兵制」「軍事裁判所」など、およそ軍事的安全保障を前提とする軍隊に関する改憲構想も絶対に認められない。

さらに「九条の規範力」ということだけでなく、日本国憲法が六五年の長きにわたって日本の最高法規として生命を保ってきたこと自体が、明らかに憲法が国民の間に定着してきたことを意味する。換言すれば、九条だけではなく、憲法前文を含む日本国憲法の全体が「裁判規範性」を有していることに他ならない。このように現憲法が六五年の長きにわたって維持され今日に至っているのは、広範な国民大衆が日常的に日本国憲法を支え、前進させてきたわけで、その意味では、国民大衆の持続的な護憲の戦いと実践は大きく評価されなければならない。

Ⅲ『平和憲法と人権・民主主義』と題する本書の構成は、四部構成とし、Ⅰ「平和憲法の歴史と現状」、Ⅱ「人権をめぐる諸問題」、Ⅲ「民主主義をめぐる諸問題」、Ⅳ「恒久平和に向けて」からなっている。また、本書に収録した論文のテーマは、わが国の憲法問題の中で常に「論争的課題」とされてきたものを本論文集編集委員会（澤野義一・出原政雄・上田勝美）で選定し、それぞれについて、論点を精査し、理論的検討を加えたものである。そして執筆者各人が執筆テーマを検討する視座は、第一に憲法第一主義を徹底することであり、第二に、歴史の発展法則に準拠した論理の展開に努めたことである。以上、我々の憲法を研究するにあたっての視座は、憲法学を社会科学としての憲法学として確立するうえにおいて最重要なプリンシプルだと考えている。

ところで、本書の「あとがき」を書くにあたって特別に言及しなければならない問題が発生している。昨年三月一一日に起こった東日本大震災のことである。この「3・11」東日本大震災は、死者、行方不明者が二万人を越す日本の歴史上、まれに見る大惨事であった。今もなお生活手段を奪われた人々、教育を受ける環境を破壊された児童・生徒、貧困な医療環境の中で途方にくれている人、職を奪われた労働者、それに困難な生活を余儀なくされている高齢者などが多数存在する。大震災から五〇〇日経った今日でさえ、復旧や復興の計画とその具体化は地域によってバランスを欠き、緊急に解決すべき問題が山積している。私は、この大惨事に憲法学がいかに対応すべきかが問われていると思う。第一は、被災者がいかなる基本的人権（例えば、生命権、生存権、環境権など多数の人権）を侵害されまたは奪われたか、また、それらの人権の回復、復権がどのようになされてきたかの科学的な検証である。第二は、福島原発の大惨事を教訓として、「原発依存の是非」の基本的な問題が問われている。

第二の問題については、私はわが国から「原発」を全面的に廃止すること提案する。従来わが国では、原発の「安全神話」のもと、「原子力の平和利用」として、さらには「原発をクリーンなエネルギー」として喧伝してきた。今回の大惨事は、図らずも政府が強制的に推し進めてきた原発政策および原発行政が全面的に破綻したことを白日の下に晒らした。しかも福島原発事故の原因の究明がなされないなかで野田首相は「原発エネルギー」維持に固執し続け、政府事故調などの最終報告書の提出を待たず、本年の一月一六日には「原発事故収束」宣言を出した。さらに、全国的に澎湃として起こっている「原発ゼロ」「脱原発」の運動や識者の政府批判には目もくれず、六月初めには、関西電力の大飯原発機を次々と稼働させてしまった。政府は「原発の停止」や「廃止」は国のエネルギー政策を破綻させ、必ず国民の生活水準を低下させるという理由で、未解決の「原発事故の惨害」には目を閉じ、自然エネルギーの国家的開発の問題には展望をまったく欠いているといわなければならない。

私は、「3・11」東日本大震災以後、福島原発の事故は、「想定外の事故」ではなく、明確に「人災」だと批判してきたが、この七月に政府の事故調（事故調査・検証委員会、畑村洋太郎委員長）が政府に提出した最終報告書（七月二三日）

も「人災」だと明言している。この最終報告は①原発事故は人災で、②原子力安全・保安院と原子力安全委員会は規制機関としての役割を果たさず、③被害調査は継続し、教訓を後世に伝えることが国家的責務である等々を示している。この事故調報告は、原発事故の原因を多角的に究明し、事故調査の続行を要請し、原発事故を「人災」だと結論づけしている点は評価するが、政府事故調の限界か、「原発ゼロ」、「原発禁止」の課題には一切踏み込んではいない。

私は、放射能汚染、その原因の究明が事故発生から五〇〇日が経った今日でさえ、未解決のまま残されている点に着目し、結論的にいえば、「人類と核・原発とは共存不可」と考えている。結論的にいえば、憲法九条の定める絶対平和主義の立場で、生命権、生存権、環境権などの基本的人権保障の視点から、「核兵器」も「原発」も「拒否」し、「放棄」する信念と姿勢をもつべきであろうと思う。

最後に、本書は、憲法研究所創設五〇年の記念出版であることにちなんで、研究所の創設者である（故）田畑忍先生に捧げたい。我々は、現在もなお平和憲法が明文改憲の危機に瀕している状況を踏まえ、今後も継続して、憲法研究所の維持発展と社会的貢献に微力を尽くしたいと祈念するものである。

なお、本書は、出版事情の厳しいなか、法律文化社社長田靡純子氏の英断とご配慮により出版にこぎつけることができた。心から感謝とお礼を申し上げる次第である。

二〇一二年七月二五日

憲法研究所代表委員　上田勝美

憲法研究所出版物一覧（一九六三〜二〇一二年）

憲法研究所編『最高裁判所にかんする研究』（憲法研究所特集1）法律文化社、一九六三年
憲法研究所編『平和思想史』（憲法研究所特集2）法律文化社、一九六四年
憲法研究所編『戦争と各国憲法』（憲法研究所特集3）法律文化社、一九六四年
田畑忍『憲法学講義』憲法研究所出版会、一九六四年
憲法研究所編『抵抗権』（憲法研究所特集4）法律文化社、一九六五年
憲法研究所編『革命と平和革命』（憲法研究所特集5）法律文化社、一九六七年
憲法研究所編『永世中立の諸問題』（憲法研究所特集6）法律文化社、一九六九年
田畑忍編『憲法の改正と法律の改正』（憲法研究所創立一〇周年記念論文集）評論社、一九七二年
田畑忍編『危機に立つ日本国憲法』（憲法研究所創立二〇周年記念論文集）昭和堂、一九八二年
田畑忍編『非戦・平和の論理』（憲法研究所創立三〇周年記念論文集）法律文化社、一九九二年
田畑忍編『近現代世界の平和思想』ミネルヴァ書房、一九九六年（田畑先生は一九九四年三月に逝去。編集委員＝金子道雄・金子不二子・谷川昌幸）
憲法研究所・上田勝美編『平和憲法と新安保体制』法律文化社、一九九八年
憲法研究所編『図解　いま日本政治は！』大阪経済法科大学出版部、二〇〇三年（編集委員＝金子道雄）
憲法研究所・上田勝美編『日本国憲法のすすめ』法律文化社、二〇〇三年
憲法研究所・上田勝美編『平和憲法と人権・民主主義』法律文化社、二〇一二年

執筆者紹介（50音順）

井ヶ田良治（いげた　りょうじ）　同志社大学名誉教授

出原　政雄（いずはら　まさお）　同志社大学法学部教授

井端　正幸（いばた　まさゆき）　沖縄国際大学法学部教授

魏　栢良（うぃ　べくりゃん）　大阪経済法科大学法学部教授

上田　勝美（うえだ　かつみ）　龍谷大学名誉教授

宇野　義規（うの　よしのり）　福井県立大学経営企画部大学戦略室長

大竹　秀樹（おおたけ　ひでき）　日本福祉大学福祉経営学部教授

奥野　恒久（おくの　つねひさ）　龍谷大学政策学部教授

河野秀壽命（かわの　ひですみ）　龍谷大学法学部非常勤講師

後藤　正人（ごとう　まさと）　和歌山大学名誉教授

小林　直三（こばやし　なおぞう）　高知短期大学社会科学科教授

木幡　洋子（こわた　ようこ）　愛知県立大学教育福祉学部教授

澤野　義一（さわの　よしかず）　大阪経済法科大学法学部教授

高山　利夫（たかやま　としお）　弁護士

武川　眞固（たけかわ　まさたか）　南山大学人文系学部講師

立石　直子（たていし　なおこ）　岐阜大学地域科学部准教授

田中　和男（たなか　かずお）　関西学院大学人間福祉学部非常勤講師

谷川　昌幸（たにがわ　まさゆき）　ネパール学術調査センター（ARDEC）顧問

寺島　俊穂（てらじま　としお）　関西大学法学部教授

中谷　猛（なかたに　たけし）　立命館大学名誉教授

根本　博愛（ねもと　ひろとし）　四国学院大学名誉教授

平野　武（ひらの　たけし）　龍谷大学名誉教授

村上　一博（むらかみ　かずひろ）　明治大学法学部教授

元山　健（もとやま　けん）　龍谷大学法学部教授

山内　敏弘（やまうち　としひろ）　一橋大学名誉教授

Horitsu Bunka Sha

平和憲法と人権・民主主義

2012年10月25日　初版第1刷発行

編　者　憲《けん》法《ぽう》研《けん》究《きゅう》所《しょ》・上《うえ》田《だ》勝《かつ》美《み》

発行者　田　靡　純　子

発行所　株式会社　法律文化社

〒603-8053
京都市北区上賀茂岩ヶ垣内町71
電話 075(791)7131　FAX 075(721)8400
http://www.hou-bun.com/

＊乱丁など不良本がありましたら、ご連絡ください。
お取り替えいたします。

印刷：㈱冨山房インターナショナル／製本：㈱藤沢製本
装幀：前田俊平

ISBN 978-4-589-03453-3